Didactique du français et ac

Exploration
Recherches en sciences de l'éducation

La pluralité des disciplines et des perspectives en sciences de l'éducation définit la vocation de la collection Exploration, celle de carrefour des multiples dimensions de la recherche et de l'action éducative. Sans exclure l'essai, Exploration privilégie les travaux investissant des terrains nouveaux ou développant des méthodologies et des problématiques prometteuses.

Collection de la Société Suisse pour la Recherche en Education, publiée sous la direction de Georges Felouzis, Rita Hofstetter, Nicole Rege Colet, Bernard Schneuwly et Bernard Wentzel.

Marc Surian

Didactique du français et accueil des élèves migrants

Objets d'enseignement, obstacles
et régulation des apprentissages

Bern • Berlin • Bruxelles • New York • Oxford • Warszawa • Wien

Information bibliographique publiée par «Die Deutsche Nationalbibliothek»
«Die Deutsche Nationalbibliothek» répertorie cette publication dans la «Deutsche Nationalbibliografie»; les données bibliographiques détaillées sont disponibles sur Internet sous ‹http://dnb.d-nb.de›.

Publié avec le soutien de la Faculté de psychologie et des sciences de l'éducation de l'Université de Genève ainsi que du Fonds général de l'Université de Genève.

Réalisation couverture: Didier Studer, Peter Lang AG.

ISSN 0721-3700
eISSN 2235-6312
ISBN 978-3-0343-3310-8
ePDF 978-3-0343-3341-2

ePUB 978-3-0343-3342-9
MOBI 978-3-0343-3343-6
DOI 10.3726/b13453

Cette publication a fait l'objet d'une évaluation par les pairs.

© Peter Lang SA, Editions scienti iques internationales, Berne 2018
Wabernstrasse 40, CH-3007 Berne, Suisse
bern@peterlang.com, www.peterlang.com

Table des matières

PRÉFACE

La Suisse est empreinte d'une longue tradition d'ouverture vis-à-vis des populations migrantes allophones. Dans une aire géographique limitée, les langues étrangères et les variétés linguistiques présentes sont fort diverses. Le contexte scolaire est à l'image du pays : multilingue et pluriel. L'accueil d'élèves primoarrivants de tout âge est donc fréquent. Il se produit à tout moment, souvent de manière inattendue. Dans ces conditions, nombreux sont les enseignants qui disposent d'une solide expérience en tant que passeurs de langues et de cultures. Chaque année, ils ouvrent leur classe à ces nouveaux élèves venant d'ailleurs, débutants dans l'apprentissage de la langue de scolarisation. Ce sont par conséquent des professionnels experts dont le répertoire didactique mérite d'être étudié et mis en valeur. Pourtant, les pratiques d'enseignement en classes d'accueil ont rarement fait l'objet de recherches systématiques.

L'ouvrage de Marc Surian comble cette absence de travaux. La recherche qu'il développe, fruit d'un travail de longue haleine, analyse rigoureusement les pratiques effectives d'enseignement du français issues des structures d'accueil à Lausanne. Grâce à l'établissement d'un corpus de données impressionnant constitué de douze séquences d'enseignement, l'enquête de Marc Surian permet une caractérisation des objets enseignés et des interventions de quatre enseignants chevronnés qui aident les élèves issus de la migration à dépasser leurs obstacles d'apprentissage.

Sur le plan du contenu scientifique, le caractère social et contextualisé des activités d'enseignement analysées est mis en évidence à trois niveaux.

Le premier concerne l'analyse des contingences associées aux classes d'accueil. Marc Surian décrit les facteurs contextuels externes et l'environnement des « jeunes adultes » arrivés en Suisse selon une approche sociodidactique. Les pratiques langagières ne sont jamais dissociées des contextes brulants de la société d'accueil dans laquelle elles prennent place. L'auteur identifie les pratiques effectives en prenant en compte une multiplicité de paramètres : entre autres, les situations socioéconomiques des apprenants, leur répertoire linguistique et culturel, les perspectives d'insertion et la construction de projets dans le pays d'accueil, les représentations et les attitudes des locuteurs en présence. Suivant cette approche sociodidactique, les contraintes extérieures et les contraintes des situations didactiques sont pensées pour en dégager l'articulation. Ainsi, le contexte n'est pas envisagé comme une simple détermination externe à l'école, mais il est interprété comme un ensemble d'éléments produits dans l'action collective ayant un effet sur les interactions en classe. La recherche montre d'ailleurs comment les apprentissages des primoarrivants sont débiteurs des potentialités et des limites du contexte immersif : les situations didactiques se greffent aux apprentissages informels, jouent un rôle d'accompagnement et visent systématiquement la socialisation en français et l'insertion au sein de la société d'accueil. La didactique en actes mise en évidence montre que les enseignants tiennent compte aussi bien de la demande sociale sur le plan civique et professionnel que des besoins langagiers urgents des apprenants qui évoluent très rapidement au cours de l'année d'enseignement.

Le deuxième niveau concerne les dimensions sociohistoriques qui contribuent à organiser fonctionnellement les activités langagières, objet du travail scolaire. L'interdépendance entre les productions langagières en classe et leur contexte actionnel est systématiquement examinée. Ces productions langagières sont vues comme des constructions collectives structurées par le milieu social, transposées et reconstruites en milieu scolaire. L'hypothèse sous-jacente est que l'ensemble des actes de parole et des genres textuels choisis par les enseignants constitue un réservoir de modèles nourrissant l'expression orale et écrite de cette population d'apprenants. La recherche permet d'ailleurs d'observer les modes de confrontation des élèves allophones avec les pratiques de référence sélectionnées : la reconnaissance de leurs caractéristiques et des valeurs attribuées en fonction des conditions d'utilisation joue un rôle indispensable dans leur appropriation. Les actes de parole et les genres textuels, loin d'être de simples préconstruits qui déterminent les nouvelles productions, sont envisagés comme des lieux où s'effectuent les choix stratégiques en fonction des caractéristiques des situations de communication, des capacités des producteurs et des enjeux dans les processus d'insertion au sein du pays d'accueil. Ils se présentent alors comme l'outil d'indexation fonctionnelle et linguistique des objets d'enseignement et des interactions didactiques.

Le troisième niveau porte sur les interactions didactiques dans la classe. Celles-ci constituent la principale focale de la recherche centrée sur l'étude des séquences d'enseignement et leur découpage en activités scolaires. Qu'enseigne-t-on au juste dans les classes d'accueil ? Quelles sont les particularités du travail des enseignants de ces structures ? L'accent est mis sur les objets enseignés, mais Marc Surian interroge aussi les dispositifs et les outils mis en place par les enseignants pour transmettre des savoirs et venir à bout des obstacles inhérents aux apprentissages. Autrement dit, y a-t-il des formes d'intervention spécifiques aux structures d'accueil ? Quels sont les gestes professionnels permettant aux enseignants de réguler les insécurités linguistiques des élèves qui débutent en français ?

S'inspirant de la démarche méthodologique proposée par l'équipe GRAFE (Schneuwly & Dolz, 2009), Marc Surian prend le risque de la description, plutôt que celui de la prescription critique, en identifiant les objets enseignés et la dynamique transpositive qui les caractérise. Mais le travail va beaucoup plus loin. L'observation longitudinale des quatre enseignants à trois moments d'une même année scolaire permet de dégager les lignes de force de la progression pour l'ensemble des élèves des différents niveaux. Ceci constitue à notre avis une nouveauté absolue puisque très peu de recherches montrent l'évolution du travail des enseignants. Ensuite, les activités scolaires sont soumises à divers traitements de manière à cerner clairement leurs caractéristiques et leurs spécificités en lien avec les progrès constatés dans l'évolution des capacités langagières des apprenants. Marc Surian propose alors une catégorisation des obstacles d'apprentissage des élèves pour les mettre en rapport avec les modes d'intervention de l'enseignant. Les gestes de régulation des professionnels sont rendus visibles dans l'analyse des interactions didactiques et précisent ainsi le processus d'appropriation du français en classes d'accueil.

Cet ouvrage, remarquable à plus d'un titre, pointe les enjeux de l'enseignement dans les classes d'accueil pour de jeunes adultes issus de la migration. Au-delà des dimensions humaines et culturelles, il constitue un travail scientifique d'excellence qui peut être qualifié d'écologique, car il reste transférable à d'autres classes d'accueil et à d'autres situations d'enseignement.

Joaquim Dolz

INTRODUCTION

Izay manoro lalana mahitsy, mamindra aina[1]

Traiter de la migration, c'est aborder la question de l'instabilité des ressources et des fragilités du migrant. Celui-ci doit aménager des conditions de vie différentes de celles de son pays d'origine, modifier son rapport à soi et aux autres et s'accommoder de repères sociaux et culturels souvent inconnus. Tout est à construire ou presque dans le pays d'accueil (Davin-Chnane, 2008b ; Grinberg & Grinberg, 1986). Mais, considérer la migration, c'est aussi et surtout se pencher sur l'acquisition d'une nouvelle langue qui demeure un facteur déterminant d'intégration (Candide, 2005 ; Conti & De Pietro, 2005). La maitrise[2] de la langue du pays d'accueil répond à plusieurs finalités selon les domaines de communication. D'abord, elle encourage l'exploration du système social dans lequel le migrant est appelé à agir et interagir, dans la rue, auprès des instances administratives ou sanitaires, dans les sphères publiques disponibles. Ensuite, elle facilite son insertion dans le monde du travail, ou, suivant l'âge et le parcours de la personne, à l'école ou dans un centre de formation (Davin-Chnane & Faïta, 2003 ; Verdelhan-Bourgade, 2002). Enfin, elle permet d'apprivoiser un certain nombre de normes liées aux valeurs et aux modes de vie (Abdallah-Pretceille, 1991).

Ces trois champs réclament un investissement et un soutien de premier plan sous peine de voir émerger des phénomènes de ghettoïsation et d'exclusion. Bien que le terme d'intégration témoigne d'une perméabilité entre débats politiques (souvent prescriptifs et exclusifs) et recherches scientifiques, il souligne surtout qu'un processus doit être engagé impliquant de manière conjointe tous les acteurs sociaux (Gordon, 1964 ; Le Ferrec, 2009 ; Park, 2013) : les migrants, en s'adaptant à de nouvelles valeurs, en

---

1   Les citations en tête de chapitre sont traduites à la fin de l'ouvrage.
2   Nous appliquons les rectifications orthographiques approuvées par l'Académie française en 1990.

les mettant en relief avec celles de leur pays d'origine, en participant à la vie sociale, culturelle et professionnelle du pays d'accueil ; les membres de la société d'accueil, en s'ouvrant à l'altérité dans la construction d'une société plurielle et multiculturelle ; les institutions d'État, en favorisant la construction de projets.

Au sein de l'institution scolaire, des structures participent précisément à l'aménagement de ponts entre le pays d'origine et le pays d'accueil en encourageant l'apprentissage de la langue, dans notre cas, le français. On les dénomme classes d'accueil, classes d'intégration, classes d'initiation pour élèves issus de la migration, selon les espaces géographiques ou politiques. Malgré leur implication dans l'itinéraire des élèves allophones récemment arrivés, ces structures restent peu examinées dans les travaux des chercheurs (Davin-Chnane, 2008b ; Lazaridis, 2005). La littérature révèle néanmoins deux éléments dominants : leur importance dans l'accompagnement des primoarrivants et, paradoxalement, leurs difficultés à accomplir leurs missions éducatives (Collès & Maravelaki, 2004). Ces difficultés s'expliquent d'abord par le traitement difficile de la scolarisation antérieure des apprenants. Les cultures scolaires des pays d'origine sont souvent éloignées de celle du pays d'accueil, ce qui rend les besoins en matière d'apprentissage hétérogènes (Chiss *et al.*, 2008). Ensuite, l'absence de programme, les effectifs élevés à gérer en cours d'année et le peu de formation adaptée à ces enseignements augmentent la complexité de la situation (Brohy & Gajo, 2008). Les études révèlent également que les enseignants de français sont démunis et restent confinés dans un vide didactique (Cuq & Davin-Chnane, 2007). Ils basculent soit dans les ressources proposées par la didactique du français langue étrangère (DFLE), soit dans celle du français langue première (DFLP). Or, les orientations de ces deux didactiques diffèrent. Si l'une permet de répondre aux besoins langagiers immédiats des élèves migrants, elle demeure incomplète en fonction des objectifs d'insertion visés. En revanche, l'autre s'appuie sur des prérequis en français et s'éloigne, de fait, des capacités réelles des apprenants.

Dans ces conditions, le développement d'une didactique du français orientée vers les besoins singuliers des élèves récemment arrivés se révèle fondamental (Chiss *et al.*, 2008). Mais pour cela, dans une logique de transposition ascendante (Schneuwly, 2008), il est nécessaire de s'interroger encore sur ce qui se fait dans les classes, de se questionner sur les pratiques effectives du terrain : comment l'enseignement du français est-il organisé pour favoriser l'insertion de cette population d'élèves ? Quels sont les objets d'enseignement privilégiés pour motiver l'apprentissage du français et encourager l'expression des primoarrivants ? Quelles sont leurs difficultés lorsqu'ils s'expriment à l'oral et à l'écrit ? Comment celles-ci sont-elles résolues ou contournées par les enseignants ? Autant de questions auxquelles nous tentons de répondre dans cet ouvrage pour présenter les lignes de force et les orientations didactiques pour l'accueil des jeunes migrants. Nous profitons des expériences professionnelles des enseignants, persuadés que leur inventivité, collectée au long de leurs parcours, contribue au développement des démarches d'ingénierie didactique innovantes, encourage de nouvelles perspectives dans la formation des enseignants, mais surtout met en lien des pratiques entre acteurs de l'institution scolaire.

CONTEXTUALISATION DE NOTRE ÉTUDE

Les classes d'accueil postobligatoires à Lausanne constituent notre terrain d'investigation. Ces structures offrent une année de scolarité à des adolescents, âgés de 16 à 20 ans, arrivés récemment en Suisse romande et dont les connaissances du français ne sont pas suffisantes pour poursuivre des études, commencer une formation professionnelle ou s'insérer directement dans le monde du travail (Durussel, Raimondi, Corbaz & Schaller, 2012). Nos données relèvent les éléments significatifs du travail didactique réalisé par quatre enseignants au cours d'une année scolaire complète. Nous mettons en lumière les rapports que nourrissent les trois pôles du triangle didactique lorsque l'expression orale et écrite devient un objet d'enseignement, car elle présente une influence prépondérante sur le développement des capacités langagières des apprenants et leurs modes d'interaction en milieu endolingue. Nous nous proposons alors de pointer les objets effectivement enseignés et de souligner l'influence des contextes liés à la migration et à l'organisation de la structure d'accueil dans le choix et le découpage de ces objets. Ensuite, les types d'obstacles rencontrés par les élèves, ainsi que les formes d'intervention locale pour les réguler, seront examinés.

UNE PRISE EN CONSIDÉRATION DES APPORTS
DE LA SOCIODIDACTIQUE

Investiguer dans les classes d'accueil exige une réflexion sociodidactique (Dolz & Tupin, 2011 ; Rispail, 2003 ; Rispail & Plane, 2006). En effet, les classes d'accueil forment un réseau complexe où se mêlent les problématiques de la migration demandant un soutien psychologique et social fort, les objectifs d'enseignement de plusieurs disciplines et les réflexions sur l'avenir des élèves. D'ailleurs, la structure que nous investissons pour notre recherche vise simultanément trois objectifs : *accueillir, enseigner* et *préparer l'orientation* (Durussel *et al.*, 2012). Par l'accueil, l'institution entend offrir un cadre sécurisant et adapté aux besoins induits par la migration. Quant à l'enseignement, il couvre bien évidemment le français, mais s'étend aussi à d'autres matières scolaires nécessaires au développement des élèves (mathématiques, travaux manuels, activités sportives). En ce qui concerne l'orientation professionnelle, des perspectives d'emploi ou de formation doivent être proposées pour que les primoarrivants puissent s'insérer dans le monde du travail à la fin de l'année scolaire. Ces éléments réunis peuvent orienter les contenus de savoir en français et la manière de les présenter. Se pose alors la question du poids et du traitement de ces objectifs dans la construction des objets enseignés en production écrite et orale.

Par ailleurs, l'enseignement d'une langue demande de faire des choix dans une histoire, une culture et des phénomènes sociaux (Forlot, 2009). Pour un élève récemment arrivé, la maitrise du français répond à deux finalités : communiquer dans l'école et en dehors. Émerge alors une problématique de fond : faut-il privilégier l'enseignement d'une langue normée ou, au contraire, faut-il encourager la découverte des variations de cette langue propres aux contextes d'utilisation ? Ces questions présentent une nouvelle complexité de l'enseignement du français avec laquelle les enseignants doivent composer.

Si l'on considère les rapports du français avec les autres langues, les choses ne sont pas simples non plus. Le primoarrivant maitrise déjà une ou plusieurs langues, le français devenant pour lui une langue seconde. La question de la vitalité des langues d'origine, des attitudes et des représentations sur les langues en présence, la place du français dans les rapports sociaux ordinaires et le profil linguistique de l'apprenant déclenchent de manière différente les apprentissages (Dolz & Tupin, 2011). Là encore, des répercussions sur les modes de dire ou de faire des enseignants doivent être prises en considération. Analyser l'enseignement de la production orale et écrite revient à ne pas négliger l'ensemble des facteurs pouvant avoir une influence sur le choix des objets et la nature des dispositifs.

Structure de l'ouvrage

Pour rendre compte de l'enseignement du français à des élèves allophones issus de la migration, nous suivons un parcours en quatre étapes.

Dans la première, nous exposons les concepts nécessaires à la compréhension des enjeux de *l'intégration des primoarrivants* (chapitre 1). Ces éléments théoriques nous aident à appréhender le parcours des migrants d'un point de vue social et culturel. Les problématiques d'une nouvelle construction identitaire dans le pays d'accueil sont alors mises en évidence à partir de l'étude des contextes d'insertion disponibles. Après quoi, nous considérons plus précisément l'intégration scolaire des élèves allophones. Cette réflexion aboutit sur les apports et les défis des structures d'accueil, sur leurs contraintes ayant une influence d'un point de vue didactique. Nous spécifions alors *les caractéristiques de la didactique du français en classes d'accueil* pour outiller notre analyse des pratiques enseignantes (chapitre 2). Chacun des trois pôles du triangle didactique est théorisé. Du point de vue de l'objet, une première réflexion identifie les différences et les similitudes entre les dénominations du français selon les contextes d'utilisation (langue première, langue étrangère et langue seconde). Au sujet de l'enseignant, ce sont prioritairement les gestes fondamentaux qui sont décrits. Selon Schneuwly et Dolz (2009), ces gestes permettent de déconstruire et de traduire l'agir enseignant. Pour ce qui est des apprenants, il s'agit de présenter les modes d'apprentissage et d'appropriation du français, dans le contexte scolaire et en dehors. Les composantes des capacités langagières sont explicitées pour éclairer la question des obstacles d'apprentissage.

Dans la deuxième étape, *le cadre épistémologique et les méthodes de recherche* servent d'abord à présenter les spécificités des acteurs du terrain qui participent à notre étude (chapitre 3). Par ces jalons méthodologiques, nous détaillons également le corpus recueilli et les moyens utilisés dans le traitement de nos données.

La troisième étape, quant à elle, propose les résultats de notre étude. Préalablement, elle considère *l'analyse globale des pratiques effectives* avec la description des séquences d'enseignement filmées (chapitre 4). Ce chapitre donne à voir substantiellement les lignes de force caractéristiques de l'enseignement de l'expression orale et écrite en classe d'accueil : la part de l'oral et de l'écrit, la diversité des actions langagières, les contenus thématiques traités, etc. Cette perspective macro situe également les choix didactiques des enseignants en fonction des capacités des apprenants et de la temporalité de l'année. Plus loin, nous focalisons notre analyse sur deux séquences seulement. Notre étude consiste dans ce cas à rendre compte des *obstacles des primoarrivants, révélateurs des apprentissages* (chapitre 5). Nous mettons ainsi en évidence l'évolution des capacités des élèves dans la maitrise du français suivant le niveau des élèves et la temporalité de l'année scolaire. Dans la logique des interactions didactique, ce travail invite à considérer *le geste de régulation* pour comprendre comment les enseignants traitent les difficultés des apprenants (chapitre 6). L'intérêt de ce travail est double. D'une part, des modalités de gestes de régulation sont mises en évidence. D'autre part, ces modalités présentent une architecture qui montre en fin de compte que les gestes professionnels s'organisent et donnent lieu à des interventions ciblées selon des schémas qui se répètent.

Dans notre dernière étape, une synthèse finale articule l'ensemble des résultats obtenus, permettant de comprendre la logique de l'enseignement au sein des classes d'accueil (chapitre conclusif). Car, en fin de compte, ces structures forment un creuset dans lequel le développement d'une didactique du français adaptée aux contextes des élèves issus de la migration devient possible. Nous espérons y contribuer.

Chapitre 1

Intégration des primoarrivants

اهشاء نم لاإ اهيد ملعي لا عاجوأ ابرغللو

Le but des classes d'accueil est de doter les élèves migrants d'outils langagiers pour favoriser leur intégration. Or, les processus d'enseignement sont modelés par l'influence de contextes et d'enjeux qui dépassent les questions didactiques (Dolz & Tupin, 2011 ; Goigoux, 2007). Le profil des élèves dépend d'une pluralité de contingences définies à partir de leurs parcours, des conditions de leur migration et de leurs situations dans le pays d'accueil ; ces éléments peuvent encourager ou contrarier les apprentissages (Chiss *et al.*, 2008 ; Courvoisier, 2012). Interroger l'enseignement du français revient à se questionner en amont sur l'ensemble des problématiques inhérentes à la migration : quelles sont les implications identitaires, sociales et culturelles liées au processus d'intégration ? Comment l'institution scolaire peut-elle encourager la mise en lien entre le pays d'origine et le pays d'accueil ?

C'est pour cela que nous nous intéressons, dans un premier temps, à deux dimensions indissociables des phénomènes migratoires : le lien social et la culture. Toutes deux pointent le développement de nouveaux repères avec la construction de réseaux, les phénomènes d'acculturation et l'apprentissage de la langue du pays d'accueil. Dans un deuxième temps, nous relevons également l'importance de l'institution scolaire dans le processus d'intégration et mesurons son adéquation en fonction des spécificités des élèves. Comme le note Le Ferrec (2009), il existe donc « une implication réciproque des acteurs sociaux : de la part de l'individu qui souhaite s'intégrer et de la part de la société qui intègre » (p. 221). Il s'agit ici de faire le tour de la question des éléments devant être pris en compte par l'ensemble de ces acteurs.

Migration et construction du lien social

L'histoire de la migration de manière générale met en évidence une alternance entre périodes de crise et périodes de stabilisation, où l'acceptation de l'étranger prend le dessus sur les préjugés qu'il soulève (Adami, 2009 ; Noiriel, 2001). Cela se traduit à la fois par une volonté d'accueillir les nouveaux migrants et par une crainte d'une surpopulation étrangère. L'afflux massif de travailleurs étrangers est toujours vécu comme une situation singulière : leur présence engendre peur et méfiance au sein de la population résidente. Les mouvements conservateurs et xénophobes alimentent certaines représentations des problématiques en jeu, comme la précarité de l'emploi, la perte de l'identité culturelle, la diminution des ressources disponibles, etc. Même s'ils sont la voix de préoccupations qui doivent être entendues, ils représentent surtout des facteurs supplémentaires d'exclusion. Et dans cette dynamique, on constate que les nouveaux arrivants sont toujours perçus comme un « problème », alors que les générations d'immigrés installées plus tôt ont déjà passé ce jeu de rejet et sont (davantage) acceptées (Noiriel, 2001). Ceci a une importance sur le type de relation que les migrants et la population locale parviennent à construire, qui dépend des conditions de migration et du statut socioéconomique de la personne. Ouvriers non qualifiés, travailleurs engagés dans des services, cadres ou demandeurs d'asile sont autant de profils différents qui nous renseignent sur la nature des rapports entretenus avec la société d'accueil. Détaillons quelques cas de figure emblématiques et leurs modes de prise de contact avec la population résidente. De ces situations découle finalement une ouverture plus ou moins grande à une immersion linguistique en milieu endolingue.

Des variations selon les statuts des migrants et les parcours migratoires

L'étude des phénomènes migratoires rappelle que les travailleurs étrangers entendent la mobilité géographique comme une mobilité sociale (Piguet, 2013). Migrer offre de nouvelles possibilités d'emploi, des conditions salariales plus avantageuses et laisse entrevoir un meilleur statut. Souvent la conjoncture économique du pays d'accueil suggère que les chances d'une ascension économique et sociale sont nombreuses, même si, en fin de compte, les ressortissants étrangers restent souvent confinés à des situations peu avantageuses, proches de celles de leur pays d'origine. Lorsque les migrants changent de catégorie sociale, c'est souvent, comme le souligne Adami (2009), en termes de « déclassement » (p. 14). Ces considérations ont des conséquences directes sur le type de relations que ces migrants entretiennent avec la société d'accueil. En suivant Hutmacher (1989), « les couches sociales avec lesquelles ils vont entrer en contact immédiat, quotidien, sont sans doute les moins bien préparées intellectuellement et équipées socialement et matériellement pour accueillir dans le respect des différences » (p. 66). Les migrants en conditions difficiles côtoient des individus qui sont eux-mêmes contraints à une situation fragile. Ils sont alors perçus comme une menace. Pour les personnes locales, l'afflux des travailleurs fait craindre une éventuelle baisse des salaires et une diminution des capacités de négociation des travailleurs. Par ailleurs, avec Rea et Tripier (2008), on peut considérer que les médias participent à l'éloignement entre populations étrangères et populations autochtones. On mesure bien ici que les conditions d'insertion ne sont pas favorables aux échanges entre groupes culturels différents ayant des caractéristiques sociales similaires. Les uns et les autres restent sur la réserve et se mélangent finalement très peu. Nous sommes certes en présence d'une société pluriculturelle, mais dans laquelle chaque groupe préserve son indépendance sur la base d'une construction de stéréotypes et de préjugés (Sanchez-Mazas, Iglesias & Mechi, 2012). On imagine mal, dans ces conditions, une intégration sereine et stable et la possibilité d'une immersion linguistique porteuse de sens. Par conséquent, l'importance de préparer l'intégration de ces personnes dans un contexte protégé et outillé sur les problématiques migratoires demeure essentielle.

L'analyse démographique des trois dernières décennies dégage un autre profil de migrants. Les raisons qui invitent à la migration s'apparentent de moins en moins aux configurations présentées plus haut. Les oppositions entre migration de travail et migration de peuplement, entre migration politique et migration économique, entre régions rurales et zones urbanisées ne sont plus de mise (Rea & Tripier, 2008). On relève que la majorité des étrangers, en Suisse notamment, se dirigent vers les emplois de services, soit près de 75 % (ODM, 2010). D'ailleurs, lorsque leurs qualifications le leur permettent, une part importante des contingents sont orientés vers des postes de haute qualification (informatique, pharmaceutique et finance). On comprend bien que ces migrants se trouvent dans une autre logique. Migrer ne représente plus une réponse à des impératifs sociaux et économiques, mais correspond davantage à des modes de collaborations professionnelles sous forme d'échanges. Ceci constitue une différence majeure par rapport aux groupes sociaux définis plus haut : même s'ils demeurent des étrangers pour la population locale, il semble que leurs rapports avec la société d'accueil se profilent différemment. Et Hutmacher (1989) de préciser que « l'identité sociale associée à leurs qualifications [...] l'emporte sur leur origine nationale aux yeux des gens avec qui ils sont en contact, aussi bien qu'à leurs propres yeux » (p. 86). De fait, ils bénéficient d'un accueil moins réservé. L'altérité se décline alors plutôt comme un enrichissement social et culturel. On conçoit plus aisément des mises en lien motivées par des conditions socioprofessionnelles jouant un rôle de facilitateur dans le processus d'intégration. Dans ce cas, l'immersion linguistique peut devenir une réalité tangible et encourager un développement plus rapide des capacités langagières en français.

La migration résulte aussi d'une confrontation à des problèmes majeurs de sécurité et d'intégrité : les catastrophes écologiques, les situations de conflits, les menaces physiques et morales constituent un autre pan important des causes migratoires. Dans ce cas, les individus n'ont pas d'autres choix que de quitter leur lieu de résidence : aucun plan de migration n'est décidé à l'avance. Nous nous éloignons radicalement des profils précédents où la perspective d'une ascension sociale reste le motif de départ. Ajoutons à cela que le faible taux d'admission accentue la précarité de la situation puisque seuls 3 % des demandes sont acceptées et donnent la possibilité d'une résidence en Suisse par exemple (Forster, 2005). Les rapports entre la société d'accueil et les demandeurs d'asile sont caractérisés par une absence de relation. Les configurations législatives, comme l'impossibilité de contracter un travail durant les trois premiers mois qui suivent l'arrivée des requérants et qui peuvent se prolonger, comme encore l'attribution d'un logement au sein de centres spécifiques souvent éloignés des grandes agglomérations, nuisent à toute démarche de mise en contact avec la population locale. Cet état de fait incite le migrant à se replier vers les membres de sa communauté d'origine.

LE GROUPE D'ORIGINE, UNE BASE POUR LA CONSTRUCTION DE LIENS

Pour tout migrant, la nécessité d'entretenir des liens avec son groupe d'origine apparait dès les premiers contacts avec le pays d'accueil. Comme le notent Rea et Tripier (2008),

> les réseaux des migrants sont des relations sociales qui unissent des migrants, des anciens migrants et des non-migrants reliant les lieux d'origine des migrations et ceux de destination sur la base de la parenté ou de l'amitié. Ces réseaux

diminuent les risques de la migration, favorisent la diffusion de l'information et l'adaptation au nouvel environnement. (p. 31)

Par ailleurs, la construction de réseaux estompe le déracinement et invite au maintien des traits culturels. Pour Cesari Lusso (2001), le groupe « s'avère être une condition incontournable du développement de l'être humain et d'une persistance de la culture qui lui est rattachée » (p. 50).

Cette perspective de mise en lien est devenue d'autant plus réelle que les formes des réseaux sociaux se sont diversifiées et se sont largement diffusées dans les pays émergents. Internet et les réseaux mobiles sont facilement accessibles et contribuent à la vitalité des relations avec le groupe d'origine. Même si cette attitude est naturelle et somme toute inévitable, elle a des conséquences importantes sur l'intégration du migrant. Souvent, un attachement exagéré vis-à-vis de son groupe d'appartenance conduit l'individu à une ghettoïsation, c'est-à-dire à un enfermement. Dans cette dynamique, le migrant vit pour et par le groupe d'origine constitué dans le pays d'accueil. Ses relations tendent à rester confinées aux membres de cette même communauté, tout comme les postes de travail qui lui sont attribués. Et ceci influence de manière radicale tout processus d'intégration. Les conditions d'immersion sociale et linguistique sont ici largement défavorables, réduisant de façon radicale toute possibilité de mobilité sociale.

En conclusion, les types de migration et les statuts sociaux conditionnent fortement les modes de mise en relation entre les migrants et la population résidente. Dit de manière lapidaire, plus on s'approche des situations de précarité, moins les ouvertures vers la société d'accueil deviennent possibles. Ce phénomène a tendance à s'accentuer avec les réseaux établis avec la communauté d'origine. S'ils sont essentiels, du moins au départ, ils peuvent devenir aussi exclusifs et constituent un frein majeur au processus d'intégration sociale et linguistique.

MIGRATION ET CULTURE

Le migrant est confronté dès son arrivée à des manières de faire, de dire, à des valeurs qui se situent parfois en opposition avec sa culture d'origine. On relève, par exemple, que le rapport au temps, les normes sociales qui organisent les échanges, le sens convenu des regards et des postures du corps, tout comme les modes relationnels entre hommes et femmes, entre employeurs et employés se modifient avec le passage de frontières

(Cuche, 1999 ; Grinberg & Grinberg, 1986 ; Piguet, 2013). C'est pourquoi il est important de définir ici ce qu'on entend par *culture* et de comprendre finalement les modalités de co-construction culturelle investies par les personnes en contact, à savoir *l'acculturation*.

LA CULTURE, UN CONCEPT DYNAMIQUE

Définir la notion de culture pour la suite de notre développement demeure fondamental, quoique périlleux. Beaucoup d'auteurs s'accordent à dire qu'elle se conceptualise difficilement. La multiplicité des domaines qu'elle recouvre rend toute systématisation difficile (Cuche, 1999 ; Defays & Deltour, 2003).

Une première définition de la culture renvoie à une conception universaliste : la culture est « l'expression de la totalité de la vie sociale de l'homme » (Tylor, cité par Cuche, 1999, p. 16). Elle comprend « la connaissance, les croyances, l'art, la morale, le droit, les coutumes et les autres capacités ou habitudes acquises par l'homme en tant que membre de la société » (p. 16). Dans cette lignée, Adami (2009) opérationnalise le concept en le déclinant en quatre ensembles d'éléments : les formes d'organisation économique et sociale, l'ensemble des relations et des rapports sociaux, les savoir-faire et les pratiques et enfin la constitution d'un système symbolique. Cette distinction est commode pour situer les différents champs dans lesquels le migrant est impliqué dans une dynamique intégrative. Elle montre surtout que la culture renvoie à des configurations sociales organisées en fonction des secteurs variés de l'activité humaine. Elle permet enfin de marquer une rupture forte avec une vision traditionnelle du concept de culture qui place au premier plan les facteurs héréditaires de l'espèce humaine dans la transmission des traits culturels.

Une deuxième acception de la culture s'appuie sur les conséquences des migrations dans le développement des nations. C'est d'ailleurs aux États-Unis qu'émerge un nouveau champ d'études en sociologie. Il a pour objets les phénomènes migratoires et les conséquences de l'association de groupes culturellement distincts. Les résultats des recherches avancées notamment par l'École de Chicago traitent pour une bonne part des modifications d'une culture dans un environnement nouveau (Rea & Tripier, 2008). Une culture pratiquée hors du pays d'origine se transforme tout en en conservant certains points (Dall'Aglio & Gabbai, 1999). En somme, elle s'adapte. Elle évolue en fonction des groupes humains qui la partagent. Comme le souligne Cuq (2003), « il n'y a dans ces conditions pas de culture pure, mais des cultures métissées 'tatouées, tigrées, arlequinées' » (p. 63). Notre propos n'est pas de relativiser les caractéristiques d'une culture propre à un milieu social et géographique déterminé : la culture helvétique, par exemple, conserve des normes fortes de ponctualité, encourage une attitude réservée, tout en privilégiant la convivialité autour d'un verre de Dézaley, etc. Notre point de vue défend par contre une conception dynamique de la culture. Il s'agit pour le migrant d'apprivoiser et de s'approprier les traits culturels du pays d'accueil, de transformer son patrimoine culturel en fonction de nouvelles contingences. Tout en sachant qu'en retour les traits culturels des migrants modifient ceux du pays d'accueil. C'est là qu'intervient le concept d'acculturation, apport cardinal des recherches de l'École de Chicago.

L'ACCULTURATION

Le concept d'acculturation nait de l'observation des processus d'intégration des communautés noires au sein des communautés blanches aux États-Unis. Il met en évidence les répercussions de la présence de plusieurs cultures au sein d'un même espace géographique et social. Cuche (1999) définit alors l'acculturation comme « l'ensemble des phénomènes qui résultent d'un contact continu et direct entre des groupes d'individus de cultures différentes et qui entrainent des changements dans les modèles culturels initiaux de l'un ou des deux groupes » (p. 54). Les transformations d'une culture ne proviennent pas du passage d'éléments culturels d'une culture à une autre, mais d'une reconstruction des traits culturels en fonction des échanges de comportements concrets d'individus. '

Cette adaptation s'accompagne généralement de crises identitaires. L'acculturation ne résulte pas d'une combinaison facile d'éléments culturels en fonction des situations sociales. Trois facteurs estompent ce phénomène. Le temps de résidence dans la société d'accueil en est un. Plus le séjour se prolonge, plus les contacts entre cultures sont favorisés et la construction d'une nouvelle identité culturelle s'en trouve facilitée. Le deuxième s'applique à la reconnaissance de l'altérité des migrants dans la société d'accueil. L'histoire montre que les revendications sociales ont camouflé pendant longtemps les revendications identitaires. Les cultures des migrants étaient entendues comme une seule et même culture, celle de l'étranger, de celui qui diffère simplement de la culture locale (Sanchez-Mazas *et al.*, 2012). Aujourd'hui la question de l'appartenance culturelle est davantage prise en considération et figure comme un pôle de réflexion pouvant faciliter les processus d'intégration (Poglia, 1989). Le troisième facteur, quant à lui, repose sur le « principe de coupure », développé par Bastide (1955) au sujet du terrain brésilien. S'appuyant sur les recherches qu'il effectua à Bahia dans la communauté noire, il constate que « les Noirs pouvaient être à la fois, et en toute sérénité de fervents adeptes du culte du Candomblé et des agents économiques tout à fait adaptés à la rationalité moderne » (Cuche, 1999 p. 63). En d'autres mots, les individus vivant dans une société relevant d'une culture largement différente de la leur ont cette faculté d'adaptation « en découpant l'univers social en un certain nombre de compartiments étanches dans lesquels ils ont des participations d'ordre différent qui, de ce fait même, ne leur apparaissent pas comme contradictoires » (p. 64).

Cette vision permet d'envisager l'intégration d'une personne étrangère sous un angle nouveau : il n'est plus un « homme marginal » (Park, 2013) tiraillé entre deux communautés, soumis à un choix difficile : se dédouaner de sa culture pour en adopter une nouvelle ou être contraint de vivre dans une « marginalité » culturelle. Il peut devenir un être créatif sachant tirer parti des différences auxquelles il est confronté. Il devient ainsi une personne se référant à un monde pluriculturel en constante évolution.

En conclusion, le concept de culture revêt une nouvelle perspective. Ce n'est pas la présence ou l'absence d'un ou de plusieurs traits culturels, mais la manière dont les individus les concilient tous ensemble dans un sens nouveau qui définit une culture. La diversité culturelle reviendrait à accepter simplement l'existence de ces nouvelles combinaisons. Dès lors, la notion de culture est comprise comme un ensemble dynamique et cohérent et moins comme un tout « pur » et figé. Elle devient « mixte » selon des degrés divers suivant l'importance des contacts culturels dépendants des statuts socioéconomiques des migrants et des ouvertures sur la différence de la société d'accueil. Et dans cette dynamique, l'apprentissage de la langue devient un vecteur de mise en relation, comme nous le voyons dans la partie suivante.

Intégration et apprentissage de la langue

Bon nombre d'auteurs s'accordent à dire que la maitrise de la langue du pays d'accueil reste un facteur essentiel d'intégration (Adami, 2009 ; Conti & De Pietro, 2005 ; Defays & Deltour, 2003 ; Gordon, 1964 ; Le Ferrec, 2009). L'intérêt du développement des ressources langagières des migrants se décline en plusieurs points selon les sphères d'activités dans lesquelles ils sont amenés à vivre et à interagir. Détaillons-les.

Premièrement, au niveau professionnel, la langue reste un outil d'intégration majeur (Le Ferrec, 2009 ; Mourlhon-Dallies, 2008). Les configurations économiques actuelles marquent que l'engagement des migrants s'oriente plutôt vers la tertiarisation de l'emploi (Rea & Tripier, 2008). Et l'affectation dans les services considère les capacités langagières des personnes engagées comme une compétence professionnelle : que ce soit dans le domaine de la vente, des soins ou de l'industrie, les relations sont devenues plus complexes et exigent une bonne maitrise de la langue. Aussi, les innovations technologiques accentuent le phénomène. Il en est de même avec les nouvelles gestions du travail qui font appel à davantage d'autonomie du collaborateur et lui demandent de s'investir plutôt dans un travail en équipe (Le Ferrec, 2009).

Ensuite, sur la question de la construction du lien social, l'apprentissage de la langue du pays d'accueil encourage, facilite et entretient les contacts avec la population résidente. D'elle dépendent finalement les différentes formes sociales d'intégration du migrant, partant du lien créé initialement avec la communauté d'origine à la création de groupes multiculturels. Cependant, le processus présente des enjeux identitaires : « la langue fonctionne comme marqueur, comme indice d'appartenance » (Abdallah-Pretceille, 1991, p. 306). L'apprentissage de la langue du pays d'accueil risque alors de devenir synonyme de perte d'une identité, de déni par rapport aux origines. Et le caractère de la communautarisation des migrants constitue dans ce cas une « stratégie de contournement linguistique » (Le Ferrec, 2009, p. 223). Cet état de fait doit être dépassé pour permettre une véritable indépendance sociale et une liberté de choix du migrant. Comme le notent Defays et Deltour (2003), « la langue sert à constituer des groupes à tous les niveaux de la vie en communauté, à les caractériser, à les organiser, à les maintenir, à y intégrer et à y distinguer des sous-groupes ou des individus » (p. 24). Le migrant peut dès lors, indépendamment de son groupe d'origine, investir différentes sphères d'activités humaines selon ses aspirations et ses ressources. Par ailleurs, la langue simplifie l'intégration du migrant dans la vie publique (Conti & De Pietro, 2005). Même si celui-ci ne s'affilie pas à des associations ou à des cercles déterminés, il doit être en mesure de comprendre ce que les médias et les pouvoirs publics communiquent. Cela l'informe sur les enjeux dont il fait parfois l'objet et l'oriente sur le climat social de la société d'accueil. Aussi, l'apprentissage de la langue lui assure une autonomie d'accès aux services. Elle lui donne une liberté de décision et un meilleur contrôle des éléments qui façonnent son univers dans la société d'accueil.

Troisièmement, l'apprentissage de la langue d'accueil est également perçu comme synonyme d'intériorisation de normes. Cela vaut surtout si l'on considère la pluralité des registres et des variations d'une même langue en fonction des contextes géographiques, sociaux ou culturels. Parler une langue revient à adopter des règles d'usage, des normes langagières en fonction des situations de communication. Bernié (2002) parle à ce propos de communautés discursives. C'est pourquoi les travaux sur l'enseignement des langues étrangères montrent que les aspects socio-culturels font partie intégrante des apprentissages (Abdallah-Pretceille, 1991). Comme le souligne Moirand (1982), « quelqu'un qui produirait et interprèterait des énoncés dans une communauté donnée à partir de sa seule compétence linguistique apparaitrait comme une sorte de monstre culturel » (p. 17). Et Abdallah-Pretceille (1991) d'ajouter : « les rapports entre langue et culture ne s'arrêtent pas seulement à une objectivation de plus en plus forte dans le cadre des apprentissages, ils renvoient à une structuration profonde de la personnalité et notamment à la construction et la constitution de l'identité culturelle » (p. 306). L'apprentissage d'une nouvelle langue pour le migrant implique que des changements sont à l'œuvre au niveau de la perception de soi, des autres et de son environnement social et culturel (Bell & Gurny, 1989 ; Defays & Deltour, 2003 ; Hutmacher, 1989).

Au terme de ce premier cadrage conceptuel, plutôt sociologique, deux éléments ressortent de manière saillante. Le premier indique une série de composantes inhérentes à la migration, comme le lien social, la culture, devant être considérées dans toutes démarches réflexives sur les contextes et le processus d'intégration. Pour notre part, ces éléments entrent en droite ligne avec notre réflexion didactique sur l'enseignement du français dans les classes d'accueil. Car, comme nous l'avons souligné, la classe est influencée par un ensemble de facteurs dépassant le cadre scolaire. Enfin, le deuxième marque l'importance de l'apprentissage du français dans le contexte francophone. Là encore, notre documentation révèle que les choses ne sont pas simples, car elles touchent à la question identitaire des apprenants, mais s'appliquent également à la question des programmes et des structures éducatives engagées.

SCOLARISATION DES ÉLÈVES MIGRANTS

L'attitude du système éducatif vis-à-vis des élèves issus de la migration a largement évolué depuis ces 50 dernières années. Selon Forster (2005), les années 1980 se caractérisent par le passage d'une « assimilation rapide par gommage des identités » (p. 85) à une pédagogie interculturelle. Depuis 1990, la tendance politique est à l'intégration de tous les élèves dans les écoles publiques. Quant à l'organisation des structures d'accueil, elle date des années 1970 en France et des années 1980 en Belgique et en Suisse (Davin-Chnane, 2008b ; Forster, 2005 ; Véronique & Collès, 2007). Ces structures sont donc relativement jeunes au regard de l'histoire des migrations dans ces différents pays. La littérature révèle néanmoins un certain nombre de contraintes pouvant avoir un rôle sur les interactions didactiques. Il s'agit notamment de l'hétérogénéité des élèves, de l'absence de formation disponible pour le corps enseignant. Nous les développons séparément ici.

L'HÉTÉROGÉNÉITÉ DES ÉLÈVES

Selon les pays, l'accès à la scolarité n'est pas le même ou renvoie à des traditions différentes (Collès & Maravelaki, 2004 ; Davin-Chnane, 2008b). Si certains élèves ont bénéficié d'un parcours proche de celui du pays d'accueil, d'autres ont vécu des situations qui s'en éloignent ou qui restent en marge d'un cursus ordinaire. Une première conséquence relevée par Leconte et Mortamet (2008) a trait à la culture d'apprentissage qui peut être définie comme « l'ensemble des modalités qu'un groupe utilise pour transmettre des connaissances d'une génération à l'autre et plus généralement pour faire circuler des savoirs à l'intérieur du groupe » (p. 56). Trois dimensions sont alors mises en évidence pour distinguer les pratiques selon les systèmes éducatifs : la place accordée aux échanges oraux dans les modes de transmissions des savoirs ; les types d'échanges utilisés pour permettre les apprentissages, sous la forme de questions-réponses ou sous la forme d'exposés magistraux ; le rapport entre oralité et écriture, notamment sur les phénomènes de mise en mémoire dans le groupe.

Ensuite, la question de la maitrise des langues d'origine par les élèves accentue cette hétérogénéité. Car, selon les capacités langagières et métalangagières développées au cours de leur scolarité dans le pays d'origine, les jeunes migrants ont plus ou moins de facilité à apprendre la langue du pays d'accueil. Comme le souligne Bertucci (2007), « la méconnaissance de la langue maternelle est un handicap pour les élèves concernés puisque cette ignorance de la langue maternelle [...] entraine des difficultés pour l'apprentissage du français » (p. 30). Un premier facteur qui exerce une influence sur le niveau de maitrise reste, comme nous venons de le voir, la biographie scolaire de l'élève allophone. Plus encore, selon les contextes, un décalage peut exister entre la langue de l'école et celles des sphères sociales d'intégration comme la famille et les groupes sociaux. La maitrise de la langue dépend alors de la situation linguistique du pays d'origine : le plurilinguisme, partout dans le monde, demeure une règle plutôt qu'une exception (Adami, 2009). Et Cortier (2008) de préciser :

> dans de nombreuses régions, comme en Afrique [...], certains enfants parlent deux langues vernaculaires, celle de la mère et celle du père. [La] langue de l'école peut fortement varier de la ou des langues véhiculaires. Ceci est d'autant plus accentué que les variétés de langue ne sont pas ou peu scolarisées, et pourtant elles sont représentatives des langues véhiculées dans les situations ordinaires des primoarrivants dans leur pays d'origine. (p. 19)

Leconte et Mortamet (2008) révèlent à ce propos que la langue d'usage dans de nombreux pays fait l'objet d'un enseignement durant les premières années d'apprentissage à l'école, mais qu'elle est par la suite abandonnée en faveur de langues européennes socialement valorisées. Nous comprenons bien ici que ce décalage entre le traitement de la langue de l'école et de la langue des échanges ordinaires peut avoir des répercussions importantes sur le niveau de maitrise de l'une ou de l'autre.

Une dernière contrainte réside dans la diversité des langues et des cultures en présence dans les classes d'accueil (Cortier, 2008). Pour ce qui est des spécificités des langues, elles peuvent d'abord être prises en considération selon leur distance linguistique par rapport à la langue cible. Si certaines s'appuient sur un système grammatical, lexical et phonétique assez proche du français (langues romanes, par exemple), d'autres à contrario, s'en distinguent largement (langues isolantes, langues agglutinantes ou langues tonales) (Decandio & Dolz, 2015). Ensuite, l'identification des caractéristiques des contextes de production et l'analyse des situations de communication passent par un filtre culturel : par exemple, on ne s'adresse pas de la même manière à un supérieur hiérarchique selon les paysages culturels et géographiques. C'est pour cette raison qu'il est nécessaire, d'un point de vue psycholinguistique, de porter son regard sur les phénomènes de chevauchement entre les langues déjà maitrisées et celle à apprendre, entre les cultures d'origine et la culture du pays d'accueil pour développer tout apprentissage (Rispail, 2005).

On mesure ici que les difficultés des apprenants dans l'acquisition du français peuvent donc être variables et nécessiter des interventions didactiques diverses. Nous ne souscrivons pas au raccourci selon lequel l'éloignement de la langue et de la culture d'origine par rapport à la langue et à la culture du pays d'accueil tendrait à davantage de difficultés d'apprentissage (approche contrastive) ; nous soulignons uniquement le fait que, selon les langues et les cultures, des interventions didactiques singulières peuvent être proposées (André, 1987, 1990). Plus cette diversité est prononcée, plus l'éventail de la différenciation en classe s'élargit et se complexifie (Blanchet, Clerc & Rispail, 2014).

En résumé, le travail des enseignants en classes d'accueil fait appel à une multiplicité de ressources professionnelles qu'il est nécessaire de maitriser : connaissances des langues (au moins des connaissances basiques sur les langues), des cultures et des différents systèmes éducatifs des élèves dans leur pays d'origine, adaptation des dispositifs et des objets en fonction des cursus décrits et des langues maitrisées, compréhension des problématiques migratoires, intérêt d'ordre psychosocial pour apprécier et accompagner leur parcours personnel. Se pose alors la question d'une formation des maitres qui répond à ces exigences (Adami, 2009 ; Brohy & Gajo, 2008 ; Davin-Chnane, 2008a). Car, en matière d'engagement, d'encadrement et de formation des enseignants, une évolution significative est à noter au cours du temps.

Professionnalisation des enseignants construite à travers l'expérience

La littérature mentionne qu'en France on passe des mouvements associatifs et bénévoles, avec une forte connotation activiste dans les années 1970, à l'engagement de professionnels de l'éducation sensibles aux problématiques de la migration dans les années 1980 (Adami, 2009). En effet, comme en Suisse, les interrogations sur les difficultés d'intégration bousculent l'opinion publique et « c'est dans cette brèche que s'engouffrent des militants syndicaux et associatifs, des universitaires, qui créent les premiers organismes de formation pour les migrants » (p. 18). Cela signifie qu'avant cette période, les classes d'accueil sont davantage prises en charge par des personnes volontaires que par des professionnels de l'éducation avertis des enjeux didactiques et des dispositifs d'enseignement. Quant aux enseignants, ils ne sont pas non plus véritablement munis pour accueillir la diversité des élèves ni pour préparer leur intégration.

À défaut d'une formation solide sur les spécificités des élèves nouvellement arrivés et sur le rôle intégratif des classes d'accueil, les acteurs engagés procèdent par tâtonnements selon des logiques expérientielles. Ils fixent eux-mêmes les objectifs des cours, les contenus et les modalités d'évaluation. L'intégration linguistique des primoarrivants se réalise par une forte diversité de méthodes et de moyens d'enseignement (Adami, 2009 ; Auger, 2007 ; Bertucci, 2008 ; Cuq & Davin-Chnane, 2007 ; Davin-Chnane, 2008a ; Dolz & Gagnon, 2008). Nous ne nous opposons pas à un éclectisme s'il reste contrôlé et adapté aux particularités des apprenants allophones dans une logique de progression. D'ailleurs, « s'il est associé à un style moderne d'enseignant ou à une stratégie de polyvalence, [il] présente les avantages d'une méthodologie souple, capable de s'adapter aux différentes situations d'enseignement-apprentissage ; cependant, sa légitimité, sa pertinence et sa cohérence reposent sur une solide formation des maitres » (Dolz & Gagnon, 2008, p. 144). Et dans cette perspective, dépasser une conduite expérientielle ne peut avoir lieu qu'au travers d'une professionnalisation du métier d'enseignant de classes d'accueil, invitant à prendre en considération toutes les spécificités de l'accompagnement des nouveaux venus dans une perspective intégrative. Historiquement, on constate alors que ces formations accusent un retard sévère au vu de la place des classes d'accueil dans le système scolaire et de l'ampleur des besoins des personnes qu'elles accompagnent (Davin-Chnane, 2008b).

En conclusion, pour nourrir la formation des enseignants, les recherches de terrain doivent se poursuivre afin de mieux cerner les enjeux de ces classes à besoins spécifiques. Nous en avons déjà esquissé certains traits (intégration sociale, scolaire ou professionnelle, découverte des valeurs culturelles), mais il nous parait nécessaire d'approfondir l'analyse des contraintes existantes d'un point de vue didactique. Le chapitre suivant présente les outils didactiques de l'enseignant permettant d'étudier les dispositifs et les objets choisis.

CHAPITRE 2

DE LA DIDACTIQUE DU FRANÇAIS
EN CLASSES D'ACCUEIL

Dituria pa arsim është padrejtësi e armatosur

Quels sont les objets enseignés en français dans une approche intégrative ? Quelles sont les difficultés des élèves récemment arrivés en expression orale et écrite ? Comment les enseignants régulent-ils ces obstacles ? Telles sont les questions que nous soulevons pour comprendre davantage les pratiques des enseignants de classes d'accueil. Pour se saisir de ces interrogations, l'élaboration d'un cadre épistémologique propre à la *didactique du français* devient fondamentale, elle encourage la conceptualisation d'une série d'outils d'analyse. Or, les contours de la discipline semblent à priori imprécis d'abord parce qu'elle se déploie de manière différente selon les publics (Dabène, 2009), ensuite parce que les contraintes liées au contexte original des migrants supposent l'aménagement de dispositifs adaptés et un choix des objets à la mesure de leurs bagages langagiers et scolaires. La littérature précise, nous l'avons évoqué, que les pratiques enseignantes en classes d'accueil oscillent entre deux « didactiques », celle du français langue première (DFLP) et celle du français langue étrangère (DFLE) (Cuq & Davin-Chnane, 2007 ; Davin-Chnane, 2008a). Bien que toutes deux aient participé à la modélisation de la discipline *didactique du français* (Dabène, 2009), elles offrent des balises distinctes pour circonscrire notre objet d'étude.

Une première partie du chapitre sert donc à définir la didactique du français en fonction du statut de la langue selon les contextes. Nous délimitons par-là les spécificités de la DFLP et de la DFLE et mettons en discussion les différents débats qui tournent autour de leur unification / distanciation (Chartrand & Paret, 2008 ; Chiss, 1998 ; Dabène, 2009 ; Defays & Deltour, 2003). Cette réflexion nous permet de valider la pertinence d'une didactique – la *didactique du français langue seconde* – entendue comme un entre-deux des propositions de la DFLP et de la DFLE.

En suivant les trois pôles du triangle didactique, une deuxième partie examine d'abord l'objet d'enseignement. Le concept de transposition didactique invite à comprendre le passage des objets à enseigner aux objets effectivement enseignés en classe de français (Bronckart & Plazaola Giger, 1998 ; Schneuwly, 2008). Il clarifie les notions de genres de texte et d'actes de parole qui correspondent respectivement aux objets choisis par les orientations de la DFLP et DFLE en production orale et écrite. À cette occasion, nous définissons leurs caractéristiques et leurs composantes.

Dans une troisième partie qui traite de l'agir enseignant, autre pôle du triangle didactique, nous détaillons l'ensemble des outils dont le professeur dispose pour transformer les capacités des élèves, c'est-à-dire pour favoriser une sémiotisation des contenus de savoirs. Trois notions sont décrites : le *dispositif didactique, l'activité scolaire* et la *tâche*. Par ailleurs, ces outils ne peuvent s'actualiser en cours de français sans l'entremise de gestes professionnel. Pour Schneuwly et Dolz (2009), quatre *gestes fondamentaux* définissent l'action de l'enseignant lorsqu'il guide l'attention des élèves, met en scène l'objet à enseigner ou encore régule les apprentissages. Nous les décrivons tour à tour.

En ce qui concerne les élèves (quatrième partie), la didactique du français s'est également dotée d'une suite de concepts permettant de situer l'évolution des apprentissages. Il s'agit principalement des notions de *capacités langagières* et *d'obstacles* qui sont fondamentales pour comprendre les processus de transformation des apprenants. L'ensemble de ces éléments nous permettent alors d'interpréter les liens entre les erreurs des élèves et le geste de régulation décrit plus haut.

Statuts de la langue et didactique(s) du français

Apprendre une ou plusieurs langues s'inscrit toujours dans une culture et des phénomènes sociaux. Les dénominations *langue maternelle, langue première, langue étrangère* ou *seconde* rendent compte de la variété des situations d'apprentissage (Simard, Dufays, Dolz & Garcia-Debanc, 2010). La langue peut également être examinée du point de vue de ses contextes d'utilisation. Selon les différents lieux de communication, comme la famille, la rue, l'école et le monde du travail, on attribue les termes de *langue de socialisa-*

tion, *de scolarisation* ou encore *de langue professionnelle*. Ceux-ci recouvrent différents usages de la langue, supposent une mise en mots singulière, invitent à des gestions de la communication et à des registres distincts. Mais que recouvre l'ensemble de ces dénominations ? Quelles sont les dimensions de la langue privilégiées par chacun de ces contextes d'utilisation ? S'arrêter sur ces considérations permet alors de saisir les différentes orientations de la didactique du français au cours de son histoire en tant que discipline scolaire. Par-là, nous définissons le « modèle » de la didactique du français qui correspond au mieux à la situation des primoarrivants au sein des classes d'accueil.

LANGUE MATERNELLE, PREMIÈRE, ÉTRANGÈRE, SECONDE, DE SCOLARISATION

La *langue maternelle* désigne la langue nationale de l'État qui régit le système éducatif. Pourtant, la dénomination langue maternelle s'appuie sur une variété de critères qu'il est nécessaire d'examiner. Le plus courant consiste à dire que c'est la langue apprise au contact de la mère. Or, l'analyse des profils d'acquisition de la langue en contexte familial souligne une ambivalence : la langue de la mère et celle du père peuvent être différentes, obligeant parfois l'utilisation d'une troisième langue (Besse, 1987). Le deuxième critère est celui de la primauté : la langue maternelle est la première acquise et, à travers elle, se construisent les premières activités langagières. Là encore, les situations de bilinguisme dans le cercle familial tendent à prouver que les fonctions langagières se réalisent simultanément à travers plusieurs systèmes linguistiques distincts. Quant aux critères d'excellence ou d'apprentissage dit naturel, ils sont tout aussi discutables. C'est pourquoi nous préférons substituer l'appellation langue maternelle par *langue première*. Ils désignent la langue d'un État qui la diffuse par le biais de ses institutions scolaires à un moment donné de son histoire. Nous écartons ainsi une vision sexiste de l'apprentissage de la langue, lui ôtons un marquage « affectif » et écartons surtout des représentations qui naturalisent les apprentissages (Simard *et al.*, 2010). En effet, la notion de langue première ou des langues premières familiales ou d'un État prend en considération les différentes situations sociolinguistiques et évoque la(les) langue(s) au(x)quelle(s) l'enfant d'abord, l'élève ensuite, est confronté dans la construction des apprentissages et pour le développement du langage.

Les désignations *langue étrangère* et *langue première* s'excluent mutuellement (Cadet & Guérin, 2012). En premier lieu, une *langue étrangère* est d'abord reconnue comme une langue première d'un État, enseignée par les institutions d'un autre État dont elle n'est pas la langue officielle. Par principe, en investissant une langue étrangère, « le locuteur ou l'apprenant n'aurait aucune familiarité avec [elle] hors de l'espace d'enseignement formel » (Goï & Huver, 2012, p. 26). D'ailleurs, pendant longtemps, en Suisse, les seules langues qui ont mérité le statut de langues étrangères à l'école étaient la variante standard : le *Hochdeutsch*, le français dit hexagonal, l'anglais « de Shakespeare », etc. Ceci soulève la délicate question de la norme et des variations des langues étrangères qui méritent d'être transmises (Rispail, 2005). Car le choix des contenus à enseigner passe (souvent) par le crible d'une normalisation et d'une standardisation de la variété choisie, que ce soit sur le plan lexical, orthographique ou morphosyntaxique.

En second lieu, l'ordre d'apprentissage entre langue première et langue étrangère s'inverse : « on peut poser que ce qui caractérise l'enseignement / apprentissage d'une langue étrangère est que celui-ci consiste à enseigner / apprendre ce qui, en principe, a été déjà acquis quand on commence à étudier scolairement une langue première » (Besse, 1987, p. 14). Nous évoquons ici l'importance des ressources langagières dans les langues d'origine des élèves, allant de la capacité à communiquer à la maitrise d'un métalangage, ayant des incidences sur l'acquisition d'une autre langue (Bertucci, 2007).

L'expression *langue seconde* est polysémique et peut renvoyer à deux réalités distinctes qui la différencient de la *langue étrangère*. Premièrement, une langue est dite seconde selon le statut que lui confère l'État. Par exemple, un État peut reconnaitre plusieurs langues nationales sur son territoire, généralement délimitées géographiquement, « mais qu'une partie des ressortissants n'a pas acquise nativement » (Besse, 1987, p. 11). C'est le cas du suisse-allemand, de l'italien et du romanche en Suisse pour les natifs francophones. D'autre part, une langue est aussi considérée comme seconde parce qu'elle occupe une position privilégiée dans l'espace social, généralement héritée d'une présence politique française sur le territoire, comme à Madagascar (Cuq, 1991).

Deuxièmement, le point de vue de la proximité des usages est aussi révélateur du statut particulier d'une langue seconde. Celle-ci peut être pratiquée d'une manière ou d'une autre dans le pays où on l'apprend (Besse, 1987 ; Goï & Huver, 2012). En d'autres mots, une langue est seconde quand les apprenants ont la possibilité quotidienne d'y être confrontés authentiquement en dehors des cours qu'ils suivent pour l'apprendre.

On comprend la distinction importante entre une langue étrangère et une langue seconde : si l'enseignement de l'une peut plus facilement être décontextualisé des pratiques verbales effectives et des phénomènes de variation, l'enseignement de l'autre doit mobiliser l'ensemble des acquisitions spontanées des élèves en situations scolaires (Gajo, 2001).

Ces trois premières définitions considèrent le statut du français en fonction des paysages politiques et géographiques. En revanche, les dénominations *langue de scolarisation, langue de socialisation* ou encore *langue professionnelle* sont d'un autre ordre. Elles recouvrent les différentes fonctions d'une même langue selon ses usages et ses contextes d'utilisation au sein d'un cadre social précis. Elles impliquent des pratiques langagières variées selon les types d'activités humaines (sociales, scolaires et professionnelles) (Bronckart, 2008). Elles demandent de puiser dans des ressources linguistiques singulières (structures syntaxiques, champs lexicaux, formes interactionnelles, etc.). Leur description aide à l'analyse des situations dans lesquelles les élèves des classes d'accueil sont impliqués au cours de processus d'intégration.

La *langue de scolarisation* peut être définie, en suivant Chiss (2005) comme « une langue d'enseignement ou d'apprentissage véhiculant les savoirs disciplinaires et les valeurs qui leur sont attachées » (p. 39). La langue de scolarisation est ainsi conçue à la fois comme objet d'enseignement en tant que tel, et comme outil d'apprentissage : on l'apprend pour apprendre autre chose. Sa maitrise conditionne ainsi l'intégration dans le système éducatif et la réussite des apprentissages de l'élève (Davin-Chnane, 2008b). Sur le plan pragmatique, elle se caractérise par un champ lexical propre ainsi que par des structures syntaxiques plus normatives que la langue à apprendre prise dans sa globalité (Forges & Gengler, 1999). Cette langue scolaire renvoie aussi à des schémas de communication singuliers, comme les échanges questions/réponses qui ont peu à voir avec des situations de communication ordinaires, et elle se situe à un niveau de décontextualisation élevé (Cummins, 1992). Par ailleurs, les implicites liés à l'histoire de l'école et aux vécus de ses acteurs ajoutent de la complexité à son apprentissage.

La *langue de socialisation* ou *langue d'appartenance* spécifie également que des registres singuliers sont à l'œuvre en fonction des contextes sociaux ou des groupes constitués. Dans ce cas, la langue devient un symbole visible du groupe par les modes des interactions, par les choix lexicaux et syntaxiques, par les phénomènes de kinésie et de proxémie, autant de signes distinctifs qui permettent la différenciation d'un groupe social à un autre (Labov & Kihm, 1993). L'intérêt de ces considérations est de prendre conscience que l'adoption d'une langue de socialisation peut engendrer des blocages dans l'apprentissage de la langue première ou seconde : des interférences deviennent visibles entre les variations d'une même langue et sa forme normée préconisée par l'institution scolaire. Elles méritent cependant d'être mises en discussion pour écarter toute opposition. Elles deviennent alors une occasion d'élargir les connaissances des apprenants sur les différents registres disponibles et leurs implications sociales.

Quant à la *langue professionnelle,* elle demeure dans cette lignée : la langue recouvre des aspects singuliers qui dépendent du monde du travail et qui varient d'un métier à un autre (Mourlhon-Dallies, 2008). C'est pour-quoi, généralement, les formations visant l'enseignement d'une langue professionnelle « se sont déclinées par métier en relation avec des domaines de spécialité, pour rechercher ensuite des transversalités » (p. 14). Travailler l'emploi d'un lexique spécifique et commun à plusieurs secteurs, favoriser la lecture de textes professionnels (rapport d'expertise, contrat d'enga-gement, courriers administratifs, etc.), s'entrainer à mieux communiquer entre collaborateurs sont autant d'objectifs visés pour cadrer les spécificités et les variations de la langue en contexte professionnel.

Les statuts de la langue que nous avons décrits jusqu'ici convergent en classes d'accueil postobligatoires. Car l'histoire de ces structures témoigne de leur implication à tous les niveaux du processus d'intégration (Durussel *et al.*, 2012). Premièrement, elles peuvent s'engager vers l'enseignement d'une langue de scolarisation parce que les apprenants font partie d'un nouveau système éducatif qu'ils doivent apprivoiser. Deuxièmement, les élèves nouvellement arrivés se glissent dans le tissu social du pays d'ac-cueil. Sur ce point, la maitrise d'une langue de socialisation devient néces-saire. Troisièmement, la recherche de stage, les perspectives de formation ou l'accès au monde du travail figurent également comme une priorité. En conséquence, l'acquisition du français langue professionnelle fait coïncider les ressources langagières des apprenants avec leur choix de métier ou de formation. Enfin, de manière large, le français en Suisse romande possède un statut de langue première d'un point de vue étatique, mais de langue seconde d'un point de vue des usages si l'on considère les jeunes migrants, car ils peuvent l'exercer en dehors de la classe.

En conclusion, le statut d'une langue, tout comme ses différentes varia-tions dans un contexte déterminé, se répercute sur les phénomènes d'enseignement et d'apprentissage. En effet, la vitalité des langues en présence, les attitudes et les représentations des apprenants allophones (Dolz & Tupin, 2011), les différentes modalités permettant d'accéder au français (Riley, 2002) donnent à réfléchir sur le type d'interventions didactiques à privilégier dans les classes d'accueil. Car la didactique du français doit être en mesure de proposer des orientations originales dans le traitement des objets d'enseignement pour favoriser l'apprentissage de la langue selon les différents aspects que recouvre la migration. Ce sera le propos de notre prochaine partie.

Vers une didactique du français langue seconde

En raison de ses parentés multiples et de son inscription dans un réseau complexe de disciplines de référence (linguistique, sociolinguistique, sciences de l'éducation, phonétique, littérature, etc.), les contours de la didactique du français sont encore à délimiter (Chiss, 2005 ; Véronique & Collès, 2007). Comme le précise Davin-Chnane (2008a),

> jusqu'à une date relativement récente (2000) la légitimité institutionnelle ne fait exister en tant que domaines d'enseignement / apprentissage que deux branches dominantes de la didactique du français : le français langue [première][3] destiné à des natifs et le français langue étrangère destiné à des non-natifs. (p. 37)

Néanmoins, aujourd'hui, des didacticiens des langues cherchent fortement à dépasser cette opposition binaire et se réclament de disciplines nouvelles telles que la « didactique du plurilinguisme » (Castellotti, 2000) ou « didactique intégrée des langues » (Brohy, 2008 ; Wokusch, 2005), et ceci, entre autres, dans le but de s'affranchir des disciplines dites scolaires. Des critiques leur sont formulées : est-ce que la spécificité de leurs objets d'enseignement ou de recherche justifie la construction d'une discipline autonome (Chartrand & Paret, 2008) ? Autrement dit, quels sont les critères qui permettent de singulariser une didactique dans un champ particulier et clairement défini ? Pour répondre à ce questionnement, intéressons-nous à l'évolution de la discipline *didactique du français* au cours de son histoire.

---

3 Pour rester cohérents avec notre discussion précédente sur le statut des langues, nous remplaçons systématiquement pour la suite de notre développement les termes *langue maternelle* par *langue première*, même si certains auteurs y font référence.

Elle révèle les tensions existantes entre les disciplines de références, les contenus disciplinaires privilégiés selon les perspectives de l'apprentissage du français et les spécificités des apprenants.

L'histoire de la didactique du français montre que les rapports entre la didactique du français langue étrangère (DFLE) et la didactique du français langue première (DFLP) se construisent davantage aujourd'hui en termes de nuance que d'opposition (Dabène, 2009). Mais ce ne fut pas toujours le cas. Au cours des années 1970, la DFLE émerge en premier et se présente comme une « interface entre le niveau des disciplines de référence [...] et la classe de langue » (p. 19). Ce qui donne lieu à l'ouverture d'un nouveau champ de recherche et à une ébauche de modélisation. Quant à la DFLP, elle est alors balbutiante. Il faut attendre les années 1980, théâtre d'une « fièvre modélisatrice » (Dabène, 2009, p. 20) pour que la DFLP émerge véritablement, mais comme une alternative au sein de la DFLE. Si cette dernière se concentre sur la recherche et sur l'élaboration de contenus d'enseignement à partir des résultats proposés par la linguistique appliquée, la DFLP vise davantage à faire dialoguer les courants fondateurs (la pédagogie et les sciences du langage) dans le but d'assurer une certaine autonomie de la discipline et de rejeter toute perspective applicationniste. Ce n'est qu'au milieu des années 1980 qu'un rapprochement entre ces deux champs disciplinaires s'opère. On s'intéresse désormais aux facteurs qui permettent de les singulariser ou de les associer. Ce qui les distingue, c'est la spécificité du public apprenant et des institutions responsables de l'enseignement du français, l'originalité des dispositifs d'enseignement et d'apprentissage, tout comme l'éventail divers des pratiques langagières préconisées comme objets d'enseignement (Dabène, 2009). Deux arguments les unissent : la didactique doit se préoccuper avant tout de la description de la langue, de ses usages, du fonctionnement des textes et des discours ; elle doit veiller aux « activités cognitives à l'œuvre dans les apprentissages-acquisitions langagiers » (Dabène, 2009, p. 27).

En conséquence, la didactique du français est désormais vue comme un continuum dont les deux pôles seraient la DFLE et la DFLP. Les facteurs de variation entre les deux ont trait à la situation d'enseignement (parce que le statut du français est différent) et dans le même mouvement à la situation d'apprentissage (parce que les capacités des élèves en français ne permettent pas de s'appuyer sur les mêmes référents). En considérant le statut du français en Suisse romande pour les élèves récemment arrivés, nous suivons les perspectives de Cuq (1991), de Goï et Huver (2012), de Dabène (2009) et de Chiss (2006) qui préconisent le développement d'une didactique du français langue seconde (DFLS). Celle-ci

> émerge alors de ces situations d'entre-deux, dans lesquelles le français ne serait ni enseigné/appris comme une langue [première] (modalité d'enseignement dont l'échec serait avéré), ni comme une langue étrangère en ce que le locuteur et l'apprenant n'auraient aucune familiarité avec lui hors de l'espace d'enseignement formel (modalité d'enseignement dont l'échec est lui aussi avéré, bien que plus relatif). (Goï & Huver, 2012, p. 26)

Ce positionnement hybride permet en fin de compte de constater la porosité entre la DFLE et la DFLP, encourageant un ajustement des orientations didactiques en fonction des capacités évolutives des apprenants au gré de leur implication dans les différents domaines sociaux de communication en milieu endolingue.

Mais les choses ne sont évidemment pas simples. Defays et Deltour (2003) soulignent que la didactique du français langue seconde reste « un concept fourre-tout qui brouille les critères au lieu de les clarifier et il est devenu bien difficile d'en donner une définition qui fasse l'unanimité » (p. 31). Chartrand et Paret (2008) surenchérissent, arguant que les objets enseignés sont, de toute façon, normatifs, standardisés et décontextualisés des pratiques langagières courantes, que les dispositifs des enseignants restent finalement identiques malgré la spécificité des capacités langagières des apprenants en français. Leurs points de vue méritent discussion.

Selon nous, la DFLS ouvre un nouveau champ disciplinaire si l'on considère que la perspective d'une transposition ascendante invite à tirer parti de l'inventivité et de la créativité des enseignants des classes d'accueil à partir de l'exploration de leurs pratiques effectives. Et dans cette optique, l'éclectisme s'annonce comme une richesse et moins comme le reflet de quelques balbutiements didactiques. Il prouve finalement que les enseignants des classes d'accueil sont à la recherche constante d'une « solution » répondant à des objectifs aussi complexes que variés. En conséquence, la proposition d'une DFLS permet d'échapper à « l'idéologie du standard » (Milroy et Milroy, 1985, cités par Cadet et Guerin, 2012, p. 5), où les enseignants sélectionnent des formes d'interventions propres aux champs de la DFLP et de la DFLE, inscrits bien évidemment dans des traditions institutionnelles de sélection et de modes de transmission des savoirs, sans pour autant y demeurer figés. La dynamique entre recherches et fondements d'une discipline nécessite néanmoins une ouverture à deux niveaux : une transparence de ce qui se produit dans les classes d'accueil ; un intérêt pour interroger ces structures qui se situent en marge du système scolaire « traditionnel ». Cette mise en circulation des savoirs (Martinand, 2006) est fondamentale parce qu'elle ouvre sur une formation solide des enseignants de classes d'accueil, conscients des apports et des défis de l'un et de l'autre modèle de la didactique du français (Dolz & Gagnon, 2008). Leurs pratiques peuvent être alors réfléchies à partir de référents conceptuels et praxéologiques (Carlier, Renard & Paquay, 2000 ; Paquay, Altet, Charlier & Perrenoud, 2001 ; Schön, 1983) couvrant toutes les dimensions originales de la scolarisation des élèves récemment arrivés.

En outre, les finalités affiliées à l'enseignement du français, qui sont « communiquer de manière adéquate, réfléchir sur la communication et sur la langue, et construire des références culturelles » (Dolz & Gagnon, 2008, p. 142) ne seraient pas traitées de manière équivalente, ni ne suivraient la même temporalité. En effet, la DFLS invite à une plus grande adaptabilité des contenus en fonction des capacités et des besoins des apprenants. Plusieurs recherches le confirment. En DFLS, les activités en vue d'apprendre le français alternent les visées communicationnelles et de structuration de la langue (Cuq & Davin-Chnane, 2007). Miled (1997), Véronique et Collès (2007) proposent de fragmenter les tâches pour éviter une gestion simultanée des contraintes textuelles, linguistiques, de manière à pallier les difficultés des apprenants. Par conséquent, même si la DFLS priorise les dimensions communicatives en début d'apprentissage (la langue s'apprend d'abord par des activités orientées vers les besoins de communication immédiats de l'apprenant), elle suppose également des objets d'enseignement spécifiques, lesquels sont définis par d'autres finalités. L'apprentissage des outils de la langue qui se réalise déjà dans des objectifs de communication fait alors l'objet d'un traitement particulier, car l'élève allophone « doit non seulement comprendre le fonctionnement du nouveau système, mais aussi pouvoir manipuler ses éléments constitutifs comme des objets de savoir » (Cuq & Davin-Chnane, 2007, p. 26). De fait, le DFLS recouvre des champs multiples et complémentaires et peut être vu comme transversal (Verdelhan-Bourgade, 2002) en prenant pour référents la DFLP et la DFLE. Cette perspective permet somme toute de créer des synergies entre deux modèles. De cette manière, les enseignants des classes d'accueil sont prêts à tenir compte des différents statuts du français en fonction des contingences culturelles et socioprofessionnelles et à adapter leurs cours de français selon les expériences langagières des primoarrivants, antérieures ou à venir.

L'OBJET EN PRODUCTION ORALE ET ÉCRITE

Toute approche disciplinaire en français comporte en arrière-fond une théorisation de la langue issue des sciences du langage et de la linguistique. Les phénomènes de transposition didactique montrent que les courants théoriques influencent le choix des objets d'enseignement et la manière de les élémentariser (Bronckart & Plazaola Giger, 1998 ; Schneuwly, 2008). Deux points de vue épistémologiques sont présentés ici : la *pragmatique* et *l'interactionnisme sociodiscursif*. Tous deux invitent à considérer les objets en production orale et écrite proposés dans les cours de français des classes d'accueil. En effet, les jeunes migrants sont dans cette situation, où des compétences minimales de communication doivent être maitrisées (Moirand, 2003), du moins au début des apprentissages. Pour cela, la DFLE s'est longtemps référée à un choix d'objets circonscrits aux *actes de parole* (Coste *et al.*, 1976). Mais on devine également l'importance d'un travail portant sur une production de textes. La lettre de motivation, l'entretien d'embauche ou encore la description d'un itinéraire sont autant de genres scolarisés pouvant nourrir le processus d'intégration des adolescents allophones. L'entrée par les genres pour travailler la production orale et écrite fait davantage partie du curriculum proposé par la DFLP (Dolz & Gagnon, 2008 ; Schneuwly & Dolz, 2009). Actes de parole et textes sont présentés ici séparément pour comprendre ce qu'ils recouvrent exactement et déterminer leur implication en termes de modélisations didactiques.

LES ACTES DE PAROLE COMME OBJET D'ENSEIGNEMENT

S'opposant à une vision de la langue, où tout énoncé sert à décrire le monde (vision aristotélicienne), Austin et Searle soutiennent que les productions verbales se déploient pour accomplir des actions. Et la formule « quand dire c'est faire » résume leur position épistémologique (Austin, 1962). Pour défendre leur point de vue, des productions langagières ordinaires, qui rendent visibles les logiques d'action, sont mises à l'étude. C'est ainsi que la langue est découpée en *actes de parole* qui rendent compte des manières possibles pour encourager, modifier le comportement, l'attitude et les actions du destinataire. En effet, comme l'affirment Coste *et al.* (1976), la langue

> sert à faire des demandes, à donner des ordres, à démontrer, à porter un juge-ment, à féliciter quelqu'un, etc. toutes ces opérations peuvent être appelées *actes de parole*. Pour les effectuer le locuteur a recours au langage, mais, ce faisant, il s'agit moins pour lui de parler ou d'écrire que de réaliser un acte précis (annoncer un fait, prendre congé, refuser une permission) en parlant ou en écrivant. (p. 18)

On comprend bien alors la récupération de ces apports théoriques dans l'enseignement des langues étrangères. Non seulement ils rendent visibles les productions langagières en unités restreintes, ce qui reste fort commode pour établir une programmation, mais ils permettent de répondre à des besoins précis des apprenants en fonction des situations d'action ordinaire : remercier, saluer, inviter, se présenter, etc. (Portine, 2001). Les travaux de Coste *et al.* (1976) mettent à jour une liste précise d'actes de parole, en déclinant les formulations possibles en fonction des situations de com-munication et des registres de langue. On retrouve par exemple l'acte de parole *saluer*, qui se traduit en « bonjour Monsieur / Madame », « bonjour, ça va ? », « salut », etc. Nous saisissons ici l'aspect ténu de l'acte de parole qui peut être de l'ordre du mot, ou de la phrase. Cependant, plusieurs auteurs se sont questionnés autour de l'articulation de plusieurs énoncés (Moirand, 1982 ; Portine, 2001 ; Roulet, 1991). Un acte de parole est avant tout le constituant d'une intervention, qui est elle-même incluse dans un échange. Nous avons donc un acte directeur, sur lequel viennent se greffer un ou plusieurs actes subordonnés afin d'avoir une intervention complète, finie, ayant un sens pour les locuteurs en présence. Néanmoins, pour notre étude nous considérons un acte de parole comme un énoncé précis et cir-conscrit ayant une valeur perlocutoire sur son destinataire.

Coste *et al.* (1976) ont également considéré à des fins didactiques les différents constituants d'un acte de parole pouvant varier selon les circons-tances de la situation de communication et selon les champs de référence convoqués. En résumé, la *situation de communication* convoque les aspects socioculturels, c'est-à-dire le lieu institutionnel dans lequel le message est produit, les circonstances qui invitent ou imposent une intervention, les statuts et les rôles des interlocuteurs. Quant aux *champs de référence*, ils impliquent que l'acte de parole et les échanges langagiers portent sur un thème précis, supposant des contenus singuliers (le temps qu'il fait, un évènement politique ou social, un séjour à l'étranger, etc.). De fait, ces éléments connus du locuteur « déterminent ses options linguistiques (encodage du message) parmi toutes les formes équivalentes que la langue met à sa disposition » (p. 26). Il s'agit alors pour lui de faire un choix dans la mise en mots de l'acte langagier qu'il désire produire.

LES GENRES TEXTUELS COMME OBJET D'ENSEIGNEMENT

Du point de vue de l'interactionnisme sociodiscursif (désormais ISD), le texte est compris comme point de départ de toutes productions verbales, orales ou écrites. En suivant Bronckart (2004), nous ne nous exprimons pas au moyen de phrases isolées, mais bien par des textes. Ceux-ci permettent de planifier l'activité sociale, de la commenter ou encore de l'évaluer. Ils sont donc entendus comme des « unités communicatives globales » (p. 115) qui dépendent des situations de communication dans lesquelles les locuteurs agissent et interagissent. Ainsi, un texte s'ouvre et se clôt dès que l'activité langagière, pendant de l'activité sociale, débute et se termine. Par conséquent, la taille des textes est variable. Ils peuvent être brefs à l'instar d'une liste de course, d'une carte postale. Ils peuvent être plus longs comme un exposé théorique ou un roman. Pour notre étude, l'ISD permet de marquer l'importance des interactions dans l'apprentissage d'une langue. Surtout, il met en lumière la façon dont les textes sont à la fois trace et vecteur de toutes productions langagières et deviennent ainsi des objets enseignables.

Le deuxième niveau d'intérêt de l'ISD pour notre investigation prend appui sur le travail d'indexation de textes. Car, bien qu'il soit singulier, un texte fait partie d'un ensemble structuré et stable, appelé *genre de texte*, permettant d'assurer la communication entre locuteurs. En effet, les genres oraux et écrits (récits de vie ou témoignage d'une expérience vécue, lettre de demande ou débat public) modèlent la production langagière et guident la compréhension. Comme le souligne Bronckart (1997) : « si les genres […] n'existaient pas et si nous n'en avions pas la maitrise, et qu'il nous faille les créer pour la première fois dans le processus de la parole […] l'échange verbal serait quasiment impossible » (p. 104). Les genres de texte préfigurent les productions langagières. Ils permettent d'instaurer un horizon d'attente chez le destinataire. Cela a pour conséquence de produire un effet de cohérence entre locuteurs (Dolz & Schneuwly, 1998) : on ne s'attend pas à débuter la lecture d'une lettre de motivation pour un emploi par la formulette « il était une fois ».

L'ISD rappelle que la diversité des genres reste illimitée, étant donné que chaque texte produit correspond à une activité sociale qui est elle-même inscrite dans un champ infini de possibles. Cependant les préoccupations de la DFLP ont encouragé une manière de rassembler certains genres en fonction des domaines sociaux de communication et des capacités langagières impliqués dans la production de textes (Dolz & Schneuwly, 1996). Déterminée à partir des grandes finalités de l'enseignement, cette approche par regroupement de genres rend possible une programmation des apprentissages dans une logique de progression. Six actions langagières sont donc identifiées : *narrer, relater, exposer, régler des comportements, argumenter* ou encore *jouer avec la langue.*

Globalement, *narrer* renvoie à la construction d'un monde imaginaire, cette action langagière s'inscrit dans une culture littéraire plutôt fictionnelle pour divertir le destinataire (conte merveilleux, nouvelle fantastique, récit d'aventures, fable, etc.) ; *relater* fait référence à la restitution d'évènements qui se sont effectivement produits dans un espace géographique et temporel déterminé, le but étant de témoigner d'une ou plusieurs activités humaines (récit de vie, témoignage d'une expérience vécue, fait divers, etc.) ; *exposer* correspond à la transmission de savoirs (article encyclopédique, compte rendu d'une expérience scientifique, exposé, etc.) ; *régler des comportements* témoigne d'un domaine social de communication plutôt prescriptif, orientant les attitudes ou les actions (charte scolaire, notice de bricolage, règle de jeu, recette de cuisine, etc.) ; *argumenter* réfère des textes s'appuyant sur des controverses supposant des prises de position, des étayages et des réfutations (débat public, texte d'opinion, lettre au courrier des lecteurs, etc.) ; *jouer avec la langue* demeure à part, dans la mesure où cette action langagière permet la recension d'une pluralité de textes, en usage à l'école, qui invitent à jouer avec les sonorités de la langue et des structures particulières pour divertir le destinataire (calembour, palindrome, devinette, poème en vers, cadavre exquis, etc.). Nous utilisons cette nomenclature pour catégoriser les objets proposés en classes d'accueil lorsqu'ils concernent la production orale et écrite de textes.

Enfin, l'ISD enrichit notre travail par la mise au jour de l'architecture des textes et la manière avec laquelle la composition de leur macrostructure peut devenir objets d'enseignement. Trois éléments sont mis en évidence : l'infrastructure générale du texte, les mécanismes de textualisation et les mécanismes de prise en charge énonciative (Bronckart, 2004). Le premier concerne les contenus thématiques proposés et leur planification. Le deuxième a trait aux phénomènes de connexion qui articulent les différents contenus thématiques. Est encore comprise ici la cohésion nominale qui gère l'apport de thèmes nouveaux et leurs reprises, tout comme la cohésion verbale, où une base temporelle organise l'usage des temps verbaux en rapport à leur procès. Le troisième, quant à lui, donne à voir les différentes voix qui sont mises en évidence dans le texte : qui parle en fin de compte ? Sous quel rôle ? Et avec quel statut social ? Les travaux en DFLP reprennent ces différents éléments en les contextualisant au monde scolaire, ceci dans le but de les rendre opérationnels avec des élèves (Dolz, Gagnon, & Toulou, 2009 ; Dolz & Schneuwly, 1998). Cette modélisation didactique se décline en cinq composantes que nous utilisons dans notre analyse. D'abord, la *situation de communication* met en lumière le rôle et le statut social des énonciateurs et des destinataires. Elle aborde aussi la question du but de la production textuel. *L'élaboration des contenus* consiste à travailler les différentes thématiques qui seront le corps de la production. Bien évidemment, cette étape doit être suivie d'une *planification* qui permet d'organiser les différents contenus abordés. La *textualisation* reprend les phénomènes de connexion, de cohésion nominale et de cohésion verbale que nous avons évoqués plus haut. Enfin, la *révision* engage à considérer à nouveau la production initiale pour en assurer un meilleur contrôle.

Si nous mettons en discussion nos deux apports théoriques, autrement dit si nous comparons genres textuels et actes de parole comme unités de travail pour la production écrite et orale en didactique du français, nous notons plusieurs points de similitude et quelques divergences.

Au sujet des similitudes d'abord, tous deux se situent dans une perspective communicative. Ils renvoient à des situations de communication déterminées et exigent une mise en mots relative aux positions des différents locuteurs. Ensuite, les deux se rapportent à un même champ épistémologique où la langue est indissociable des activités sociales, elle permet d'agir et d'interagir en fonction des référents sociaux et culturels d'une société donnée. Troisièmement, ils se réfèrent à des champs sémantiques précis, nommés *élaboration de contenu* pour les genres et *champs de référence* pour les actes de paroles (Coste *et al.*, 1976). Plus encore, ils font appel à des structures linguistiques singulières en fonction des situations de communication.

Quant aux divergences, l'unité texte dépasse celle de l'acte de parole et reste de ce point de vue une unité plus large et englobante. Ensuite, les phénomènes de planification langagière ne sont étudiés que dans la perspective textuelle. La mobilisation des ressources de la langue est également plus complexe dans la production de genres, car elle permet d'aborder les opérations de connexion, de cohésion nominale et verbale, tout comme les mécanismes de textualisation relatifs à la modalisation. Enfin, les configurations d'unités linguistiques qui caractérisent l'ensemble du texte, ainsi que les phénomènes de style à l'oral et à l'écrit, prennent une tout autre dimension avec les genres textuels.

Nous prenons conscience que l'objet en production écrite et orale en didactique du français est considéré ici de manière dichotomique. Pourtant, cette option devient nécessaire pour catégoriser clairement les différentes interventions didactiques des enseignants des classes d'accueil en fonction des orientations privilégiées, que ce soit en DFLE, que ce soit en DFLP en production orale et écrite.

Du pôle enseignant

Notre étude vise à analyser le travail des enseignants des classes d'accueil postobligatoires. Et cette perspective donne lieu à la description des objets enseignés en cours de français, mais également à la présentation des outils d'enseignement sur lequel un enseignant s'appuie pour modifier les capacités langagières des primoarrivants. Car, suivant Schneuwly (2009), « enseigner consiste à transformer les modes de penser, de parler et d'agir [des élèves] à l'aide d'outils sémiotiques » (p. 31). En d'autres mots, l'enseignant engage un « double processus de sémiotisation » (p. 31) : les élèves élaborent de nouvelles significations à partir des objets proposés en production orale et écrite ; l'enseignant crée du sens en guidant l'attention des élèves et en désignant justement les dimensions particulièrement significatives de l'objet de savoir. Ceci ne peut avoir lieu sans l'aménagement d'un milieu didactique propice aux apprentissages. Cette partie a donc comme but de définir l'ensemble des *outils* à disposition de l'enseignant permettant le contrôle de ses propres comportements tout comme ceux des élèves (Vygotsky, 1934/1985). Par ailleurs, l'ensemble des moyens à disposition de l'enseignant ne peuvent s'actualiser en classes de français sans le concours d'un certain nombre de *gestes*. Ils sont l'expression des manières de faire, de dire permettant la conduite de l'enseignement. Nous les détaillons également.

Outils d'enseignement

Trois catégories d'outils garnissent l'environnement des enseignants (Schneuwly, 2009). La première catégorie n'est pas le propre d'une discipline. Elle rassemble des éléments comme l'environnement matériel, l'aménagement de la salle de classe, le milieu institutionnel impliquant un temps scolaire et une organisation hiérarchique de l'école. Nous ne la considérons pas, tout simplement parce que les outils qui s'y réfèrent sont génériques et ne concernent qu'indirectement le rôle des enseignants en cours de français. Par contre, les deux autres catégories marquent de manière claire les orientations didactiques. En effet, les outils de la deuxième catégorie encouragent la rencontre de l'élève avec l'objet enseigné. Il s'agit du matériel didactique composé de moyens d'enseignement, de fiches extraites de manuel ou réalisées par les enseignants, de documents vidéo ou audio, de cahiers de textes, etc. Ces outils constituent un premier pas pour rendre l'objet d'enseignement présent dans la classe. Car ce matériel propose en fin de compte des activités qui invitent à des manipulations, qui encouragent l'observation des élèves ou encore qui font exercer une ou plusieurs dimensions de l'objet. La troisième catégorie est d'un autre ordre. Elle rassemble les outils qui permettent de conserver l'attention des élèves sur l'objet ou sur une de ses dimensions. On parle ici des actions verbales et non verbales de l'enseignant qui se réalisent par des discours magistraux, par des échanges de type question-réponse, par une gestuelle, ou encore par des interventions collectives ou individuelles. Et c'est précisément l'association des outils de deuxième et troisième catégorie qui « permettent de créer des espaces dans lesquels les élèves déploient une activité scolaire liée aussi bien à l'exécution d'une tâche scolaire déterminée avec un matériau donné que l'écoute ou la participation à une interaction de type question-réponse » (Schneuwly, 2009, p. 34).

L'apport de Schneuwly (2009) est d'autant plus significatif qu'il propose trois notions pour expliciter davantage les outils de l'enseignant et les rendre opérationnels. Le *dispositif didactique* se résume à la mise en œuvre des outils de deuxième et de troisième catégorie. Un dispositif didactique rassemble donc les formes de guidage sur l'objet enseigné, tout comme les matériaux concrets, utilisés en cours de français. Il encourage donc une démarche d'enseignement spécifique qui permet à l'élève de rencontrer l'objet par des moyens adaptés pour que la sémiotisation des savoirs puisse avoir lieu. Car un dispositif didactique s'ajuste aux contenus à enseigner et à construire avec les élèves. Soulignons que le choix des dispositifs s'inscrit toujours dans une histoire : celle de la discipline qui invite à la mobilisation de ressources spécifiques associées à des objets précis ; celle de l'enseignant qui se construit un répertoire d'interventions en fonction des capacités et des obstacles des élèves, repérés dans la classe ou au cours de ses expériences professionnelles précédentes.

La deuxième notion renvoie à *l'activité scolaire*. Globalement, une activité scolaire est une unité didactique circonscrite dans le temps, centrée sur une dimension de l'objet enseigné. Elle débute par une consigne de l'enseignant qui invite les élèves à considérer l'objet, à le manipuler, à le travailler, à le questionner. Elle suppose des formes sociales de travail singulières (individuelle, en groupe, collective) et l'emploi d'un ou plusieurs supports. Autrement dit, le dispositif didactique et l'activité scolaire sont fortement intriqués : l'activité scolaire, c'est « ce que fait faire l'enseignant » (Schneuwly, 2009, p. 34) au moyen d'une démarche singulière pour présenter et travailler une dimension de l'objet avec ses élèves ; le dispositif est intrinsèquement lié à l'objet d'enseignement et constitue une voie d'accès, parmi d'autres, à cet objet.

En guise de troisième notion, la *tâche* permet de considérer cette fois les spécificités de l'action des élèves, lorsque l'activité scolaire prend des formes particulières. La tâche est définie comme « une activité dirigée vers un but, dévolue aux élèves, individuellement ou en groupe » (Schneuwly, 2009, p. 34). Elle consiste généralement en un problème à résoudre, dont le résultat sera évalué et validé par l'enseignant ou le cas échéant par les pairs (Dolz, Schneuwly, Thévenaz, & Wirthner, 2001).

En résumé, les outils de l'enseignant assurent le guidage des objets et structurent un ensemble complexe d'éléments, comme la décomposition de l'objet, la prise en considération des capacités des élèves ou encore la progression de l'enseignement (Wirthner, 2006).

GESTES FONDAMENTAUX

Une analyse des pratiques enseignantes serait incomplète si l'on ne considère pas les actions des professionnels lorsque les objets à enseigner entrent sur la scène didactique. Cet agir en situation peut se traduire en termes de *gestes* (Bucheton, Brunet & Liria, 2005 ; Bucheton & Dezutter, 2008 ; Schneuwly & Dolz, 2009 ; Sensevy, 2001, 2007). Si la plupart des auteurs usent de la même terminologie, les définitions qu'ils en proposent n'engagent pas les mêmes concepts ni les mêmes finalités. Bucheton *et al.* (2005) entendent par *gestes* les actes simples et routiniers qui orientent la conduite et la gestion de la classe. Même s'ils sont souvent prépensés, les gestes s'adaptent à l'action de l'enseignant et s'inventent en fonction des situations. Un geste est essentiellement langagier, mais la posture du corps, les mimiques et la gestuelle de l'enseignant reflètent également son action dans l'acte éducatif. Goigoux (2007), de son côté, associe le concept de gestes à la notion de schèmes professionnels. La différence est importante, car elle signifie que l'action enseignante présente des « formes organisées et stabilisées de l'activité d'enseignement pour une certaine variété de situations appartenant à une même classe » (p. 54). Ceci montre que les gestes supposent qu'ils sont invariants et en nombre déterminés. Ils se présentent comme des routines préparant, organisant les interventions de l'enseignant. Néanmoins ils témoignent de l'inventivité de l'enseignant qui peut rebondir sur des situations en les convoquant de manière spontanée. Clot (2001), quant à lui, marque un lien fort entre les gestes et le genre professionnel. Ces gestes professionnels, comme il les nomme, sont en quelque sorte la mémoire du métier et renvoient à une somme de techniques, de comportements et d'attitudes. Ils sont généralement impersonnels, inconscients et fonctionnent également comme des routines.

Ces trois définitions complémentaires nous permettent de cerner notre utilisation du concept. Premièrement, nous associons le geste à un ensemble d'actions qui sont liées avec un champ professionnel déterminé : il y a les gestes de l'artisan, du musicien, de l'enseignant, etc. Deuxièmement, il implique des actions spécifiques au cours de cette activité professionnelle. Pour Schneuwly (2009), dans une perspective didactique, les gestes fondent l'enseignement, ils en « constituent l'ossature » (p. 35). Par conséquent, le geste ne se résume pas qu'à des actes routiniers, souvent inconscients, mais en inclut d'autres, réfléchis et supposant une organisation calculée des actions de l'enseignant en fonction des situations d'enseignement et d'apprentissage. Troisièmement, les gestes s'inscrivent dans une histoire, dans notre cas, la culture scolaire. Cela signifie que les gestes peuvent répondre à un ensemble de pratiques, indépendamment des individus.

Schneuwly (2009) caractérise l'activité enseignante au moyen de quatre *gestes fondamentaux*. Avec un point de vue didactique, ceux-ci clarifient l'action du professeur, car ils façonnent la transformation des objets enseignés dans la classe et, dans le même mouvement, les significations que se construisent les élèves. Le premier geste, *mettre en place des dispositifs didactiques*, est « un révélateur particulièrement important de l'objet enseigné [...], car le choix même du dispositif didactique [...] permet de voir com-

ment l'objet est découpé, comment il est abordé » (Schneuwly, 2009, p. 37).
Concrètement, ce geste suppose une organisation de la classe particulière,
un choix de support de cours, des consignes d'activité et des démarches
ciblées pour favoriser la mise en lien entre les apprenants et les objets de
savoirs. *Institutionnaliser* rend compte du statut des savoirs véhiculés au
sein de la classe et les situe dans la culture scolaire. L'enseignant stabilise
ainsi les apprentissages à un moment donné et crée un répertoire partagé
entre les apprenants. *Créer de la mémoire didactique* permet de tisser des
liens entre ce qui a été vu avant, ce qui se réalise maintenant et ce qui se
fera après. Ce geste participe à la construction de sens dans une logique
de progression. Et enfin, *réguler* se réalise par la collecte d'informations, le
repérage et l'interprétation des obstacles d'apprentissage et la mise sur pied
de moyens correctifs oraux ou écrits. Par ce geste, l'enseignant encourage
les apprenants à trouver les « stratégies gagnantes » pour que les objets
d'enseignement deviennent objets d'apprentissage (Sensevy, 2001, p. 215).
Deux formes de régulation sont alors possibles. La première désignée
comme interne (Schneuwly & Bain, 1993) intervient en amont du geste
créer des dispositifs, car elle permet d'adapter l'action de l'enseignant par
anticipation des capacités des élèves. La seconde, plutôt locale, « intervient
lors de la réalisation par les élèves de l'activité scolaire, à la faveur d'un
échange avec l'élève, en face à face ou en groupe » (Schneuwly, 2009, p. 38).

En cours de français adressé à des élèves issus de la migration, étant
donné les modes d'interactions qui sont planifiés dans les configurations de
la DFLS, le geste de régulation est de premier plan. Nous lui accordons une
place particulière dans notre analyse, parce que les productions verbales
des élèves supposent un certain nombre d'obstacles qu'il est nécessaire de
dépasser pour éviter toute fossilisation des erreurs (Gajo, 2001).

DU PÔLE ÉLÈVE

Jusqu'à présent, notre cadre conceptuel est resté centré sur les objets enseignables rapportés aux différentes définitions de la langue, aux orientations
de la DFLE et DFLP, et aux outils de l'enseignant. Ici, notre réflexion change
de focale, car appréhender l'enseignement du français en classes d'accueil
implique également de s'interroger sur les apprenants et leurs *modes d'acquisition du français,* sur leurs *capacités langagières* et la nature de leurs *obstacles* qui témoignent surtout que des apprentissages sont à l'œuvre.

MODES D'APPRENTISSAGE ET D'APPROPRIATION DU FRANÇAIS

De façon générale, la langue cible s'apprend de façon guidée dans le milieu scolaire ou fait l'objet d'une acquisition non guidée dans les environnements endolingues du primoarrivant (Gajo, 2001). En effet, en situation scolaire les données linguistiques sont sélectionnées, triées, ordonnées, tandis que la situation naturelle laisse place au tout-venant. Car, en dehors de l'école, les niveaux de langue et les structures langagières s'entrecroisent, en fonction de la situation de communication et des locuteurs en présence : l'objectif est avant tout de se faire comprendre et d'être compris. Du point de vue des régulations, les réactions de l'enseignant en classe sont normatives, prescriptives et fortement orientées vers l'appropriation de la langue cible. Sans oublier que l'apprentissage systématique des structures linguistiques et langagières s'appuie sur une réflexion métalangagière pour penser les structures elles-mêmes et établir des inférences sur ce qui est *dicible* ou non. En revanche, les situations de communication du milieu endolingue se caractérisent surtout par une faible attention accordée à la langue elle-même (De Pietro, Matthey & Py, 1988).

Des interférences peuvent alors avoir lieu entre ces deux lieux d'appropriation de la langue. C'est pourquoi les cours de français pour des apprenants allophones doivent être en mesure d'intégrer les éléments de la langue pris spontanément en contexte endolingue. Cela encourage, par exemple, une réflexion outillée sur les différents registres convoqués et les structures tolérées dans la langue orale. Cette clarification vise somme toute à donner un statut aux productions spontanées des élèves et à expliciter les différences avec les normes de l'écrit.

CAPACITÉS LANGAGIÈRES ET COMPÉTENCES DE COMMUNICATION

Toutes orientations didactiques supposent une évaluation des apprentissages. Selon la DFLE et la DFLP, on ne recourt pas aux mêmes notions pour désigner les niveaux de maitrise des apprenants en production orale et écrite. La première s'appuie sur la notion de *compétences de communication*, la seconde sur celle de *capacités langagières*. Nous les développons séparément pour comprendre ce qu'elles recouvrent et pour mesurer leur complémentarité.

En DFLE, deux phénomènes concourent à l'émergence du concept de *compétences de communication* (Hymes, 1991 ; Moirand, 1982). D'une part, les avancées de la DFLE dans les années 1970 invitent à dépasser la cadre de la phrase dans l'étude de la langue : apprendre une langue, c'est avant tout apprendre à communiquer. Et dans cette perspective, on s'intéresse aux éléments qui permettent de mesurer les performances des élèves au cours de leurs productions. D'autre part, les théories de la pragmatique (Austin, 1962) posent le problème des effets de la communication en tant qu'action sur l'autre. Là encore, on désire évaluer les types d'interventions proposées par les élèves et leur force pour faire agir.

Plusieurs éléments permettent de définir une compétence de communication (Moirand, 1982) : la *composante linguistique* aborde la question de la maitrise du système de la langue ; la *composante discursive* suppose la connaissance des types de discours et leur agencement en fonction des variables de la situation de communication ; la *composante référentielle* réunit les connaissances du monde ou expérientielles permettant au locuteur de s'exprimer sur un sujet déterminé ; la *composante socioculturelle* se réfère à la « connaissance et l'appropriation des règles sociales et des normes d'interactions entre les individus et les institutions » (p. 20). Moirand précise encore que toutes ces composantes ne sont pas convoquées de manière uniforme chez les locuteurs. Des disparités sont possibles en fonction de leurs expériences langagières à l'école ou en dehors, et de la progression de l'enseignement en situation scolaire. De fait, des « phénomènes de compensation » (p. 20) sont alors visibles témoignant de l'adaptabilité du locuteur en fonction de la situation de la communication et des ressources dont ils disposent.

En DFLP, cette question est abordée non plus en termes de compétences, mais en termes de *capacités langagières*. Les raisons qui poussent au changement de domination reposent sur la polysémie du mot *compétence* difficilement maitrisable : tantôt il indique la disposition naturelle des êtres humains à produire et à comprendre du langage (Chomsky, 1955/1975), tantôt il indique les dispositions nécessaires pour réaliser une tâche déterminée de manière satisfaisante, ce qui permet, dans une suite logique, d'établir un répertoire de comportements attendus (Bronckart & Dolz, 2002). De fait, le terme de compétence relève soit d'une conception innée des apprentissages, soit d'un ensemble de ressources faisant système pour l'effectuation de tâches, soit d'une multiplicité de champs et de domaines dont la perméabilité est à discuter (monde professionnel et monde scolaire). En privilégiant le terme *capacité*, la DFLP écarte l'une ou l'autre de ces acceptions, car une capacité « est lié[e] à une conception épistémologique et méthodologique selon laquelle les propriétés des agents ne sont inférables que des actions qu'ils conduisent, et ce, au travers d'un processus d'évaluation sociale » (Bronckart & Dolz, 2002, p. 43). Autrement dit, c'est à partir de l'observation des réalisations concrètes des apprenants en contexte de production que l'enseignant peut déterminer le niveau de leurs capacités langagières.

Pour ce faire, et dans le cadre qui nous préoccupe, les *capacités langagières* sont de trois ordres : les *capacités d'action*, les *capacités discursives* et les *capacités linguistico-discursives* (Dolz & Schneuwly, 1998 ; Bronckart & Dolz, 2002). Les premières « permettent d'adapter la production langagière aux contraintes des cadres d'interaction et aux caractéristiques des contenus référentiels mobilisés dans la production langagière » (Dolz & Schneuwly, 1998, p. 78). Pour cela, l'élève doit prendre en compte l'environnement matériel dans lequel l'action langagière a lieu, comme l'espace géographique et temporel, la présence et le nombre d'interlocuteurs. Mais ces considérations recouvrent aussi une dimension sociale. Elles nourrissent les représentations influençant les productions langagières. C'est ici que s'inscrit logiquement le choix du genre de texte à convoquer. Les *capacités discursives* sont relatives à la gestion de l'infrastructure générale du texte (Bronckart, 1997), laquelle dépend du choix du locuteur, en accord aux contenus qu'il désire exprimer et à leur planification. Pour ce qui est des *capacités linguistico-discursives*, il s'agit des diverses opérations de mise en texte : les mécanismes de textualisation (connexion, cohésion nominale et verbale) et de prise en charge énonciative.

On constate alors que les conceptions de Moirand (1992) et de Dolz et Schneuwly (1998) convergent sur plusieurs points, au-delà de leurs dimensions épistémologiques. Elles permettent de situer les apprenants dans leur prise en compte de la situation de la communication et leur adaptation au cadre socioculturel des échanges (*capacités d'action* pour la DFLP, *composante discursive et socioculturelle* pour la DFLE) ; dans la gestion de leur production langagière liée avec la mobilisation de contenus spécifiques (*capacités discursives* pour la DFLP, *composante référentielle* pour la DFLE) ; dans les différentes opérations de mise en mots qu'ils effectuent (*capacités linguistico-discursives* pour la DFLP, *composante linguistique* pour la DFLE).

Bien que notre analyse ne vise pas à détailler les capacités langagières des apprenants en situation d'apprentissage dans les classes d'accueil, nous recourons à cette notion pour signifier que « l'analyse des capacités langagières des apprenants et l'identification de leurs problèmes d'écriture [ou de productions orales] sont donc des conditions pour adapter l'enseignement à leurs besoins » (Dolz *et al.*, 2009, p. 12).

OBSTACLES D'APPRENTISSAGE

Les obstacles sont inhérents à la constitution des savoirs et de tout processus d'apprentissage. En suivant Brousseau (1998), l'acte même d'apprendre procède par une mise à l'essai de connaissances successives partielles, provisoires, dont la validité est satisfaisante à un moment donné, mais qui plus tard se révèlent incomplètes ou insuffisantes. L'enseignement du français à des primoarrivants en classes d'accueil entre dans cette logique et invite à considérer la nature de leurs erreurs. Elles ne sont pas le fruit d'une inattention ou d'une lacune, mais bien le produit d'une connaissance qui s'avère inadaptée à une étape de leur cursus (Reuter, 2013).

L'étude des rapports entre la langue cible et les langues d'origine est d'ailleurs éclairante sur ce point. Elle révèle que l'apprenant emprunte le système de règles et les différents champs lexicaux de la langue cible, les adopte, les interprète, les transforme parfois, les surgénéralise aussi, pour construire une langue – *l'interlangue* – comprise comme un métissage entre les éléments linguistiques de la langue déjà maitrisée et celle à apprendre. Gaonac'h (2006) l'évoque en termes de « grammaire provisoire » (p. 86) qui permet de « se familiariser, de manière parcellaire, au fonctionnement de la langue cible » (p. 87). En construisant une interlangue, l'apprenant résout les tensions constitutives de l'apprentissage du français et appréhende la complexité des activités langagières en milieu endolingue. Rosen et Porquier (2003) la présentent comme un processus psychique et langagier qui encourage le passage entre les langues d'origine et la langue cible. L'interlangue ne reste donc pas figée, elle se développe, se modifie en cours des apprentissages. Et comme le suggère Cuq (2003), ce processus doit être étudié et exploité en situation d'enseignement :

> la notion d'interlangue permet, dans une perspective didactique, d'appréhender les productions et les erreurs d'apprenants comme représentatives et illustratives d'un système à la fois structuré et en cours de structuration et de restructuration, et de dépasser des constats ou des pratiques qui se limiteraient à la correction ponctuelle d'erreurs ou à traquer des interférences de la langue maternelle. (p. 140)

Somme toute, les obstacles participent à la dynamique des interactions en classe de français et contribuent à l'enseignement et aux apprentissages.

Cette perspective réclame une analyse à priori des objets d'enseignement – actes de parole ou genres textuels – pour caractériser leurs composantes et les modéliser d'un point de vue didactique, et ainsi anticiper les éventuels problèmes d'apprentissage (Dolz *et al.*, 2009). Mais la régulation interne et la transposition des objets, si bien soient-elles, ne sont pas exemptes de situations problématiques que l'enseignant devra résoudre. Celui-ci doit, dans un second temps, cerner la nature des obstacles en jeu. De fait, l'analyse et la catégorisation des erreurs sont considérées par l'ingénierie didactique comme une composante incontournable des interventions du professeur.

La question des obstacles a d'ailleurs fait l'objet de différents travaux en didactique des disciplines permettant de les décliner en trois ordres. La première acception prend modèle sur la notion *d'obstacle épistémologique* introduite par Bachelard (1938), reprise par Brousseau, Balacheff, Cooper et Sutherland (1998) en didactique des mathématiques, pour fournir une explication de l'apprentissage par adaptation des connaissances locales des apprenants qui s'avèrent incorrectes. Plusieurs didactiques disciplinaires s'en inspirent (Astolfi, 1992 ; Martinand, 1986 ; Reuter, 2013 ; Vuillet & Gabathuler, 2015) pour traiter les erreurs des apprenants comme un indicateur du processus de construction des savoirs : enseigner revient nécessairement à reconfigurer, à transformer les conceptions erronées des apprenants. Deux sources d'erreurs sont alors proposées : les connaissances intuitives des élèves ou acquises spontanément, notamment en milieu endolingue dans le cadre qui nous préoccupe ; l'apport d'une connaissance nouvelle qui entre en conflit avec une connaissance antérieure qui présentait une certaine validité à une étape des apprentissages. On mesure alors qu'une reconfiguration des savoirs ne peut avoir lieu que si les nouvelles connaissances sont dans la zone proche de développement des élèves (Vygotsky, 1934/1985). Car, selon l'écart entre l'erreur et la norme ou l'usage attendu de la langue, les enseignants privilégient certains objets à enseigner, modifient les dispositifs et encouragent des régulations locales qui doivent permettre une réelle adoption des nouveaux contenus en fonction des capacités des élèves.

L'obstacle didactique est de deuxième ordre et renvoie aux phénomènes de transposition didactique : découpage inadapté des objets d'enseignement, effet d'un dispositif inapproprié et d'un manque de connaissance de l'enseignant à propos des réelles capacités de ses élèves. De fait, l'obstacle ici relève exclusivement des orientations didactiques engagées par l'enseignant.

Quant à *l'obstacle ontogénique*, il est d'une autre nature. Selon Vuillet et Gabathuler (2015), il indique un dysfonctionnement de l'élève qui pourrait entraver ses apprentissages. Il s'agit donc d'une limitation intrinsèque du sujet présentant un déficit cognitif, affectif, social et sensori-moteur, empêchant son entrée dans les activités scolaires.

En didactique du français, nous disposons de travaux importants sur les erreurs des apprenants aussi bien dans l'apprentissage du français langue étrangère (Marquilló, 2003) que dans une vision qui compare l'enseignement du français avec d'autres disciplines (Schneuwly & Bain, 1993). L'erreur dans ces différents travaux apparait toujours comme un indicateur du processus de résolution de problèmes et/ou de la réalisation des tâches scolaires. Lorsque l'enseignant les identifie, il a la possibilité de saisir les capacités langagières présentes chez l'apprenant, de porter son attention sur les difficultés que les élèves n'arrivent pas à surmonter. Pour Simard (1992), les écueils lors des activités en expression orale et écrite en français sont intrinsèques à l'apprentissage et peuvent être associés à des sources motivationnelles, énonciatives, procédurales, textuelles, orthographiques (pour l'écriture) et phonétiques (à l'oral). La valeur didactique des erreurs est également discutée par Reuter (2013) qui insiste sur l'importance de la prise en considération du cadre de référence didactique, c'est-à-dire des contraintes et des difficultés socio-institutionnelles.

Ces derniers éléments sont pour nous un moyen de situer les erreurs des élèves en classes d'accueil et surtout de voir à quelles fins elles sont exploitées dans les cours de français. En effet, l'analyse des pratiques d'enseignement dans ces structures constitue un espace pertinent pour le chercheur afin d'analyser les obstacles en fonction des activités d'enseignement, en fonction des régulations locales engagées. Quelle est leur place effective dans la dynamique des interactions didactiques ? Comment sont-ils catégorisés et repris par les enseignants ? Quelles sont les interventions des enseignants pour les réguler ?

En conclusion de ce chapitre, nous mesurons toute la complexité des interventions didactiques des enseignants de classes d'accueil. Ils doivent tenir compte à la fois des langues déjà maitrisées par les élèves, de leurs capacités à apprendre le français, du statut de la langue et des différents usages en milieu ordinaire. Pour cela, ils réunissent et fabriquent des outils divers, déclinés en dispositifs, activités scolaires et tâches. Ces éléments leur permettent d'organiser le découpage des objets à enseigner et de les présenter avec des moyens adaptés. Le cas échéant, les enseignants mobilisent des gestes précis pour reprendre au mieux les difficultés des élèves. À l'heure actuelle, les recherches sur les classes d'accueil ne traitent pas suffisamment ces questions pour mieux saisir les particularités de l'enseignement destiné à des élèves issus de la migration. C'est pourquoi nous souhaitons appréhender les situations d'enseignement de l'expression orale et écrite en prenant en considération les objets d'enseignement choisis dans une perspective compréhensive.

Chapitre 3

Cadre épistémologique et méthodes de recherche

wʊʜ lɔʜ

Comme souligné en introduction, les classes d'accueil forment un tout complexe dont il semble à priori difficile de circonscrire les entours et les modes de fonctionnement tant leur portée semble large. Leur mission se construit bien évidemment autour de l'enseignement du français, mais sert également de mise en lien entre plusieurs systèmes de valeurs propres aux jeunes migrants et à la société d'accueil (Bigot, 2005 ; Lazaridis, 2001). Il s'agit pour nous de situer les démarches d'enseignement et d'apprentissage du français en tenant compte des multiples dimensions qui touchent ces structures. Autrement dit, nous devons proposer un modèle d'intelligibilité permettant de comprendre et d'interpréter l'ensemble des pratiques confrontées à une variété de contingences liées aux phénomènes migratoires. En suivant Crahay (2002), « rendre intelligible, c'est dégager la raison des choses ou, du moins, proposer un modèle au sein duquel les informations recueillies, qu'il s'agisse de faits, de représentations, de performances ou autres, trouve une raison d'être » (p. 260). Notre objectif est double : cibler les pratiques des enseignants lorsqu'ils enseignent l'expression orale et écrite au cours d'une année scolaire ; interpréter ces résultats en fonction des contingences des classes d'accueil. Pour cela, une série d'outils méthodologiques sont déployés. Ce chapitre rend compte de l'ensemble des moyens mis en place pour créer une césure épistémologique (Kaufmann, 2001 ; Schurmans, 2011), c'est-à-dire distinguer le savoir objectivé du sens commun, encourager une prise de distance entre le chercheur et le terrain.

L'explicitation de la démarche méthodologique se fait en trois temps. Une première partie considère *la visée de notre étude,* car nous voulons analyser les objets enseignés en expression orale et écrite sous des angles différents et notre ambition est de saisir l'ensemble des processus d'enseignement déployés au cours d'une année scolaire. À partir de ces éléments, nous explicitons les questions de recherche qui charpentent notre étude. Une deuxième partie traite du *recueil des données* nécessaires à la compréhension des phénomènes en jeu. Il s'agit de la captation de séquences d'enseignement portant sur l'expression orale et écrite. Quant au *traitement de ces données*, le processus décrit dans une troisième partie débute par la transcription des pratiques effectives. Les séquences d'enseignement deviennent disponibles sous la forme de textes écrits analysables. Leur réduction sous la forme de synopsis est une autre étape nécessaire pour avoir une vision globale des activités scolaires proposées. C'est alors que nous procédons à l'analyse de notre corpus en considérant tour à tour l'élaboration de grilles d'analyse, le classement des données, le repérage des éléments significatifs, tout comme les outils d'interprétation.

Visée de notre étude

Notre objet d'étude fait intervenir une série d'éléments qu'il est nécessaire de cibler progressivement. C'est pourquoi nous nous engageons dans une *analyse multifocale* pour décrire pas à pas les pratiques enseignantes et « saisir de plusieurs points de vue complémentaires la réalité dynamique et sans cesse mouvante de l'objet enseigné » (Schneuwly & Dolz, 2009, p. 417). Les trois focus de la démarche proposée ici concernent : *les objets* des séquences d'enseignement portant sur l'expression orale et écrite ; les *obstacles des apprenants* au cours des interactions didactiques ; les *régulations locales* des enseignants permettant de les dépasser. Nous estimons que ces éclairages se complètent. Les résultats obtenus d'un point de vue *macro* aident à saisir les objets enseignés et leur déploiement permet d'un point de vue *micro* de cerner les obstacles et surtout de comprendre l'apport des régulations locales.

Aussi, pour chacune des focales mentionnées, nous nous intéressons à la progression de l'enseignement et de l'apprentissage au cours de l'année scolaire. C'est-à-dire que nous présentons le choix des objets, le déploiement des séquences ou encore les obstacles dans une perspective de progression, examinant les constantes, les ruptures entre le début et la fin de l'année. Pour prolonger cette perspective comparative, notre démarche est aussi contrastive par le fait que chacun des enseignants a la responsabilité d'un groupe d'élèves différent. Nous mesurons ainsi l'influence des niveaux dans l'ensemble des résultats obtenus et cernons comment les enseignants s'adaptent à leurs élèves. Ceci constitue un apport majeur puisque les données dont nous disposons permettent d'analyser le travail d'un enseignant avec le même groupe de primoarrivants du début à la fin de l'année, tout en sachant que le contexte immersif, dans lequel ils se trouvent, favorise un développement rapide du français.

Précisons enfin que nous mettons en lumière les pratiques effectives des enseignants de classes d'accueil sous un angle résolument *descriptif*. Nous ne visons pas à évaluer l'enseignement réalisé ni à contrôler sa faisabilité et son efficacité. À la suite de Canelas, Moro, Schneuwly et Thévenaz-Christen (1999), nous nous engageons « dans le sens d'un déplacement de l'intérêt des chercheurs vers la description minutieuse des processus d'enseignement en classe » (p. 144). Nous voulons révéler les pratiques des enseignants lorsqu'ils traitent de l'expression orale et écrite durant une année scolaire en classes d'accueil, étudier comment ils procèdent pour atteindre leurs objectifs et mesurer les différences et les similitudes entre les démarches observées. Bien sûr, nous nous inscrivons dans une logique d'ingénierie didactique qui a pour but de développer des techniques d'enseignement ou de proposer une progression des contenus d'enseignement nouveaux adaptés aux profils des apprenants. Mais c'est à partir de la description des logiques enseignantes que cette perspective pourra être développée dans un prolongement de notre contribution.

En fonction de l'intérêt d'une analyse multifocale et descriptive, voici les questions de recherche qui orientent nos analyses. Elles concernent successivement les trois pôles du triangle didactique. Nous y adjoignons une série de questions au regard de l'évolution des pratiques et des capacités des élèves selon la progression annuelle et les niveaux des classes d'accueil.

1) Quels sont les objets enseignés en expression orale et écrite au cours des séquences d'enseignement ? Quelles sont les similitudes et les divergences par rapport au choix de ces objets selon la progression annuelle et les niveaux des classes d'accueil ?

2) Relativement aux apprenants, quels sont les obstacles en expression orale et écrite ? Comment ces obstacles se transforment-ils en fonction de l'avancement des élèves au cours de l'année scolaire ?

3) Quels sont les formes d'intervention et les gestes de régulation qui caractérisent l'activité des enseignants ? Quelles sont les similitudes et les différences des pratiques enseignantes en fonction du niveau des élèves et de leur avancement au cours de l'année ?

Les réponses à ces questions nous aideront à saisir les spécificités des pratiques enseignantes dans le champ de la production orale et écrite. Pour cela, nous avons recueilli un certain nombre de données et procédé à des démarches d'analyse spécifiques. Nous les considérons tour à tour dans les parties suivantes.

Recueil des données

Une situation d'enseignement est un système qui se construit autour d'interventions ciblées se réajustant sans cesse en contexte, et qui se définit aussi à partir de l'histoire de ses acteurs et des objectifs que ceux-ci se donnent (Canelas *et al.*, 1999). C'est pour cela que notre recherche s'appuie sur l'observation et l'analyse des pratiques des enseignants en classes de français lorsqu'ils transmettent ou invitent à la co-construction de savoirs, c'est-à-dire leurs *pratiques effectives*. D'après Schneuwly et Dolz (2009), l'observation des actions concrètement réalisées en classes cible la nature des objets enseignés et l'ordre de leur déploiement au gré des interactions entre enseignant et élèves. Elle permet de rendre compte des dispositifs mis en œuvre pour encourager les apprentissages. Dans notre cas, c'est par l'intermédiaire des séquences d'enseignement visant à structurer et motiver l'expression des apprenants que nous étudions les phénomènes d'enseignement. Il s'agit de les mettre en évidence et de les catégoriser à partir des objets de savoir traités, mais aussi en fonction des contextes d'utilisation en milieu endolingue et des caractéristiques des acteurs de la relation didactique.

Population

Quatre enseignants ont participé à notre étude. Nous analysons leurs pratiques de terrain en investissant les classes d'accueil postobligatoires de *l'Organisme pour le perfectionnement scolaire, la transition et l'insertion pro-*

fessionnelle[4] (OPTI) à Lausanne. Rappelons que cette institution scolaire propose une année de scolarité à des jeunes migrants allophones âgés de plus de 16 ans (Durussel *et al.*, 2012). Chaque enseignant investi dans notre recherche est engagé dans un des niveaux disponibles de cette structure, à savoir le niveau *préparatoire* (Ens1), *débutant* (Ens2), *intermédiaire* (Ens3) et *avancé* (Ens4). L'avantage de cette distribution est de pouvoir rendre compte de l'évolution des objets enseignés et des dispositifs proposés en fonction des capacités des élèves.

La répartition des élèves au niveau *débutant*, *intermédiaire* et *avancé* se fait avant la rentrée scolaire sur la base d'un entretien préalable entre chaque jeune et le doyen des classes d'accueil et à partir des résultats obtenus dans deux tests, un en français, un autre en mathématiques. Si le premier met en évidence un éventuel apprentissage du français dans le pays d'origine, le deuxième révèle rapidement leurs capacités scolaires. Par ailleurs, la répartition des élèves entre ces trois niveaux varie d'une année à l'autre. Sommairement, le tiers des élèves ayant obtenu les résultats les plus faibles est incorporé au niveau *débutant*, le tiers des élèves ayant les meilleurs résultats est intégré dans le niveau *avancé*, le tiers restant garnit le niveau *intermédiaire*. Comme les élèves de ces niveaux ne peuvent profiter que d'une seule année de scolarisation, les classes du niveau *préparatoire* ont un statut à part et couvrent deux fonctions. La première est d'accueillir les élèves en cours d'année scolaire pour limiter la modification des effectifs des niveaux précédents. La seconde est d'offrir une année supplémentaire pour les élèves faiblement scolarisés n'ayant véritablement aucune connaissance du français. En fin de compte, les quatre classes investies par notre étude présentent toutes une certaine homogénéité et indiquent une progression significative des capacités des élèves.

Au sujet des effectifs des quatre classes et de leur composition, voici la liste des pays d'origine des élèves filmés. La classe du niveau préparatoire (Ens1) accueille 13 élèves et présente une forte variété entre les pays : Afghanistan (un élève), Albanie (un élève), Brésil (un élève), Équateur (un élève), Érythrée (deux élèves), Kosovo (un élève), Macédoine (un élève), Philippine (un élève), Portugal (un élève), Somalie (un élève) et Tibet (deux élèves). La classe du niveau débutant compte dix élèves et offre une même diversité : Cap-Vert (un élève), Chine (un élève), Équateur (un élève), Éthio-

---

4   Depuis 2016, cet organisme s'appelle *École de la transition* (EDT). Néanmoins, nous conserverons la dénomination classes d'accueil de l'OPTI pour rester cohérent avec nos données recueillies durant l'année scolaire 2011-2012.

pie (deux élèves), Iran (un élève), Macédoine (un élève), Pologne (un élève), Serbie (un élève) et Yémen (un élève). La classe du niveau intermédiaire a neuf élèves et indique par contre une plus grande uniformité entre les origines : Brésil (deux élèves), Cap-Vert (deux élèves), Colombie (un élève), Kosovo (un élève), Portugal (trois élèves). Quant à la classe du niveau avancé, elle accueille 12 élèves et ressemble à la précédente : Afghanistan (un élève), Brésil (trois élèves), Espagne (un élève) et Portugal (sept élèves). Le tableau 3.1 traduit ces données en fonction des langues d'origine maitrisées par les élèves.

Tableau 3.1. Les langues d'origine parlées dans les quatre classes en fonction des données administratives des classes d'accueil 2011-2012

LANGUE D'ORIGINE DES ÉLÈVES	NIVEAU PRÉP. (ENS1)	NIVEAU DÉBUTANT (ENS2)	NIVEAU INTERM. (ENS3)	NIVEAU AVANCÉ (ENS4)
amharique		2		
albanais (Albanie et Kosovo)	2		1	
arabe yéménite		1		
dari	1			1
espagnol (Espagne, Colombie et Équateur)	1	1	1	1
farsi		1		
polonais		1		
portugais (Brésil, Portugal et Cap-Vert)	2	1	7	10
macédonien	1	1		
chinois		1		
serbe		1		
somali	1			
tagalog	1			
tigrigna	2			
tibétain	2			
Σ des élèves par classe	13	10	9	12

Neuf langues différentes constituent le bagage langagier de l'ensemble des élèves du niveau préparatoire et niveau débutant, trois au niveau intermédiaire et avancé. Comme nous le verrons plus loin, cela a des répercussions importantes sur les phénomènes de ghettoïsation au sein des classes d'accueil et sur l'ouverture aux langues et aux cultures d'origine et à leur mise en lien avec le français et les valeurs locales.

Pour ce qui est du profil des enseignants et des qualités professionnelles requises par les classes d'accueil de l'OPTI, les critères d'engagement sont les suivants : les enseignants ont une connaissance approfondie du monde de la migration ; ils maitrisent plusieurs langues ; ils ont une volonté marquée de travailler en collaboration étroite avec l'ensemble du corps enseignant et les intervenants de l'équipe pluridisciplinaire (infirmiers, conseillers en orientation scolaire et professionnelle, psychologues et assistants sociaux). Les titres académiques ou professionnels exigés sont variables vu qu'au moment du recueil de nos données aucune formation initiale n'est dispensée en didactique du français langue seconde à la Haute école pédagogique de Lausanne[5] (HEPL). Par conséquent, deux enseignants détiennent une formation universitaire en lettres, suivie d'une formation en didactique du français langue première dans les deux ordres d'enseignement (secondaire I et secondaire II). Deux enseignants sortent de ce cadre : le premier profite d'un master en FLE d'une université française, le second s'est perfectionné en suivant des séminaires de formation variés sur les questions migratoires et l'enseignement des langues. Tous sont des enseignants chevronnés, leur expérience dépassant une dizaine d'années en classes d'accueil.

ENREGISTREMENTS DES PRATIQUES EFFECTIVES EN CLASSE DE FRANÇAIS

L'une des particularités de notre protocole réside dans le fait que les enseignants engagés dans notre étude étaient partisans d'une captation autonome des données. Autrement dit, ils ont eux-mêmes enregistré leurs séquences. Cette option a été décidée pour deux raisons. D'une part, le travail des quatre enseignants pouvait être réalisé en parallèle, étant donné que plusieurs séquences étaient annoncées au même moment et que leur durée ne pouvait pas être clairement anticipée (la capacité des élèves à

5　Une formation en didactique du français langue seconde est devenue disponible dès 2014 dans cette institution responsable de la professionnalisation des enseignants dans le canton de Vaud.

entrer dans une tâche de production peut fortement varier d'une année à l'autre indépendamment des niveaux). Nous évitions ainsi que le déploiement de la séquence soit limité par des contraintes de disponibilité du chercheur. D'autre part, les enseignants ont voulu éviter la présence systématique d'un observateur en classe pour favoriser la spontanéité des échanges et des interactions didactiques et pour écarter du même coup une transformation des rôles. Ceci a augmenté, selon nous, la validité écologique du corpus recueilli.

Afin d'assurer la fiabilité de ces auto-enregistrements, nous avons alors établi un contrat de recherche et prévu une série d'outils de gestion. Le premier terme du contrat prévoit que chaque participant s'engage à être observé dans trois séquences d'enseignement, une par trimestre, de manière à cerner l'évolution de son travail du début jusqu'à la fin de l'année. C'est au cours de la proposition de cette clause que la notion de séquence a été explicitée : une séquence dépasse la leçon ou la séance qui sont, dans l'institution, des unités administrativement constituées pour délimiter le temps scolaire ; une séquence renvoie à l'ensemble du travail construit autour d'un objet par la mise en œuvre d'un projet didactique large. Il revient donc aux enseignants de définir la durée de chaque séquence à filmer selon l'objet et les modes de déploiement qu'ils envisagent, ce qui peut correspondre à une leçon ou à plusieurs. Toutefois, le contrat prévoit la captation de séquences complètes : chaque séquence débute avec l'annonce du projet d'enseignement en expression orale et écrite et se clôt lorsque les productions des élèves sont réalisées. Le deuxième terme du contrat prévoit que l'objet de chaque séquence n'est pas déterminé à l'avance par le chercheur, mais sélectionné par les enseignants. Ils peuvent opter pour l'enseignement d'une production orale ou écrite, longue ou courte, inscrite dans un projet de communication ou pas.

Les outils de gestion prévus par le protocole pour contrôler les données recueillies prennent la forme d'un organigramme des séquences consignant les dates, la durée, les objectifs et la liste du matériel fourni, d'un classeur organisé par séances pour rassembler tous les supports donnés aux élèves dans l'ordre de leur distribution, tout comme des échanges périodiques au fur et à mesure de la récupération des données filmées.

Douze enregistrements de séquences ont donc été saisis pour rendre compte des pratiques de classe des quatre enseignants au cours de l'année 2011-2012. Chaque enseignant s'est donc enregistré à trois reprises dans l'année scolaire, avec un décalage de deux à quatre mois entre chaque recueil. Ce qui nous donne : a) un enregistrement au début de l'année, entre la fin du mois de septembre et octobre, c'est-à-dire un mois après la rentrée scolaire ; b) un enregistrement au milieu d'année, entre la fin du mois de février et le mois de mars ; c) un enregistrement à la fin d'année, entre la fin du mois de mai et juin.

Le tableau 3.2 indique la place des douze séquences d'enseignement selon les quatre niveaux des classes d'accueil : préparatoire (Ens1), débutant (Ens2), intermédiaire (Ens3) et avancé (Ens4). Comme le montre le tableau, la séquence la plus courte avoisine une heure et demie, la plus longue dépasse sept heures. Ce qui nous donne un total de 46 heures et 27 minutes d'enseignement, avec une durée moyenne de séquences de 3 heures et 48 minutes.

Tableau 3.2. Douze séquences d'enseignement de quatre enseignants des classes d'accueil de l'OPTI, réparties selon les niveaux et la temporalité de l'année scolaire 2011-2012

NIVEAU	ENSEI-GNANT	PÉRIODES DE L'ANNÉE 2011-2012		
		DÉBUT (A)	MILIEU (B)	FIN (C)
Préparatoire	Ens1	Séquence Ens1_A *(durée : 06:18)*	Séquence Ens1_B *(durée : 03:26)*	Séquence Ens1_C *(durée : 02:41)*
Débutant	Ens2	Séquence Ens2_A *(durée : 03:55)*	Séquence Ens2_B *(durée : 04:44)*	Séquence Ens2_C *(durée : 07:06)*
Intermédiaire	Ens3	Séquence Ens3_A *(durée : 04:10)*	Séquence Ens3_B *(durée : 05:23)*	Séquence Ens3_C *(durée : 01:53)*
Avancé	Ens4	Séquence Ens4_A *(durée : 02:18)*	Séquence Ens4_B *(durée : 01:29)*	Séquence Ens4_C *(durée : 03:04)*

Malgré quelques lacunes marginales, l'ensemble de nos enregistrements est représentatif des pratiques effectives pour l'enseignement de l'expression orale et écrite en classes d'accueil. En effet, la masse importante de notre matériel d'analyse laisse présager d'un éventail caractéristique des actions des enseignants. Les 46 heures et quelques minutes d'enregistrement rendent compte véritablement de ce qui se produit en classes de français, d'autant plus que la distribution de nos séquences se déploie à la fois selon la progression annuelle et le niveau des élèves. Enfin, toutes les séquences sont complètes, elles débutent par l'annonce de l'objet et se terminent lorsque les élèves ont terminé leurs productions. Notre analyse des contenus démontrera que nos douze séquences sont témoins de la richesse des situations d'enseignement et d'apprentissage en classes d'accueil.

TRAITEMENT DES DONNÉES

Le processus de traitement de nos données suit trois étapes : leur *transcription*, leur *réduction* et leur *analyse*.

TRANSCRIPTION DES DONNÉES

Le passage de données orales à des données analysables sous la forme de textes écrits a été fait au moyen du logiciel de transcription TRANSANA (version 2.52). Cette application se prête à un usage simultané de l'image, du son et du texte des interactions, ce qui permet d'être aussi fidèle que possible à ce qui se dit ou se fait en situation. Concrètement, la transcription complète des données orales se réalise orthographiquement, sans ponctuation, avec un marquage des signes multicodiques. Le tableau 3.3 indique les annotations ponctuant les données transcrites rendant compte notamment des allongements vocaliques, de l'intensité sonore, des pauses, des répétitions, etc. Nous procédons également à la notation en didascalies de la gestuelle des élèves et des enseignants et fournissons des précisions sur le contexte de situations d'enseignement enregistrées. La transcription a donc un caractère pluridimensionnel et transcodique, bien que le verbatim reste la focale principale de notre étude.

Tableau 3.3. Codes de transcription

CODE DE TRANSCRIPTION	SIGNIFICATIONS
/	pause courte
//	pause longue
(00'00)	silence de 00'00 (minute, seconde)
:	allongement vocalique court

CODE DE TRANSCRIPTION	SIGNIFICATIONS
: :	allongement vocalique long
(mot ?)	mot probable
(mot/pot)	hésitation entre deux mots proches
X	mot incompréhensible (X = 1 syllabe)
H	auto-interruption
MAJUSCULES	augmentation d'intensité sonore
PETITES MAJUSCULES	diminution d'intensité sonore
↑	intonation montante (question, demande de confirmation, etc.)
↓	intonation descendante (réponse à une question, affirmation, etc.)
xxx	chevauchement entre deux interventions
(texte)	remarque prosodique, description gestuelle et contextuelle
Ens1, Ens2, etc.	enseignant d'une classe d'accueil selon les niveaux
El1, El2	élève ayant pu être déterminé en fonction de la configuration de la classe
El ?	élève de la classe dont nous n'avons pas pu relever l'identité
Els	groupe d'élèves

Précisons encore que la parole des élèves a été fidèlement transcrite, même si certains énoncés demeurent incomplets et peu compréhensibles. Aussi, pour restituer véritablement l'articulation et la prononciation des élèves parfois problématiques, nous associons ce qui est entendu aux correspondances graphophonétiques du français. Nous privilégions cette option au lieu d'une transcription phonétique pour des questions de lisibilité et de commodité durant l'analyse.

L'OUTIL SYNOPSIS POUR UNE RÉDUCTION DES DONNÉES

Nous amorçons le traitement de nos données par la production de *synopsis*. Cet outil développé par le Groupe de recherche pour l'analyse du français enseigné (GRAFE) se présente à la fois comme un moyen efficace de réduire chaque séquence d'enseignement filmée et comme un analyseur confortable des pratiques enseignantes (Schneuwly & Dolz, 2009). Son intérêt pour notre étude est triple. Premièrement, il permet de profiter d'une vue d'ensemble de notre corpus volumineux. Un synopsis offre après tout une perception synthétique de tous les objets enseignés d'une séquence. Deuxièmement, une séquence d'enseignement présente une architecture, c'est-à-dire une macrostructure reflétant la logique du déploiement des objets enseignés. Comme cette logique n'est pas livrée de manière transparente au chercheur, c'est par l'outil synopsis que celui-ci entre dans la dynamique hiérarchique de la séquence. Les objets repérés sont ordonnés dans l'ordre de leur présentation tout en identifiant les liens qui les unissent. Pour cela, le synopsis invite au découpage de la séquence – notre unité d'analyse – en unités plus restreintes. Et ce sera le troisième intérêt. Le synopsis permet de considérer une séquence comme un ensemble d'activités scolaires développant chacune une dimension particulière de l'objet.

En résumé, en suivant Sales Cordeiro et Ronveaux (2009), l'élaboration d'un synopsis permet « d'obtenir un document qui permet une description des principales parties et actions et des principaux contenus abordés, toujours dans cette visée d'effectuer des comparaisons entre séquences et de permettre le repérage rapide des contenus abordés en classe » (p. 90). Mais pour parvenir à nos fins, l'utilisation d'un cadre interprétatif devient nécessaire pour dégager la structure canonique de la suite des activités. C'est à partir des observables de l'action enseignante comme les ressources verbales (les consignes données, les questions, les invitations à entrer dans la tâche, les explications), les ressources pédagogiques (les formes sociales de travail, la disposition de la classe), ou encore les ressources didactiques (la variation des dimensions de l'objet enseigné, les supports et les moyens d'enseignement) que les activités sont distinguées. Quant à leurs articulations, elles se révèlent en considérant la progression de l'objet enseigné, allant généralement du simple au complexe ou partant d'aspects centraux à des éléments secondaires. Parfois cette architecture n'est pas perceptible : des ajustements sont souvent improvisés en cours d'une séquence et créent des détours dans la suite programmée des objets ; les enseignants procèdent aussi de manière volontaire par allers-retours ou de façon circulaire pour envisager une démarche progressive. La tâche du chercheur est de reconstituer coute que coute la logique de l'action didactique, car finalement, quelles que soient les dimensions de l'objet enseigné ou les dispositifs engagés, elle émane toujours d'une intention réfléchie et suit une progression calculée.

DÉMARCHES D'ANALYSE

Comme nous menons une analyse multifocale des pratiques effectives, les démarches d'analyse varient selon l'angle et l'intérêt de nos investigations. Nous les décrivons séparément ici.

Notre première focale souhaite donner une *vision générale* des douze séquences d'enseignement filmées (chapitre 4). Pour cela, nous les résumons toutes à partir des synopsis. Ce travail offre une représentation de l'ensemble des objets enseignés et des dispositifs engagés. C'est depuis cette reconstitution que nous fixons l'objet de chaque séquence par un intitulé. Chaque titre spécifie le genre de texte ou l'acte de parole traité dans la séquence. Il précise également si la production finale attendue est orale ou écrite. Dans certains cas, le titre mentionne le support proposé dans la séquence si celui-ci anticipe l'expression des élèves. Titres et résumés nous permettent alors de dégager les lignes de force des douze séquences, comme la production visée (orale ou écrite, acte de parole ou genre de texte, etc.) ou encore les contenus thématiques mis en avant. Nous classons alors nos séquences en fonction de ces lignes de force pour faire apparaitre des dominances.

Notre deuxième focale est microanalytique, car nous nous intéressons aux *obstacles des apprenants*, révélateurs des processus d'apprentissage (chapitre 5). Deux changements modifient nos perspectives méthodologiques. En premier lieu, nous nous focalisons sur deux séquences uniquement. Dans une visée comparative, elles sont issues d'un même niveau d'élève (niveau débutant) et correspondent à deux moments distincts de l'année (début et fin). En second lieu, l'unité de classement n'est plus la séquence, mais l'interaction didactique constitutive de l'activité scolaire. Nous la définissons au moyen de deux critères : l'interaction révèle un obstacle (erreurs d'une structure syntaxique, problème de prononciation des mots, etc.) et comprend une ou plusieurs interventions de l'enseignant en vue de le réguler. C'est donc sur la base des indices verbaux que nous identifions et délimitons cette nouvelle unité de classement.

Après le repérage des interactions didactiques, nous procédons à leur catégorisation dans une démarche inductivo-déductive : la teneur de notre grille d'analyse se construit certes en fonction du cadre conceptuel, mais se modifie au fur et à mesure de la classification. Ce travail de réorganisation est facilité par l'emploi d'un logiciel de gestion de données qualitatives. En effet, l'application *Nvivo 11* simplifie le réajustement, l'ajout ou la suppression de nos catégories préliminairement constituées. Les outils de ce logiciel encouragent des manipulations efficaces et réversibles pour obtenir en fin de compte une grille d'analyse stabilisée et un classement exhaustif de toutes les interactions didactiques. Par ce travail, nous pouvons alors considérer les obstacles d'un point de vue quantitatif[6], pour ensuite les décrire d'un point de vue qualitatif. De cette manière, la nature des objets qui posent problème est dévoilée. Nous soulignons dans le même mouvement les capacités évolutives des élèves selon la progression annuelle (entre le début et la fin de l'année).

Notre dernière focale touche à *l'identification et la classification des modalités du geste de régulation locale* associées aux obstacles (chapitre 6). Nos unités d'analyse demeurent toujours les interactions didactiques, même si un même obstacle peut déclencher consécutivement plusieurs modalités de régulation différentes. C'est pourquoi nous procédons d'abord au repérage de l'ensemble des modalités du geste de régulation, toujours à partir des indices verbaux, puis à leur classement selon les principes méthodologiques présentés plus haut. La présentation de nos résultats adopte un point de vue quantitatif par un traitement statistique, puis un point de vue qualitatif par explicitation de l'action enseignante.

En résumé, nos démarches se caractérisent d'abord par la délimitation des unités d'analyse qui éclairent la construction de l'objet enseigné en classes d'accueil. Ensuite, l'élaboration de grilles à partir du cadre conceptuel permet une première classification de nos unités. La stabilisation des catégories définies à priori s'effectue selon une perspective compréhensive

---

6   Toujours à l'aide du logiciel *Nvivo 11*, des *matrices de croisement* calculent les fréquences d'apparition des interactions didactiques en fonction des catégories de notre grille d'analyse. Ces résultats sont représentés dans des tableaux de fréquences qui mettent en évidence la distribution des obstacles selon les objets considérés. Pour en faciliter la lecture, étant donné la part importante d'unités à classer, le nombre d'occurrences de chacune des catégories est devenu une valeur de pourcentage. Cette opération est pertinente lorsque nous désirons comparer et mesurer l'importance de certains scores.

grâce à un outil de classement informatique. La démarche croise enfin une description qualitative de nos résultats et un traitement statistique permettant d'en désigner les éléments saillants. Par ailleurs, pour approfondir notre exploration des pratiques enseignantes, soulignons encore que nous souhaitons les comparer suivant deux dimensions singulières : la progression annuelle de l'enseignement et le niveau des élèves. Ces deux perspectives permettent à notre sens d'entrer véritablement dans une compréhension fine des pratiques enseignantes lorsqu'ils enseignent l'expression orale et écrite en classes d'accueil postobligatoires.

CHAPITRE 4

ANALYSE GLOBALE DES PRATIQUES EFFECTIVES

Nimaan dhulmarin dhaayomalaha

La vision générale des douze séquences de notre corpus filmé ouvre un premier pan d'étude des pratiques effectives. Nous adoptons ici un point de vue *macro*, c'est-à-dire que nous analysons notre corpus à partir des titres des séquences et de leur architecture. Nous pouvons alors déterminer la nature des objets proposés en classes d'accueil en matière de production orale ou écrite : quels types de productions ces structures encouragent-elles ? Quelle est la visée de chaque séquence ? Y a-t-il une dominance entre les niveaux et la temporalité de l'année ? Car, si ce travail liminaire offre un aperçu des objets engagés dans les pratiques enseignantes, il conduit avant tout à mettre en exergue quelques contrastes et similitudes selon les niveaux des élèves et la progression scolaire. Pour offrir une vision globale de ces séquences, nous les présentons d'abord au moyen de *résumés narrativisés*. Ces synthèses donnent un aperçu de l'ensemble des activités qui les composent. Les objets, les dispositifs et les supports sont mis à plat dans l'ordre de leur déploiement et offrent une représentation des actions didactiques des quatre enseignants. Par la suite, notre réflexion est organisée autour de cinq dimensions, chacune d'elles nous livre un point de vue différent sur l'objet. 1) Nous nous intéressons d'abord à la part consacrée à *l'oral ou à l'écrit* dans les séquences. Sur ce plan, leur visée est définie en fonction de la production finale attendue. 2) La question de l'objet peut également être traitée en termes de *genres* et d'*actes de parole* respectivement privilégiés en DFLP et en DFLE. Il est digne d'intérêt de voir vers quoi tendent les séquences filmées à l'OPTI. 3) Nous interrogeons nos séquences aussi par le filtre de la notion *d'actions langagières*. 4) Nous portons notre regard sur les *contenus thématiques* abordés et identifions quelques points de convergence. 5) Nous procédons enfin à une mise en lien entre les objets choisis et *les contextes externes* des classes d'accueil.

Résumés narrativisés des douze séquences filmées

Séquence Ens1_A : Se présenter à l'oral

Cette première séquence du niveau préparatoire au début de l'année scolaire vise la production d'actes de parole pour se présenter : donner son âge, préciser sa nationalité et les langues parlées, décrire les spécialités culinaires de son pays d'origine, etc. Si l'on observe les objets considérés, quatre éléments émergent prioritairement. D'abord, la séquence débute par une production spontanée d'énoncés oraux pour se présenter brièvement (nom, âge et nationalité). Le deuxième objet porte sur la compréhension orale de deux extraits de dialogues préconstruits pour rappeler la conjugaison du verbe être au présent de l'indicatif. Cette écoute motive la production orale de nouveaux énoncés (exemple : je suis portugais). Le troisième élément vise la compréhension de deux nouveaux extraits de dialogues pour mobiliser cette fois-ci la conjugaison du verbe avoir au présent de l'indicatif et favoriser une nouvelle fois la production orale d'énoncés (exemple : j'ai 18 ans). Quant au quatrième, il considère simultanément la conjugaison des verbes en -er et la compréhension d'un autre extrait de dialogues préconstruits. Cette dernière écoute sert de support pour la production d'énoncés oraux utilisant toujours les verbes considérés (exemple : je joue au football). En résumé, cette séquence concentre les actions didactiques de l'enseignant autour de la conjugaison des verbes être, avoir et des verbes en -er, utiles pour la production d'actes de parole. Les objets se déploient selon une même structure : l'écoute d'extraits de dialogue donne lieu au repérage des formes verbales ; celles-ci sont ensuite travaillées de manière systématique pour maitriser les notions de radical et de terminaison ; l'étude du fonctionnement de la langue est ainsi investie dans la production d'actes de parole ciblés.

Séquence Ens1_B : Ateliers d'écriture sur trois genres

Cette deuxième séquence, proposée par Ens1 au milieu de l'année scolaire, engage les élèves dans trois ateliers d'écriture portant sur des genres distincts. Si le premier atelier (production d'un poème en vers) se déploie sur près de la moitié des activités, les deux autres ateliers (production de la réponse à une lettre de demande ; production du compte rendu d'une visite scolaire) sont plus concis. L'architecture de cette séquence se présente comme une invitation à expérimenter une tâche d'écriture dans une variété de genres. L'intention de l'enseignant consiste d'abord à offrir un cadrage fort pour encourager l'expression écrite selon un modèle (poème en vers). Cet accompagnement s'assouplit au fur et à mesure du déploiement des objets enseignés : la réponse à une lettre de demande contient déjà par sa nature la consigne de production ; la rédaction du compte rendu d'une visite scolaire s'adresse surtout aux élèves les plus performants du niveau préparatoire. Bien que ces trois ateliers soient introduits consécutivement, ils ne forment qu'une seule et même séquence. En effet, après avoir reçu les consignes, chaque élève écrit à son rythme, ce qui amène Ens1 à travailler simultanément les trois genres en fin de parcours. Par ailleurs, l'oralisation des productions qui clôt la séquence est ouverte à tous les textes produits dans chaque atelier.

SÉQUENCE ENS1_C : ANNONCES D'OFFRE ET DE DEMANDE D'EMPLOI ET ENTRETIENS TÉLÉPHONIQUES

Cette troisième séquence, qui est la dernière du niveau préparatoire, aborde en premier lieu la production écrite de petites annonces d'offre et de demande d'emploi, puis celle des réponses écrites à ces petites annonces. Elle vise enfin des simulations d'entretiens téléphoniques dans une articulation étroite entre oral et écrit. Globalement, cette séquence montre une progression claire des objets : la rédaction d'une petite annonce sert de support à la production de la réponse, qui elle-même devient outil pour envisager les entretiens téléphoniques. Même si les genres de textes convoqués sont différents, ils invitent chacun à l'étude de situations de communication proches, à la découverte de contenus et de champs lexicaux similaires pour encourager l'insertion professionnelle des élèves.

SÉQUENCE ENS2_A : EXPRIMER SES GOUTS À L'ORAL

Cette quatrième séquence de notre corpus est présentée par Ens2, du niveau débutant au début de l'année scolaire. Elle vise la production orale d'énoncés pour exprimer ses gouts selon le modèle « j'aime », « je n'aime pas ». Les objets enseignés dans cette séquence traitent tour à tour la conjugaison des verbes en -er, les marques de modalisation et les structures syntaxiques plus complexes, comme « j'aime faire du vélo ». Cette progression permet de développer et d'affiner l'expression orale du gout des élèves, car en fin de séquence tous ces éléments sont réunis au moyen d'une production écrite oralisée. Ce travail se prolonge par des considérations paraverbales, comme la posture du corps et la distance entre interlocuteurs, qui pointent quelques enjeux de la communication orale selon les contextes culturels.

SÉQUENCE ENS2_B : ENTRETIENS PROFESSIONNELS

La cinquième séquence, présentée par Ens2 au milieu de l'année scolaire, traite de la gestion des entretiens professionnels. Elle se scinde en trois parties : entrainement d'entretiens téléphoniques pour une demande de stage ; exercisation d'entretiens téléphoniques pour une justification d'absence ; intercalés entre les deux, des exercices corporels et de mise en voix pour entrainer la prononciation des élèves et gérer le stress lié à la passation d'entretiens. Cette séquence engage de manière forte des simulations et des jeux de rôle pour accompagner les jeunes migrants dans leur recherche d'emploi ou pour leur permettre de justifier une absence dans le cadre professionnel. Le dispositif prévoit en amont un travail sur les questions de contenus et de gestion de la situation de communication, en explicitant parfois quelques points de textualisation. Ce travail prévoit toujours une révision et une analyse des prestations des élèves pour assurer leur performance en situation ordinaire. D'ailleurs, cette séquence donne lieu à un travail collaboratif entre Ens2 et un psychologue spécialiste en orientation professionnelle, invité pour l'occasion.

SÉQUENCE ENS2_C : RÉCITS DE VIE ORAUX SOUS FORME DE KAMISHIBAÏ

Cette sixième séquence, menée par Ens2 au niveau débutant à la fin de l'année scolaire, met en œuvre un projet de communication orale sous la forme d'un kamishibaï en vue d'une représentation scolaire. Le genre kamishibaï est un art théâtral japonais, dans lequel le narrateur produit oralement le récit de figures légendaires ou héroïques en faisant défiler des illustrations devant les spectateurs. Dans notre cas, ce sont les récits de vie des élèves relatant leur intégration en Suisse et dans les classes d'accueil qui font l'objet des discours et qui nourrissent les images projetées sur grand écran.

Comme les temps du passé figurent comme base temporelle du récit de vie, une synthèse de la conjugaison des verbes au passé composé est d'abord envisagée. Elle est suivie par la présentation générale du projet de communication précisant les objectifs visés et le rôle des élèves : écrire des récits de vie, choisir une image qui correspond au texte, réviser et choisir parmi toutes les productions celles qui permettent d'obtenir un kamishibaï cohérent. La séquence se conclut par la présentation sur scène du kamishibaï par les élèves.

SÉQUENCE ENS3_A : DESCRIPTION ORALE D'ITINÉRAIRE

Dans cette septième séquence, Ens3 du niveau intermédiaire invite d'abord les élèves à produire spontanément une description orale d'un itinéraire (de la gare à l'école). Pour avoir une représentation claire du genre attendu, l'écoute d'un dialogue préconstruit est alors proposée. Elle permet entre autres l'identification d'expressions appropriées, de verbes de déplacement et le classement d'organisateurs spatiaux. Pour investir ces contenus dans un texte écrit, Ens3 propose la réalisation d'une nouvelle production. La découverte des caractéristiques du genre se poursuit ensuite par l'étude d'un lexique sur le thème de la ville et de la rue. La séquence se termine par une production finale orale. Globalement, cette séquence suit la modélisation didactique des séquences d'enseignement développées par Dolz, Noverraz et Schneuwly (2001) : une production initiale rend compte de capacités des élèves ; elle est suivie par une série de modules d'enseignement ciblés pour une maitrise des caractéristiques du genre ; certains modules donnent lieu à une production intermédiaire mettant en lien une partie des objets enseignés ; enfin une production finale clôt la séquence, soit par révision des productions initiales, soit, comme ici, par réalisation d'une nouvelle production.

SÉQUENCE ENS3_B : RÉSUMÉS ÉCRITS À PARTIR DE RÉCITS

La huitième séquence de notre corpus est présentée au niveau intermédiaire en milieu d'année scolaire. Elle a pour objectif la production de résumés écrits à partir de trois récits. Le premier (Friot, 2002, pp. 43-46) sert de support pour solliciter une production initiale sans préparation préalable. Ens3 évalue ainsi les performances des élèves et propose en conséquence une procédure pour résumer efficacement un texte : repérer les mots qui semblent importants, s'imprégner du texte, réinvestir les phrases clés de l'auteur. Le deuxième récit (St-Exupéry, 1946, pp. 11-15) motive la rédaction de nouveaux résumés, mais cette fois-ci par étapes successives, en intégrant progressivement les démarches proposées par l'enseignant. Le troisième texte (Friot, 2007, pp. 21-24) sert à entrainer une fois encore la production de résumés, d'abord à l'oral, puis à l'écrit. La séquence se termine par une révision des premiers résumés réalisés. En somme, cette séquence suit à nouveau un déploiement du type production initiale, modules d'enseignement et production finale. Toutefois, une répétition de la tâche d'écriture est perceptible. C'est en invitant les élèves à produire consécutivement plusieurs textes sur la base d'une procédure et de critères d'évaluation qu'Ens3 transmet les savoirs.

SÉQUENCE ENS3_C : DIRE DES DEVINETTES

La séquence du niveau intermédiaire considérée en fin d'année traite de l'expression orale de devinettes en « *c'est … qui* », « *c'est…que* », « *c'est… où* » (exemple : c'est un ustensile qui sert à piquer les aliments ; réponse : la fourchette). Trois ensembles d'objets structurent cette séquence. D'abord, les élèves réalisent oralement une première proposition de devinettes à partir d'exemples. Le deuxième pan de la séquence sert de rappel à la construction de phrases enchâssées avec les pronoms relatifs *qui, que* et *où*. La troisième partie engage les élèves à produire oralement une dernière série de devinettes depuis une préparation écrite. Le but, ici, est d'entrainer systématiquement l'enchâssement de phrases au moyen du genre visé. En résumé, l'objet de cette séquence s'articule autour du rappel et de l'exercisation d'une structure syntaxique. Le genre devinette devient alors un moyen pour engager une réflexion d'ordre grammatical.

SÉQUENCE ENS4_A : ANNONCE PUBLICITAIRE ÉCRITE ET SÉQUENCES TEXTUELLES ORALES ET ÉCRITES SUR LE THÈME DU LOGEMENT

La dixième séquence, élaborée par l'enseignant du niveau avancé au début de l'année scolaire, aborde la production d'un texte et de plusieurs séquences textuelles sur le thème du logement, à l'oral ou à l'écrit. En effet, un premier travail porte sur la description écrite de bâtiments sous la forme d'une annonce publicitaire. À la suite de cela, Ens4 invite à la description orale d'une chambre idéale à partir de dessins à visée communicative. Pour terminer, il propose une production écrite du portrait imaginaire d'un individu, selon la description de son habitation représentée par des peintures célèbres (exemple : « *Salle à manger à la campagne* » de Bonnard). En bref, cette séquence encourage une variété de productions orientées vers une thématique bien définie. Il semble que c'est moins l'apprentissage d'un genre de texte précis qui guide la séquence que l'adoption d'un champ lexical singulier et la maitrise de la planification pour décrire. Toutefois, on mesure une progression entre les objets enseignés : de la première description de lieu, on passe à la réalisation de portraits eux-mêmes construits depuis une description d'un logement.

SÉQUENCE ENS4_B : POINTS DE VUE ORAUX À PARTIR D'UN RÉCIT AUTOBIOGRAPHIQUE

Cette séquence du niveau avancé, réalisée au milieu de l'année scolaire, aborde l'expression orale de points de vue à partir de la lecture d'un récit (Eugène, 2007, pp. 67-78). C'est parce que ce texte autobiographique relate les difficultés d'un adolescent récemment arrivé en Suisse que les élèves sont invités à confronter leur propre situation avec celle de l'auteur. Dans cet objectif, Ens4 fait d'abord produire une note de lecture pour décrire précisément la situation du personnage principal, puis encourage l'expression orale des différentes prises de position en fonction de cette description. En conclusion, cette séquence déploie son objet par une mise en abime des parcours des élèves ; quant à la note de lecture, elle invite à structurer les prises de parole.

SÉQUENCE ENS4_C : LECTURE ET ÉCRITURE DE TEXTES D'OPINION

La douzième séquence, proposée par l'enseignant du niveau avancé à la fin de l'année scolaire, traite de la production écrite d'un texte d'opinion suite à la lecture d'un article de journal sur la violence des nuits lausannoises. Elle articule trois ensembles d'objets : l'évocation de différentes propositions de l'article pour venir à bout des violences urbaines provoquée par une forte consommation d'alcool ; la planification et l'élaboration de contenus d'un texte argumentatif ; la production écrite d'un texte argumentatif selon le modèle thèse, antithèse et synthèse. Globalement, cette séquence s'appuie sur un premier texte, déclencheur de l'expression de points de vue, à l'oral, puis à l'écrit. Les évènements proches de la réalité des élèves deviennent une nouvelle fois le tremplin pour motiver l'expression.

LIGNES DE FORCE DÉTECTÉES DANS LES DOUZE SÉQUENCES

Suite à la présentation des résumés narrativisés donnant un aperçu des pratiques effectives, les intitulés et les macrostructures des séquences sont mis à l'étude pour révéler quelques lignes de force marquant la spécificité du travail des enseignants.

ORAL ET ÉCRIT COMME OBJET D'ENSEIGNEMENT

Une première analyse indique que la part de l'oral est plus importante que celle de l'écrit dans l'ensemble de notre corpus : sept séquences centrées sur l'oral sont proposées, contre seulement trois sur la production écrite. En outre, deux séquences sont considérées comme mixtes, car elles traitent simultanément deux voire trois productions distinctes, orales et écrites. Le tableau 4.2 désigne les séquences orales (en blanc), écrites (en grisé foncé) et mixtes (en grisé clair) en fonction des niveaux et des périodes de l'année scolaire.

Tableau 4.2. Séquences orales, séquences écrites et séquences mixtes orales / écrites

NIVEAU	ENSEI-GNANT	PÉRIODES DE L'ANNÉE 2011-2012		
		DÉBUT (A)	MILIEU (B)	FIN (C)
Préparatoire	Ens1	Se présenter à l'oral	Ateliers d'écriture sur trois genres	Annonces d'offre et de demande d'emploi et entretiens téléphoniques
Débutant	Ens2	Exprimer ses gouts à l'oral	Entretiens professionnels	Récits de vie oraux sous forme de kamishibaï
Intermédiaire	Ens3	Description orale d'un itinéraire	Résumés écrits à partir de trois récits	Dire des devinettes
Avancé	Ens4	Annonce publicitaire écrite et séquences textuelles orales et écrites sur le thème du logement	Points de vue oraux à partir d'un récit autobiographique	Lecture et écriture de textes d'opinion

Cinq séquences orales prédominent jusqu'à la moitié de l'année scolaire avec *Se présenter à l'oral* (Ens1_A), *Exprimer ses gouts à l'oral* (Ens2_A), *Entretiens professionnels* (Ens2_B), *Description orale d'itinéraire* (Ens3_A), et *Points de vue oraux à partir d'un récit autobiographique* (Ens4_B). Ceci renforce la thèse selon laquelle les enseignants des classes d'accueil, de manière générale, sont soucieux des besoins langagiers immédiats des primoarrivants (Cuq & Davin-Chnane, 2007). En effet, les contextes sociaux, culturels et professionnels dans lesquels les élèves sont amenés à agir et interagir nécessitent une maitrise, du moins partielle, de la langue orale. Pour créer des liens, trouver un emploi ou un logement, affirmer son point de vue, des compétences minimales de communication sont requises (Moirand, 1982). Lorsque les enseignants proposent aux élèves un travail pour se présenter, exprimer leurs gouts, décrire et comprendre un itinéraire, exprimer leur point de vue, c'est parce qu'ils voient leur rapide réinvestissement en contexte.

Deux séquences orales seulement surviennent à la fin de l'année scolaire. Elles se profilent selon un dispositif singulier. En effet, les séquences *Récits de vie oraux sous forme de kamishibaï* (Ens2_C), *Dire des devinettes* (Ens3_C) s'appuient de manière forte sur un travail préalable à l'écrit : la présentation orale du kamishibaï se réalise à partir de la production écrite de récits de vie ; la déclamation des devinettes à titre de jeu de classe se fonde aussi sur une production écrite intégrant l'enchâssement des phrases avec des pronoms relatifs. Dans les deux cas, l'écrit sert de préparation, mais également de support pour soutenir les interventions orales des élèves. Ces deux séquences se situent alors dans des perspectives d'écrits oralisés.

Ce sont les enseignants de la classe préparatoire et de la filière du niveau débutant qui consacrent le plus de temps à l'enseignement de l'oral : ils proposent quatre séquences orales, alors que ceux des niveaux intermédiaire et avancé n'en mènent que trois dans une démarche d'articulation étroite entre préparation écrite et production orale. Ici encore, nous constatons que les professionnels des classes d'accueil veulent mettre à la disposition des apprenants faibles en français des outils langagiers rapidement mobilisables en contexte endolingue. On peut donc supposer que ces mêmes enseignants considèrent qu'il est plus aisé de travailler l'oral pour s'adapter aux capacités langagières déjà présentes des apprenants. Comme le rappelle Chiss (2005), pour l'élève issu de la migration, selon sa scolarisation antérieure, l'accès à la culture de l'écrit dans le pays d'accueil se fait avec plus ou moins de heurts. Dans les séquences orales menées par les enseignants, la question de la maitrise de l'orthographe est absente et certains phénomènes de textualisation paraissent moins normés.

Pour ce qui est des séquences écrites, on en discerne trois avec *Ateliers d'écriture sur trois genres* (Ens1_B), *Résumés écrits à partir de trois récits* (Ens3_B) et *Lecture et écriture de textes d'opinion* (Ens4_C). Les deux dernières sont présentes au niveau intermédiaire et avancé. Toutes ont lieu dès la moitié de l'année scolaire. On note que l'ensemble de ces séquences associe de manière forte lecture et production. En effet, la lecture de texte se présente comme une passerelle pour produire, en se présentant comme modèle ou comme support.

Enfin, deux séquences sont dites mixtes : elles ont pour objectifs une production orale et une production écrite, avec *Annonces d'offre et de demande d'emploi et entretiens téléphoniques* (Ens1_C) et *Annonce publicitaire écrite et séquences textuelles orales et écrites sur le thème du logement* (Ens4_A). Ici, ce sont les liens thématiques qui encouragent la diversité des productions : la première séquence travaille différents textes associés à la production de petites annonces, la deuxième aborde la diversité des possibles autour du thème du logement.

Globalement dans les classes d'accueil de l'OPTI, la dominance de l'oral est claire : sept séquences sur douze sont orales, additionnées par deux séquences mixtes orales/écrites. Plus encore, le passage à l'écrit demeure progressif. L'oral est privilégié pour les niveaux les plus faibles en français ou au début de l'année scolaire. De là se dégagent deux profils possibles d'enseignant. L'enseignant dit classique privilégie l'apport d'un bagage langagier oral avant d'introduire de l'écrit. Ce premier profil se situe dans une vision normée et normative de la langue écrite (écrire, c'est d'abord produire du bon français). Par conséquent, engager l'enseignement avec l'oral signifierait encourager l'expression des élèves, plus ou moins affranchie des normes de la langue. L'oral se présente alors comme une ouverture, une amorce de l'apprentissage, en limitant les contraintes formelles.

Le deuxième profil d'enseignant consisterait à entrer dans une vision pragmatique de l'enseignement du français. Produire du français en milieu endolingue, c'est d'abord s'exprimer à l'oral. Les situations de communication courantes de la vie ordinaire s'appuient largement sur une maitrise d'une langue parlée. De fait, débuter l'enseignement par de l'oral revient à répondre à des exigences sociales, pratiques et contextuelles. Il est difficile de dire ici si un enseignant appartient à l'une ou l'autre catégorie. Notons simplement que l'enseignement du français en classes d'accueil postobligatoires s'oriente sous des angles variés que nous aurons l'occasion de détailler dans la suite de nos analyses.

ACTES DE PAROLE OU GENRES DE TEXTE

Quels sont les types de productions attendues dans les cours de français en classes d'accueil postobligatoires ? Actes de parole ou genres de texte ? Telles sont les questions auxquelles nous tentons de répondre dans cette partie. Car, comme souligné précédemment (*cf.* chapitre 2), les pratiques d'enseignement dans les classes d'accueil décrites par la littérature sont éclectiques. Elles brassent les moyens d'enseignement et les objectifs de la DFLP et de la DFLE (Auger, 2007 ; Cuq & Davin-Chnane, 2007). Par la première, l'enseignement des structures de la langue s'accompagne de productions de textes, l'objectif étant d'indiquer la diversité des genres disponibles, d'enseigner leurs spécificités et de faciliter leur production en fonction des situations de communication et des sphères d'activité sociales. En DFLE, en revanche, sont privilégiés les objets nécessaires, voire urgents dans le quotidien des primoarrivants : comprendre et pouvoir se faire comprendre dans les différentes sphères sociales de l'apprenant. Pour cela, des compétences minimales de communication sont ciblées (Moirand, 1982), elles prennent la forme d'actes de parole – demander, saluer, remercier, etc. – que les apprenants doivent pratiquer et maitriser. Ici, l'entrée par les genres textuels est plutôt rare (Laurens, 2013).

Notre étude montre que les séquences portant sur un genre de texte sont présentes au moins deux fois chez tous les enseignants des classes d'accueil de l'OPTI. Par exemple, deux séquences d'Ens2 considèrent la production de textes, avec les *entretiens professionnels* (Ens2_B) et les *récits de vie oraux sous forme de kamishibaï* (Ens2_C). Seuls deux enseignants présentent chacun une séquence à acte de parole. Ce sont les deux enseignants des niveaux préparatoire (Ens1) et débutant (Ens2). L'un propose la *production orale d'une présentation personnelle* (Ens1_A), l'autre, l'*expression orale du gout* (Ens2_A). Ces deux séquences travaillent la production d'un énoncé court, une phrase, que les élèves doivent modifier en fonction de leur singularité, puis maitriser.

Le tableau 4.3 indique en fonction des périodes de l'année et des enseignants les objets abordés dans chacune des douze séquences, en contrastant l'entrée par actes de parole (en blanc), par genres textuels (grisée foncée)[7].

---

7   Signalons ici une séquence d'enseignement originale menée par Ens4, intitulée *Annonce publicitaire écrite et séquences textuelles orales et écrites sur le thème du logement* (Ens4_A). Elle reste complexe, car elle porte à la fois sur un genre de texte (l'annonce publicitaire) et sur des séquences textuelles (description d'une

Tableau 4.3. Séquences à actes de parole, à genres de texte

| NIVEAU | ENSEI-GNANT | PÉRIODES DE L'ANNÉE 2011-2012 | | |
		DÉBUT (A)	MILIEU (B)	FIN (C)
Préparatoire	Ens1	Se présenter à l'oral	Ateliers d'écriture sur trois genres	Annonces d'offre et de demande d'emploi et entretiens téléphoniques
Débutant	Ens2	Exprimer ses gouts à l'oral	Entretiens professionnels	Récits de vie oraux sous forme de kamishibaï
Intermédiaire	Ens3	Description orale d'itinéraire	Résumés écrits à partir de trois récits	Dire des devinettes
Avancé	Ens4	Annonce publicitaire écrite et séquences textuelles orales et écrites sur le thème du logement	Points de vue oraux à partir d'un récit autobiographique	Lecture et écriture de textes d'opinion

Sur la totalité des douze séquences, dix portent sur des genres textuels et deux seulement concernent des actes de parole. Ce premier résultat est une surprise en soi si l'on se réfère aux indications des courants communicatifs des années 1990. Bien que les orientations plus récentes des perspectives actionnelles invitent à l'étude des genres, nous imaginions qu'un travail sur les actes de parole serait plus présent, en considérant simplement l'inertie des pratiques passées sur les pratiques actuelles (Beacco, 1995). On remarque cependant que les actes de parole sont privilégiés au

---

chambre et portrait d'un habitant). Ces séquences textuelles sont comprises comme des manières d'organiser des contenus spécifiques pouvant appartenir à plusieurs genres simultanément (Adam, 2001). C'est pourquoi nous les associons à la perspective générique.

début de l'année scolaire dans les niveaux préparatoire et débutant. Nous supposons que les enseignants de ces deux filières dotent les apprenants de structures brèves, reproductibles, parce qu'ils voient facilement leur investissement en contexte. Ceci renforce une fois encore la thèse selon laquelle les enseignants sont soucieux des besoins langagiers immédiats de leurs élèves (Cuq & Davin-Chnane, 2007) et offrent des repères pour *se présenter* et *exprimer ses gouts*. Plus encore, pour ces mêmes enseignants, l'entrée par les genres débute à partir du milieu de l'année scolaire : trop complexes pour les élèves plus faibles, les genres nécessitent une maitrise minimale de la langue pour être enseignés.

Les élèves des classes d'accueil de l'OPTI sont dans cette situation singulière, où la maitrise de la langue est un moyen d'intégration essentiel pour tisser des liens sociaux, trouver un travail ou poursuivre des études, ou encore pour se construire des repères culturels suisses. Pour cela, on comprend bien que des compétences minimales de communication doivent être maitrisées, du moins au début. Mais on saisit également toute l'importance d'un travail portant sur la production de textes complets. Pour gérer les activités sociales dans lesquelles les élèves sont impliqués, les anticiper ou encore les évaluer, les genres doivent être convoqués, ils permettent l'agencement de structures langagières, même simples, dans la multiplicité des situations de communication de la vie courante. Enseigner en français ne revient plus ici à découper la langue en unités élémentaires, mais à inscrire celles-ci au sein de situations de communication réelles, effectives que seuls des textes rendent possibles (Bronckart, 1997). Les enseignants des classes d'accueil placent leurs interventions dans une visée opératoire de l'apprentissage des textes en situations ordinaires. Certes, la dichotomie DFLE et DFLP peut caractériser une partie des objets choisis en classes d'accueil en fonction des niveaux débutants et avancés, mais elle est très vite dépassée pour entrer dans une approche globale et pragmatique de l'enseignement du français par une projection de ce que l'apprenant pourrait dire ou faire en contexte.

Diversité des actions langagières convoquées

Les préoccupations didactiques en français langue première ont encouragé une manière de rassembler certains genres en fonction de leurs domaines sociaux de communication et des capacités langagières dominantes des élèves (Dolz & Schneuwly, 1996). Six actions langagières sont identifiées : *narrer, raconter, exposer, réguler des comportements, argumenter* ou encore *jouer avec la langue*. Cette classification reste pratique quand il s'agit de faire apparaitre les genres de textes produits dans le monde scolaire et d'organiser une progression curriculaire des savoirs. Nous l'utilisons dans un premier temps pour ordonner les séquences à genre de notre corpus.

L'action langagière qui consiste à *argumenter* s'applique à la moitié de nos données filmées. Il s'agit entre autres des séquences *Trois ateliers d'écriture (réponse à une lettre de demande)* (Ens1_B) où les élèves convainquent ou dissuadent une personne de venir en Suisse en fonction de leurs propres expériences et *Entretiens professionnels* (Ens2_B) qui amènent les apprenants à recourir à une argumentation pour motiver l'obtention d'un emploi ou d'une place de stage.

Pour ce qui est de l'action langagière *relater*, elle se retrouve à moindre échelle dans quatre séquences. Citons à titre d'exemple les *Ateliers d'écriture (compte rendu d'une visite scolaire)* (Ens2_B) et les *Récits de vie oraux sous forme de kamishibaï* (Ens2_C) qui encouragent les élèves à faire part d'évènements tirés de leurs propres expériences.

Jouer avec la langue apparait dans deux séquences : *Ateliers d'écriture (poèmes en vers)* (Ens1_B) et *Dire des devinettes* (Ens3_C). Dans les deux cas, la production se réfère à un modèle à reproduire pour divertir ou amuser le destinataire.

Réguler des comportements n'est visible qu'une seule fois dans notre corpus avec la séquence *Description d'itinéraire orale* (Ens3_A) qui prévoit une liste de prescriptions à suivre dans un but précis, se déplacer dans la ville de Lausanne entre des lieux connus des élèves.

Enfin, l'action langagière *narrer* apparait également à une seule reprise chez Ens4_A avec *Séquences textuelles orales et écrites sur le thème du logement*, où des descriptions de lieux et des portraits imaginaires doivent être créés.

Quant aux séquences à actes de parole, nous les ordonnons en nous référant à la taxonomie développée par Coste *et al.* (1976) qui associe étroitement l'action langagière et le type de relation sociale qu'elle engage. Les séquences *Se présenter à l'oral* (Ens1_A) et *Exprimer ses gouts à l'oral* (Ens2_A) convergent vers la « relation sociale de type grégaire » (*cf.* chapitre 2). Autrement dit, ces deux séquences encouragent une action langagière en vue de la mise en relation entre amis, voisins et connaissances diverses, c'est-à-dire qu'elle sert avant tout à *créer des liens*.

Le tableau 4.4 résume les actions langagières dominantes selon les actes de paroles convoqués (en italique) et les genres de texte. Pour plus de clarté, nous avons indiqué d'une couleur distincte les différentes actions langagières convoquées.

Tableau 4.4. Actions langagières convoquées dans les séquences à genre et les séquences à acte de parole

NIVEAU	ENSEI-GNANT	PÉRIODES DE L'ANNÉE 2011-2012		
		DÉBUT (A)	MILIEU (B)	FIN (C)
Préparatoire	Ens1	Se présenter à l'oral → *créer des liens*[8]	Ateliers d'écriture sur trois genres → **jouer avec la langue** → **argumenter** → **relater**	Annonces d'offre et de demande d'emploi et entretiens téléphoniques → **argumenter**
Débutant	Ens2	Exprimer ses gouts à l'oral → *créer des liens*	Entretiens professionnels → **argumenter**	Récits de vie oraux sous forme de kamishibaï → **relater**
Intermédiaire	Ens3	Description orale d'itinéraire → **réguler des comportements**	Résumés écrits à partir de trois récits → **relater**	Dire des devinettes → **jouer avec la langue**
Avancé	Ens4	Annonce publicitaire écrite et séquences textuelles orales et écrites sur le thème du logement → **argumenter** → **narrer**	Points de vue oraux à partir d'un récit autobiographique → **argumenter** → **relater**	Lecture et écriture de textes d'opinion → **argumenter**

Globalement, l'action langagière *argumenter* est privilégiée par trois enseignants sur quatre, avec Ens1, Ens2 des niveaux préparatoire et débutant à partir du milieu de l'année scolaire, et Ens4 pour les élèves avancés tout

---

8 Action langagière tirée de Coste *et al.* (1976).

au long de l'année. Nous pensons que c'est l'âge des élèves de l'OPTI qui
incite à entrer par les genres argumentatifs. Les sujets sensibles, proches
de l'environnement des élèves, comme les apports et les difficultés de la
migration et la fermeture des discothèques par exemple, ou leur permettant
de se projeter dans un avenir proche avec les entretiens professionnels,
mobilisent leur expérience de jeunes adultes et encouragent l'expression
de textes. C'est aussi dû au pragmatisme des enseignants qui cherchent
à développer des capacités langagières utiles pour la vie citoyenne et le
marché du travail.

Nos données montrent également que l'action langagière *relater*, qui est
présente dans quatre séquences d'enseignants distincts, permet d'aborder
les questions identitaires des primoarrivants. C'est par leur histoire de
vie que les élèves produisent des textes. La mise à plat des expériences
singulières en tant que migrant sert de levier didactique pour favoriser
l'expression des élèves. On retrouve ce profil par la réception du texte
autobiographique mis au service de l'expression de points de vue. Néanmoins, *relater* tend vers un autre objectif avec Ens3, à savoir l'étude des
résumés de récits imaginaires. Notre hypothèse sur ce point renvoie une fois
encore à l'orientation des élèves. En effet, Ens4 semble les préparer de
manière ponctuelle aux types de productions exigées dans leur formation
future. Les résumés ne demeurent-ils pas un genre scolaire largement dif-
fusé au niveau postobligatoire et dans les formations professionnelles où
la didactique du français figure dans les plans d'étude ? Il sera intéressant
d'interroger alors les données statistiques du niveau intermédiaire pour
mesurer les perspectives de formation des élèves et ainsi mieux situer le
choix des objets.

Jouer avec la langue poursuit trois finalités assez proches bien que cette
action langagière soit engagée dans des niveaux fort différents (préparatoire et intermédiaire). Sans examen approfondi, les jeux de langue
visent à familiariser les apprenants aux sonorités du français (usage de
la rime), à exercer la réception et la production de métaphores et à créer
des devinettes. Néanmoins, cette action langagière est convoquée dans les
pratiques pour apprendre autre chose : il s'agit d'entrainer une structure
de phrases selon un modèle grammatical avec les débutants ; il s'agit
encore de rappeler quelques notions grammaticales complexes au niveau
intermédiaire (enchâssement de subordonnées). *Jouer avec la langue* se
présente alors comme un prétexte pour engager et motiver les apprenants
dans une tâche.

Nous constatons enfin que les actions langagières *réguler des comporte-ments* et *narrer* ne sont abordées que dans les niveaux supérieurs, comme si toutes deux faisaient appel à des compétences langagières plus élaborées. L'action langagière *exposer* ne figure dans aucune des propositions des enseignants des classes d'accueil de l'OPTI ; il semble que, pour les enseignants, cette action langagière ne renvoie ni au quotidien des élèves ni à un moyen de découvrir une spécificité de la langue, notamment d'un point de vue grammatical.

En conclusion, la diversité des actions langagières n'est pas la même chez tous les acteurs : si Ens4 travaille l'argumentation tout au long de l'année, les autres enseignants tentent de diversifier leurs objets en proposant au moins trois, voire quatre actions langagières différentes. La variété de situations de communication est prise en considération pour les élèves du niveau préparatoire, débutant et intermédiaire et se développe tout au long de l'année. Mais, de manière générale, les actions langagières proposées deviennent progressivement plus complexes et tendent à s'uniformiser. Une originalité des classes d'accueil postobligatoires s'exprime d'ailleurs par la forte dominance de l'action langagière *argumenter* dans les pratiques. Celle-ci révèle par ailleurs une dynamique particulière. Les enseignants de l'OPTI inscrivent leur action didactique entre réalisme et opportunisme : ils sont conscients des besoins des adolescents migrants en matière d'intégration citoyenne et d'insertion professionnelle ; ils tirent parti de la maturité des élèves pour encourager les échanges et la communication dans la classe. On retrouve cette tendance avec la présence du *relater*. Là encore, les enseignants profitent des expériences singulières des jeunes migrants en jouant sur les questions d'identité pour ensuite favoriser le processus d'intégration. *Créer des liens* et *réguler des comportements* renforcent cette vision prospective et pragmatique de l'enseignement du français. Ces deux activités peuvent être réinvesties en milieu endolingue pour favoriser la mise en relation ou la prise de contact et anticiper les contingences du quotidien des élèves.

C'est par et pour l'enseignement de la langue que les multiples dimensions de l'élève allophone investissent les cours de français en classes d'accueil. Reste à savoir quelles sont celles qui sont privilégiées.

Analyse des contenus thématiques

L'étude des actions langagières a déjà mis en évidence quelques contenus thématiques révélateurs des pratiques en classes d'accueil. Par exemple, *relater* s'appuie sur des dimensions personnelles invitant l'élève à évoquer son parcours migratoire et son intégration ; *argumenter* s'oriente vers des démarches de recherches d'emploi et d'insertion professionnelle ; *créer des liens* et *réguler des comportements* adoptent un point de vue social en favorisant la rencontre par la présentation personnelle et la description d'itinéraires. En conséquence, cette partie a pour objectif de systématiser tous les contenus thématiques repérables dans plusieurs séquences à la fois.

La première focalisation, en rapport à l'*intégration des primoarrivants* dans le pays d'accueil, est relevée dans trois séquences : *Se présenter à l'oral* (Ens1_A), *Exprimer ses gouts à l'oral* (Ens2_A) et *Description orale d'un itinéraire* (Ens3_A). Ces séquences sont introduites au début de l'année scolaire par Ens1, Ens2 et Ens3 dans le but de soutenir assez tôt les processus d'intégration. Elles convergent toutes vers un des objectifs des classes de l'OPTI, qui est d'*accueillir*. Les enseignants, conscients des enjeux de la migration, associent clairement ici les cours de français aux situations des adolescents en milieu endolingue. Leurs pratiques s'inscrivent donc dans une démarche fonctionnelle facilitant la communication des élèves en suivant la logique d'un réinvestissement immédiat en contexte.

Les séquences *Entretiens professionnels* (Ens2_B) et *Annonces d'offre et demande d'emploi et entretiens téléphoniques* (Ens1_C) reflètent également un des objectifs des classes d'accueil qui est *préparer l'orientation*. Elles sont surtout le fruit du travail d'Ens1 et d'Ens2 des niveaux préparatoire et débutant pour encadrer les prises de parole et fournir un vocabulaire minimal et des manières de dire. À l'instar de la focalisation précédente, on voit ici que les classes d'accueil recouvrent une fois encore des intentions prospectives en anticipant les activités des apprenants en situation.

Avec trois autres séquences, le choix des thèmes s'élargit à des réflexions à propos du *parcours migratoire des élèves*. Par exemple, il s'agit des *Récits de vie oraux sous forme de kamishibaï* (Ens2_C) et des *Points de vue oraux à partir d'un récit autobiographique* (Ens4_B). Ici, les apprenants réalisent un ensemble de productions pour faire état des difficultés de la migration : apprivoiser une culture souvent éloignée de celle du pays d'origine, s'adapter à un système politique et social, apprendre une nouvelle langue, etc. En revanche, ces productions servent également à en relever les aspects positifs. La migration est alors vue comme une amorce à la construction de nouvelles relations et de perspectives d'avenir. Bien qu'elles soient investies au niveau débutant et avancé de manière indifférenciée, ces trois séquences sont proposées à partir du milieu de l'année scolaire. Nous supposons qu'une plus grande maitrise des unités linguistiques, relatives par exemple à la conjugaison et à l'emploi des temps verbaux, à la construction de phrases complexes, et à une connaissance étendue de champs lexicaux variés, demeure un prérequis indispensable pour envisager une écriture plus intimiste. On note cependant que les aspects identitaires des élèves font partie intégrante de la palette didactique de trois enseignants sur quatre. Une fois encore, la thématique de la migration multiplie les occasions de produire du texte. C'est par leur histoire de vie que les contenus des textes sont travaillés. C'est par l'expression d'une pensée subjective que le partage d'expériences en classe devient possible. L'enseignement de la langue se profile alors comme une construction collective d'un répertoire partagé d'expériences : nous nous situons moins dans l'apport d'outils langagiers que dans la divulgation d'outils d'ordre social, culturel et expérientiel. Toutefois, on peut s'interroger sur l'exploitation de tels registres étant donné que certaines trajectoires sensibles pourraient constituer des freins à la production.

Émerge aussi de manière significative la question de *la subjectivité des élèves.* Parler de soi, se dévoiler, exprimer ses besoins, se positionner et défendre son avis sont autant de points convergents de l'ensemble de nos données. En effet, huit séquences s'appuient sur l'expression en « je ». En voici quelques exemples : *Se présenter à l'oral* (Ens1_A), *Ateliers d'écriture sur trois genres (réponse à une lettre de demande)* (Ens1_B) et *Lecture et écriture de textes d'opinion* (Ens4_C). De ces observations, nous pouvons remarquer que deux enseignants font appel de manière exclusive à l'expression en « je ». Il s'agit d'Ens1 et d'Ens2 des niveaux préparatoire et débutant. Ens4, du niveau avancé, implique également l'expression de points de vue personnels, mais de façon plus aléatoire. Reste Ens3, qui propose toujours un travail distancié de toute implication de l'énonciateur. Il sera désormais intéressant d'étudier si ces considérations sont l'effet des niveaux, ou si transparaissent ici des profils d'enseignant. Car, même s'il est vrai qu'une des tâches des classes d'accueil est de permettre l'expression des élèves en situations ordinaires, ce qui présuppose des prises en charge énonciatives, nous constatons quelques disparités qui piquent l'intérêt. Les enseignants des classes d'accueil travaillent la langue par l'entremise de centres d'intérêt thématiques. Ils permettent de contextualiser les cours de français en fonction du vécu et des préoccupations des élèves.

Tableau 4.5. Contenus thématiques des séquences pour motiver
l'expression des élèves

NIVEAU	ENSEI-GNANT	PÉRIODES DE L'ANNÉE 2011-2012		
		DÉBUT (A)	MILIEU (B)	FIN (C)
Préparatoire	Ens1	Se présenter à l'oral → **intégration** → **subjectivité des éls**	Ateliers d'écriture sur trois genres → **migration** → **subjectivité des éls**	Annonces d'offre et de demande d'emploi et entretiens téléphoniques → **orientation prof.** → **subjectivité des éls**
Débutant	Ens2	Exprimer ses gouts à l'oral → **intégration** → **subjectivité des éls**	Entretiens professionnels → **orientation prof.** → **subjectivité des éls**	Récits de vie oraux sous forme de kamishibaï → **migration** → **subjectivité des éls**
Intermédiaire	Ens3	Description orale d'itinéraire → **intégration**	Résumés écrits à partir de trois récits	Dire des devinettes
Avancé	Ens4	Annonce publicitaire écrite et séquences textuelles orales et écrites sur le thème du logement	Points de vue oraux à partir d'un récit autobiographique → **migration** → **subjectivité des éls**	Lecture et écriture de textes d'opinion → **subjectivité des éls**

OBJETS ET CONTEXTES DES CLASSES D'ACCUEIL

Nos investigations sur les actions langagières et les centres d'intérêt thématiques sont de fait marqués par une constante : les enseignants des classes d'accueil ont une vision pragmatique du cours de français ; ils tiennent compte des caractéristiques des apprenants et visent à répondre à leurs besoins en favorisant le réinvestissement des contenus de savoir en milieu endolingue. Nous l'avons vu de manière saillante avec le domaine professionnel, ou encore d'un point de vue social avec la mise en exergue des parcours migratoires des élèves dans le but d'encourager les processus d'intégration. Or, notre parcours théorique et une précédente recherche sur les pratiques effectives (Surian & Gagnon, 2014) ont mis en lumière cinq facteurs contextuels externes à l'institution : les facteurs *culturel, social, professionnel, sociolinguistique* et *politique*. Il serait pertinent de mesurer leur part d'influence sur les pratiques effectives. Autrement dit, comment pèsent-ils sur le choix des objets ? Pour traiter cette question, notre ligne méthodologique se fonde encore sur l'analyse des intitulés des séquences et des résumés narrativisés. Des liens peuvent être établis avec l'un ou l'autre facteur, soit parce que le titre d'une séquence s'y rapporte directement, soit parce que les supports de cours s'y réfèrent, soit encore parce que la visée de la séquence y a trait.

Le facteur *culturel*, d'abord, peut être identifié dans la plupart des séquences qui ont pour objectifs de pointer certains traits culturels suisses. L'usage de documents authentiques, tirés de la culture locale, participe à cette perspective et motive la production de textes ; ils ont comme point d'ancrage la lecture d'auteurs régionaux (*cf. Points de vue oraux à partir d'un récit autobiographique*, Ens4_B) ou de journaux de la ville de Lausanne (*cf. Lecture et écriture de textes d'opinion*, Ens4_C). La visite de lieux culturels ou géographiques emblématiques de la Suisse reste également dans cette lignée : elle encourage l'expression des élèves qui peuvent rendre compte de certains traits typiquement suisses (*cf. Trois ateliers d'écriture : [...] compte rendu d'une visite scolaire*, Ens1_B). Plus encore, certaines séquences font apparaitre la perception des élèves de la culture locale et encouragent la mise en abime de leur propre identité culturelle : *Trois ateliers d'écriture : [...] réponse à une lettre de demande [...]*, Ens1_B ; *Récits de vie oraux sous forme de kamishibaï*, Ens2_C). L'entrée par la culture pour faire produire des textes peut s'éloigner aussi des contingences locales pour profiter de certains faits culturels reconnus : en architecture, avec l'exposition de bâtiments patrimoniaux, en Europe et aux États-Unis ; dans le monde de la peinture avec la reproduction de tableaux célèbres (*cf. Annonce publicitaire et séquences textuelles orales et écrites sur le thème du logement*, Ens4_A) ; en littérature, avec la lecture de récits d'auteurs comme St-Exupéry ou dans le monde plus ciblé de la littérature de jeunesse avec Friot (*cf. Résumés écrits à partir de trois récits*, Ens3_B). Enfin, les questions de prosodie et de proxémie dans les échanges oraux, qui varient selon les origines des élèves, restent un point convergent de deux séquences : *Exprimer ses gouts à l'oral* (Ens2_A), *Entretien professionnel* (Ens2_B). Elles permettent notamment de porter un regard réflexif sur les cultures en présence au sein de l'institution.

Le facteur *social* réfère à la situation singulière du primoarrivant qui doit tisser des liens et se construire un nouveau réseau social. Si toutes les séquences visent l'acquisition du français, condition de toute relation en milieu endolingue, le travail proposé dans certaines d'entre elles, favorise clairement ce processus. *Se présenter à l'oral* (Ens1_A), *Exprimer ses gouts à l'oral* (Ens2_A) et *Description d'itinéraire orale* (Ens3_A) mettent en œuvre des outils mobilisables en situation pour entrer en relation avec l'autre.

La question sociale passe aussi par une réflexion sur la migration elle-même. Comme déjà relevé plus haut, plusieurs séquences proposent une production de textes visant l'expression du ressenti et des représentations, permettant de pointer les difficultés comme les apports d'une migration, avec comme exemple, *Trois ateliers d'écriture : [...] réponse à une lettre de demande [...]* (Ens1_B).

Dans une perspective plus large, la question sociale est présente également au moyen de considérations à propos du climat de la société d'accueil. Avec *Lecture et écriture de textes d'opinion* (Ens4_C), les élèves répondent à la problématique de la réduction des discothèques pour endiguer les violences des nuits lausannoises. Là encore, les jeunes se construisent des référents utiles à l'appréhension du contexte social du pays d'accueil.

Le facteur *professionnel* s'insère dans une dynamique de recherche d'emploi, de place de stage ou de place d'apprentissage. Plusieurs séquences figurent comme un entrainement à une situation réelle comme nous l'avons vu à propos des centres d'intérêt thématiques : A*nnonces d'offre et de demande d'emploi et entretiens téléphoniques* (Ens1_C), *Entretiens professionnels* (Ens2_B). D'autres servent de manière indirecte des situations de communication professionnelles où l'apprenant est amené à se présenter (*Se présenter à l'oral*, Ens1_A) ou doit suivre des indications pour se rendre à un lieu de stage ou à un entretien (*Description orale d'un itinéraire*, Ens3_A).

Le facteur *sociolinguistique* concerne les différents lieux d'apprentissage de la langue (le milieu scolaire, la rue ou les groupes sociaux divers) et rend compte des différences d'usage de mots ou d'expressions selon des contextes. Plusieurs séquences mettent en lumière les manières de dire en fonction des situations de communication et des interlocuteurs en présence. Les apprenants sont amenés à se rendre compte des registres de langue convenus et apprennent à contrôler leurs productions. Les séquences *Annonces d'offre et de demande d'emploi et entretiens téléphoniques* (Ens1_C), *Exprimer ses gouts à l'oral* (Ens2_A), *Entretiens professionnels* (Ens2_B) travaillent l'utilisation de la langue en fonction des sphères sociales. Dans une perspective semblable, la séquence *Se présenter à l'oral* (Ens1_A) aborde la question des variations linguistiques d'après les contextes régionaux, notamment en contrastant certaines pratiques langagières en France et en Suisse.

Enfin, le facteur *politique* fait voir le climat politique suisse. Les élèves doivent être en mesure de se construire une image des différents partis en présence et avoir une prise sur les commentaires politiques véhiculés par les médias. La séquence *Lecture et écriture de textes d'opinion* (Ens4_C) participe à la construction d'outils pour agir et réagir en fonction des prises de position politiques contrastées.

Le tableau 4.6 indique la présence des différents facteurs externes dans les objets choisis des douze séquences.

Tableau 4.6. Facteurs externes dans les douze séquences

FACTEURS CONTEX-TUELS EXTERNES	PRÉPARATOIRE			DÉBUTANT			INTERMÉDIAIRE			AVANCE			
	Ens1_A	Ens1_B	Ens1_C	Ens2_A	Ens2_B	Ens2_C	Ens3_A	Ens3_B	Ens3_C	Ens4_A	Ens4_B	Ens4_C	Σ
Culturel		X		X	X	X		X		X	X	X	8
Social	X	X		X		X	X				X	X	7
Professionnel	X		X		X		X						4
Sociolinguistique	X		X	X	X								4
Politique												X	1
Σ	3	2	2	3	3	2	2	1	0	1	2	3	
	7			8			3			6			

Globalement, considérant les facteurs contextuels, nous attestons des liens forts entre objets d'enseignement et situations des primoarrivants en milieu endolingue : le travail des enseignants de l'OPTI exige la mise en relation de la didactique disciplinaire avec les réalités des élèves, ces derniers pouvant être considérés à la fois comme personnes allophones en contexte endolingue, comme jeunes adultes devant se faire une place dans le monde social et professionnel, ou encore en tant que migrants inscrits dans des processus d'intégration. Une des spécificités du travail des enseignants de français consiste alors à identifier des zones proximales de développement en français, par la prise en compte des capacités langagières des élèves, mais aussi en fonction de leurs compétences culturelles, sociales et sociolinguistiques.

Cependant, les facteurs n'ont pas tous le même poids dans le choix des objets. Si les facteurs *culturel* et *social* sont visibles respectivement dans huit, puis sept séquences, les facteurs *professionnel* et *sociolinguistique* ne se présentent qu'à quatre reprises. Quant au facteur *politique*, il ne se voit que dans un seul cas. On imagine ici que la primauté du *culturel* et du *social* renvoient à l'une des missions des classes d'accueil postobligatoires qui est de favoriser l'intégration des adolescents allophones. Tout comme le facteur professionnel qui reflète un autre objectif avec *préparer l'orientation*.

Plus encore, on note que le choix des objets conjugue plusieurs facteurs simultanément. Le facteur *sociolinguistique* est toujours combiné avec le facteur *professionnel*, notamment dans trois séquences, ou avec le facteur *social* dans deux autres. Cette association est due au fait que les registres de langues s'inscrivent dans des sphères de communication singulières et que les productions doivent s'accorder avec les normes sociales pour correspondre au mieux à ce qui se fait et se dit dans le pays d'accueil.

Du point de vue des niveaux d'enseignement, on mesure que l'investissement des enseignants sur les éléments contextuels n'est pas le même selon les filières. Si les niveaux préparatoire et débutant investissent respectivement sept et huit facteurs contextuels dans les séquences, le niveau intermédiaire n'en considère que trois, pour finalement remonter à six au niveau avancé. Ces résultats montrent d'une part que l'apprentissage du français va de pair avec la découverte des valeurs sociales, culturelles, ou encore professionnelles en Suisse, notamment pour les élèves présentant le plus de difficultés en français. Cela rappelle que la langue s'inscrit aussi dans des considérations d'ordre culturel et social (Bronckart, 1997 ; Vygotsky, 1934/1985). D'autre part, la faiblesse des résultats du niveau intermédiaire peut s'interpréter selon trois hypothèses : premièrement, les langues d'origine et les cultures des élèves en question ne sont pas éloignées du français et de la culture suisse ; deuxièmement, les capacités des élèves en français leur permettent déjà de s'investir de manière forte en milieu endolingue et d'en découvrir les valeurs et les normes par imprégnation ; troisièmement, le profil de l'enseignant se distingue des trois autres en concentrant davantage les apprentissages autour de l'aspect formel de la langue, par des textes en usage dans le contexte scolaire (les résumés), par des textes ouvrant sur des notions de grammaire et de syntaxe plus pointues (les devinettes). Quant à l'augmentation du nombre de facteurs investis au niveau avancé, il s'explique surtout par l'utilisation de documents authentiques, extraits de la culture ou de la presse locale, qui nécessitent des capacités plus solides de réception et de compréhension de textes en français.

En bref, les objets d'enseignement en français sont choisis en fonction des conditions dans lesquelles se trouvent les apprenants. Nous sommes donc en présence d'une didactique du français réfléchie à partir des contextes d'utilisation de la langue, ou, dit autrement, d'une sociodidactique ne pouvant faire l'économie des caractéristiques des apprenants dépassant l'aspect strictement scolaire pour entrer dans des dynamiques sociales et culturelles larges (Dolz & Tupin, 2011 ; Goigoux, 2007 ; Rispail, 2003).

CONCLUSIONS

La description de nos douze séquences au moyen de résumés narrativisés, ainsi que les différentes synthèses de l'objet de ces séquences nous amènent à dégager trois lignes de force :

1) *Des enseignants pragmatiques*. Les enseignants des classes d'accueil privilégient les objets en fonction de leurs possibles investissements en milieu endolingue. Cela se mesure en premier lieu par la part importante de *l'oral* par rapport à *l'écrit*. Certes, au début des apprentissages, l'oral prédomine, car il peut présenter moins de normes apparentes et être plus facilement adaptable aux capacités langagières déjà présentes des primoarrivants. Par ailleurs, l'enseignement de l'oral se révèle aussi comme un moyen efficace pour répondre aux besoins langagiers immédiats des élèves d'un point de vue pratique et contextuel : dès leur arrivée, les jeunes sont confrontés à un français oral en milieu ordinaire, dans la rue, parmi divers groupes d'appartenance, au sein

des institutions d'état. L'usage de l'écrit reste présent, mais au cours de situations plus formelles (lettre de motivation, formulaire, etc.) Cette vision pragmatique de l'enseignement du français se retrouve également dans la répartition des *actes de parole* et des *genres de texte*. Si les premiers sont traités au début des apprentissages, c'est surtout pour fournir aux apprenants des structures brèves facilement reproductibles sur des domaines qui engagent la mise en relation et la construction du lien social. Quant aux genres de texte, nettement privilégiés ensuite, ils se manifestent dès que des compétences minimales de communication sont acquises. Ils appartiennent aussi à une vision opératoire de l'apprentissage du français : les textes sont choisis en fonction d'une projection de ce que l'apprenant pourrait dire ou faire en situations (entretiens téléphoniques, petites annonces, description d'un itinéraire, lecture et production d'un texte d'opinion, etc.)

2) *Un enseignement centré sur les caractéristiques du primoarrivant.* Notre analyse met en évidence deux actions langagières dominantes : *argumenter* et *relater*. En effet pour la première, le public apprenant constitué d'adolescents incite à entrer par le genre argumentatif pour motiver les prises de parole autour de sujets à controverse qui les touchent (fermeture des discothèques) ou autour de centres d'intérêt qui les concernent (recherche d'emploi, migration, etc.). Pour la deuxième, ce sont leurs *parcours migratoires* qui servent de leviers didactiques pour favoriser une fois encore la production de textes. Les enseignants tirent alors parti de la subjectivité des élèves, de leurs expériences de vie pour promouvoir l'apprentissage de la langue. Ils profilent par ailleurs leur enseignement dans des perspectives d'intégration et d'insertion : apprendre le français donne lieu à la construction d'un répertoire partagé d'expériences et la mise en place d'outils langagiers facilitant la participation des apprenants à la vie économique, sociale et culturelle du pays d'accueil. De fait, les caractéristiques des apprenants forment ce creuset dans lequel la découverte et la maitrise du français s'organisent dans une vision holistique des besoins.

3) *Des cours de français au carrefour de multiples contextes.* L'analyse des objets des séquences témoigne une fois encore d'une approche fonctionnelle des cours de français. Les multiples situations de l'apprenant – culturelles, sociales, politiques, professionnelles, sociolinguistiques – montrent que la didactique du français en classes d'accueil s'inscrit dans la réalité complexe des élèves nouvellement arrivés. Les

objets d'enseignement sont choisis en fonction de leurs situations singulières, calculées à partir des contingences qui meublent leur quotidien :
compréhension des valeurs culturelles et sociales du pays d'accueil (se
présenter, exprimer son gout, point de vue à partir de récits autobiographiques, etc.), adaptation au système politique (lecture et écriture de
textes d'opinion), accompagnement fort dans leur recherche d'emploi
ou de formation professionnelle (entretiens professionnels, annonces
d'offre et de recherche d'emploi), mise en exergue de ce qui est dicible
ou non selon les contextes (se présenter, exprimer ses gouts, relater un
récit de vie sous forme de kamishibaï, etc.). De fait, l'enseignement du
français en classes d'accueil se fonde sur un ensemble de paramètres
qui permettent, nous le soulignons encore, de comprendre et surtout
d'accompagner les primoarrivants dans leur processus d'intégration à
Lausanne.

CHAPITRE 5

OBSTACLES D'ÉLÈVES, RÉVÉLATEURS DES PROCESSUS D'APPRENTISSAGE

O viajante é aquele que, mais importa numa viagem

Erreurs, fautes, incompréhensions, hésitations ou encore blocages sont autant de termes ordinaires pour désigner les obstacles rencontrés par les élèves, indissociables de toutes situations d'enseignement et d'apprentissage. Ils sont témoins des conflits qui émergent entre les connaissances acquises et les nouvelles à conquérir, entre les représentations des élèves et le savoir objectivé (Astolfi, 1992). Ils indiquent encore que les significations des apprenants demandent à être réajustées ou complétées lorsque ces dernières demeurent insuffisantes pour résoudre la situation dans laquelle ils sont placés (Brousseau, 1998). Autrement dit, « l'erreur n'est pas seulement l'effet de l'ignorance, de l'incertitude, du hasard [...], mais l'effet d'une connaissance antérieure, qui avait son intérêt, ses succès, mais qui, maintenant, se révèle fausse ou simplement inadaptée » (p. 119). Les obstacles se manifestent donc par des erreurs qui résistent et qui réapparaissent au cours des apprentissages. Le cas des élèves issus de la migration révèle un nombre important d'impasses et d'embuches dans la conquête de la langue du pays d'accueil (Marquilló, 2003) : en situation scolaire où l'expression du français tombe sous le joug de l'évaluation entre ce qui est dicible ou pas, selon les normes en vigueur dans le contexte d'enseignement (Reuter, 2013) ; en milieu endolingue où les capacités discursives des élèves peuvent devenir un frein à l'intercompréhension entre locuteurs (De Pietro *et al.*, 1988). Les obstacles sont inhérents aux pratiques langagières de celui qui apprend une nouvelle langue, mais invitent à être dépassés. Les enjeux sont importants. Ils renvoient aux objectifs d'insertion professionnelle et d'intégration sociale et culturelle.

Le rôle de l'enseignant en classes d'accueil est alors fondamental sur deux points : le *repérage* de ces obstacles et leur *régulation* (*cf.* chapitre 2). En suivant le premier, nous entrons dans la perspective de Vygotsky qui marque la distinction entre deux logiques, celle dite de l'enseignement, et celle d'apprentissage. Le travail de l'enseignant consiste alors à « découvrir cette logique interne, ce cours interne du développement que déclenche tel ou tel enseignement » (Vygotsky, 1934 / 1985, cité par Schneuwly et Bain, 1993, p. 236). Leur identification sert l'analyse et la construction des dispositifs didactiques (Brousseau, 1998 ; Schneuwly & Dolz, 2009). Pourtant, la tâche de dépistage reste complexe, même si les obstacles sont identifiables à partir des usages de la langue. Car, il s'agit de situer les objets qui posent problème en fonction de ce qui a été traité en classe ou de ce qui est appris de manière non dirigée en milieu endolingue, en fonction de la situation de communication immédiate de l'élève ou de celle dans laquelle il se projette. Il s'agit encore de tenir compte des conditions didactiques dans lesquelles les erreurs ont lieu, ou bien de la biographie langagière de l'apprenant et de son parcours scolaire. Les obstacles renvoient à un « chainage de causes » (p. 43), somme toute, difficiles à situer en didactique du français (Reuter, 2013). Néanmoins, la focale de notre analyse se centre sur l'identification des objets créant l'obstacle : renvoient-ils à des aspects ponctuels du système de la langue, comme la syntaxe, la conjugaison, l'orthographe ou le vocabulaire ? Sont-ils plutôt d'ordre discursif et textuel ? Nous en profitons pour esquisser des pistes de réflexion sur leurs origines possibles, émanant des orientations didactiques prévues en classes d'accueil en termes de contenus et de progression et de capacités des élèves pour s'y adapter.

Pour ce qui est de la *régulation*, l'enseignant oriente le cours de son enseignement, ajuste les moyens et les dispositifs didactiques mis en œuvre, intervient de manière ciblée, emprunte parfois des chemins de traverse pour répondre à ce qui pose problème. L'obstacle n'est plus considéré comme une contrainte, mais devient un outil didactique pertinent. Des séquences potentiellement acquisitionnelles s'actualisent au cours des échanges (De Pietro *et al.*, 1988). Elles montrent que les acteurs de la relation didactique participent à la résolution du problème de langue en proposant, par exemple, des formes plus adaptées ou en se dotant d'outils langagiers ou métalangagiers en vue d'un meilleur contrôle des productions. Elles seront l'objet du chapitre suivant.

Du point de vue méthodologique, rappelons que nous appréhendons ici les pratiques enseignantes dans une *perspective microanalytique* des interactions entre acteurs de la relation didactique. Ce sont les pratiques d'un enseignant (Ens2), du niveau débutant, qui sont analysées à l'appui de deux de ses séquences d'enseignement. La première, *Exprimer ses gouts à l'oral* (Ens2_A), est développée au début de l'année pour traiter un acte de parole, tandis que la seconde, *Récits de vie oraux sous forme de kamishibaï* (Ens2_C), clôt le cursus et s'insère dans une perspective textuelle. Le choix de corpus est motivé par trois éléments pour cibler les similitudes et les divergences entre le type d'obstacles et les formes que peuvent recouvrir les régulations locales : les deux séquences sont extraites des pratiques d'un même enseignant ; elles traitent des objets situés dans des paradigmes différents tout en conservant une dimension orale (acte de parole et genre de texte) ; elles se déroulent à des moments bien distincts (au début et à la fin de l'année). De fait, ces deux séquences sont porteuses de sens sur la nature et le nombre d'obstacles détectés selon la progression de l'année.

Aussi, notre nouvelle unité d'analyse renvoie à l'ensemble des *interactions didactiques* (ID) entre enseignant, élèves et objets de savoir, dans lesquels un obstacle est détecté, puis régulé. Ces interactions sont constitutives des activités scolaires et, par conséquent, de nos séquences d'enseignement. À titre d'exemple, voici deux occurrences, c'est-à-dire deux interactions didactiques, issues de la séquence *Exprimer ses gouts à l'oral* (Ens2_A), extrait de l'activité 1.3.1[9], visant à exprimer des gouts de manière spontanée en vue d'apprendre et d'exercer des modalisateurs ou des verbes qui marquent l'intensité de l'appréciation :

---

9 Pour chaque exemple d'interaction didactique, nous précisons l'activité dans laquelle elle s'insère. Cela permet de situer clairement l'objet d'enseignement visé.

El3[10] : j'aime les fruits : j'aime pas les animaux

Ens2 : encore↑[11]

El3 : j'aime les fruits

Ens2 : j'aime les fruits

El ? : j'aime pas les poires *(Ens note la réponse)(indistinct)*

El3 : je n'aime pas les animaux

Ens2 : je n'aime -PAS- / les animaux↓ / (note)/ attention ce sera négatif / je n'aime -PAS- les animaux↓ ok↓ /

> ID1 : 1ᵉ interaction didactique entre El3 et Ens2 sur un obstacle concernant les marques de la négation

Ens2 : *(note les animaux)*

El6 : j'aime basket j'aimeH

Ens2 : attention↑

El6 : j'AIME LE basket↑ je n'aime PAS le football

Ens2 : (note) J'AIME le basket↓ / vous aimez comment le basket↑ / vous aimezH

El6 : un peu↑

> ID2 : 2ᵉ interaction didactique entre El6 et Ens2 sur un obstacle impliquant l'usage des déterminants dans le groupe nominal

Trois indicateurs délimitent l'interaction didactique. Premièrement, elle est déclenchée par un obstacle de l'élève identifiable au moyen de marques linguistiques et discursives, et des contenus de discours, révélateurs d'une incompréhension ou d'une erreur (« j'aime pas les animaux » dans ID1 ; « j'aime basket » dans ID2). D'autre part, elle se clôt lorsque l'obstacle semble résolu (« je n'aime pas les animaux » dans ID1 ; « j'aime le basket » dans ID2), suite à une intervention de l'enseignant qui opère une ou plusieurs régulations ponctuelles et ciblées pour corriger ou faire corriger l'erreur (« encore↑ […] je n'aime pas les animaux/ attention ce sera négatif » dans ID1 ; « attention↑ […] j'aime le basket » dans ID2). Notons enfin que deux interactions didactiques contigües doivent traiter

---

10 Le chiffre apposé à chaque tour de parole cible l'élève qui s'exprime. Ce chiffre correspond à l'ordre de leur placement dans la salle de classe. Cet ordre pouvant varier d'une séance à une autre dans une même séquence, un chiffre ne renvoie pas systématiquement au même élève (ce qui du reste demeure une erreur de notre part). Néanmoins, notre analyse ne vise ni à comparer les difficultés selon les biographies linguistiques ni à voir si un obstacle en appelle un autre chez un même apprenant.

11 La transcription des interactions didactiques suit les codes proposés au chapitre méthodologique lorsque nous détaillions les modalités de transcription de nos données (*cf.* chapitre 3, tableau 3.3).

deux objets différents, ou le cas échéant concerner deux apprenants. Ce sont donc bien deux interactions didactiques qui ont été mises en évidence ici, car elles touchent à chaque fois à deux obstacles nouveaux : le premier se réfère à la maitrise des marqueurs de la négation pour El3, le deuxième touche à l'usage des déterminants dans le groupe nominal pour El6. Du point de vue de l'analyse interactionnelle, nous sommes bien dans deux séquences potentiellement acquisitionnelles caractérisées par De Pietro *et al.* (1988) en milieu endolingue, ciblant une évolution des capacités des élèves à partir de la régulation d'un obstacle. À la différence près qu'ici le contrat didactique entre locuteur novice en français et locuteur expert n'est plus à faire, il est un donné de la situation d'enseignement et d'apprentissage.

Le repérage de ces occurrences se prolonge par une classification des objets déclencheurs d'obstacles selon leur nature. Pour ce faire, notre démarche demeure essentiellement inductive. C'est au cours de notre classement que nos catégories se créent, puis se stabilisent (Van der Maren, 1996). Notre chapitre s'articule alors autour de la description des différentes catégories obtenues. Par la suite, la perspective comparative entre le début et la fin de l'année scolaire conclut notre analyse pour rendre compte des divergences et des similitudes selon la progression annuelle.

Types d'objets des obstacles répertoriés dans deux séquences

En tout, 342 occurrences ont été repérées dans les deux séquences. Pour en rendre compte, nous ordonnons les obstacles rencontrés selon les objets auxquels ils renvoient et les présentons par ordre d'importance en suivant le tableau 5.1.

Tableau 5.1. Nombre et pourcentage des catégories d'objets provoquant des obstacles dans les deux séquences d'enseignement réunies[12]

	Σ TOTALE DES OBSTACLES RÉPERTORIÉS	
Obstacles portant sur la syntaxe	104	(30.4 %)
Obstacles portant sur le vocabulaire	68	(19.9 %)
Obstacles portant sur la phonologie	58	(17 %)
Obstacles portant sur la morphologie verbale	41	(12 %)
Obstacles portant sur l'orthographe	25	(7.3 %)
Obstacles d'un point de vue énonciatif et textuel	46	(13.4 %)
Σ TOTALE	342	(100 %)

Ce sont les obstacles liés à la *structuration de la langue* qui prennent le dessus avec 296 cas en tout, ce qui représente près des trois quarts de nos occurrences : les *aspects syntaxiques* s'imposent avec 104 occurrences, soit 30.4 % ; dans une moindre mesure, ils sont suivis par les obstacles liés au *vocabulaire* avec 68 cas, soit 19.9 % ; les difficultés d'ordre *phonologique* rassemblent, quant à elles, 58 items, soit 17 % ; viennent ensuite les obstacles propres à la *conjugaison* avec 41 cas, soit 12 %, et ceux qui se réfèrent à *l'orthographe*, avec 25 cas, soit 7.3 %. Les obstacles relatifs aux questions *énonciatives et textuelles*, avec 46 cas, ne représentent que 13.4 % des occurrences.

Avant de décrire plus avant chaque rubrique, quelques commentaires s'imposent. Les obstacles répertoriés sur des questions de structuration de la langue diminuent de manière exponentielle : dans l'ordre décroissant, émergent d'abord la *syntaxe*, puis le *lexique*, la *phonologie*, la *conjugaison* et enfin *l'orthographe*. On comprend l'importance des deux premiers éléments. Pour les élèves débutants en français, construire des phrases acceptables d'un point de vue syntaxique et développer un champ lexical suffisamment étendu pour comprendre et se faire comprendre demeurent une priorité. Dans une même logique, la production de mots intelligibles d'un point de

---

12 Pour des raisons de lisibilité, chaque pourcentage est arrondi à une décimale. Cette option montre, dans de rares cas, une différence de 0.1 non significative dans l'addition des pourcentages.

vue phonologique est fondamentale, tout en sachant que la prononciation présente une difficulté supplémentaire, soit parce que l'image sonore des mots courants n'est pas intégrée, soit parce que la correspondance grapho-phonétique en français n'est pas encore acquise. Tout ceci implique par conséquent un nombre important d'interventions didactiques. La question de maitrise de la morphologie verbale à l'oral et à l'écrit est aussi centrale. Néanmoins, la diminution du nombre d'obstacles s'explique par les phénomènes de drill et les mécanismes de décomposition qui structurent l'enseignement de ces objets et qui accompagnent les productions : les élèves apprennent à analyser les formes des verbes présentant le plus de régularité et les exercent par entrainements successifs. Pour ce qui est de l'orthographe, le faible nombre d'items se comprend ainsi : premièrement, les considérations orthographiques impliquent davantage l'écrit et l'objet des séquences analysées est oral ; deuxièmement, étant donné le niveau débutant des élèves, l'orthographe ne se présente pas comme une préoccupation didactique. Il constitue un champ difficilement accessible pour celui qui débute dans l'apprentissage du français, car il exige une maitrise conséquente du fonctionnement de la langue et nécessite l'usage d'un métalangage.

Pour ce qui est des obstacles d'ordre énonciatif et textuel qui se situent sur un autre plan, leur faible nombre est sans doute inhérent aux choix des objets des deux séquences : l'une traite des actes de parole, donc d'énoncés et de phrases, l'autre considère plutôt un genre de texte. Il sera donc intéressant de voir dans quelle mesure une différence significative se repère entre les deux. Quoi qu'il en soit, leur maigre part indique que les productions des élèves restent suffisamment brèves pour ne pas entrer dans des considérations d'ordre textuel et que la logique de transposition interne est calculée pour rester au plus près des zones de développement proximal des élèves débutants.

Dans les sous-chapitres suivants, nous entrons dans la composition de chacune de ces catégories en prenant soin de les illustrer par des exemples significatifs.

OBSTACLES PORTANT SUR LA SYNTAXE

Comme nous venons de l'évoquer, la *syntaxe* crée le plus d'entraves à l'expression avec 104 cas. Cependant, il est moins question de contenus généraux liés à la *construction syntaxique des phrases* que des aspects plus ponctuels comme le *choix du déterminant*, le *choix de la préposition dans le groupe prépositionnel,* ou encore l'*utilisation de l'adverbe* ne *dans les marques de la négation,* comme l'indique le tableau 5.2.

Tableau 5.2. Nombre et pourcentage d'objets en syntaxe provoquant des obstacles dans les deux séquences d'enseignement réunies

NATURE DES OBSTACLES PORTANT SUR LA SYNTAXE	Σ TOTALE DES OBSTACLES RÉPERTORIÉS	
Choix du déterminant	59	(56.7 %)
Construction syntaxique des phrases	21	(20.2 %)
Utilisation de l'adverbe *ne* dans les marques de négation	15	(14.4 %)
Choix de la préposition dans le groupe prépositionnel	9	(8.7 %)
Σ obstacles en syntaxe	104	(100 %)

Décrivons-les par ordre d'importance. La question du *déterminant* dans le groupe nominal s'impose avec 59 items, soit 56.7 %. Il s'agit en premier lieu d'une erreur de choix de déterminant en tant que receveur de genre et de nombre du nom qu'il introduit. Nous l'illustrons par cet extrait, engendré dans l'activité 1.1.1., de la séquence Ens2_A, qui consiste à exprimer ses gouts à partir d'une liste de mots, selon le modèle « j'aime / je n'aime pas ».

El10 : je n'aime pas la froid
Ens2 : je n'aime pas↑
El7 : il fait froid
El10 : il fait froid
Ens2 : non XXX *(désigne une image)*
El7 : le froid
El10 : le froid
Ens2 : encore
El10 : je n'aime pas : le froid
Ens2 : LE / froid masculin

(Ens2_A, activité 1.1.1., 12'30 à 13'00)

L'obstacle concerne ensuite l'absence du déterminant en qualité d'introducteur d'un nom dans une phrase, comme le montre cette interaction de l'activité 1.3.1. d'Ens2_A, servant à proposer des modalisateurs et des verbes qui marquent l'intensité de l'appréciation :

El1 : je déteste vélo
Ens2 : je détesteH *(désigne les articles notés au tableau)*
El1 : le vélo
Ens2 : le / vélo↓
E : le / vélo↓
Ens2 : ça va↑
El1 : je déteste le vélo↓

(Ens2_A, activité 1.3.1., 24'30 à 25'00)

De manière plus subtile, l'obstacle survient aussi lorsque l'élève veut donner son opinion de manière générique :

Ens2 : j'aime :
El4 : j'aime fille
Ens2 : j'aime fille : non↑ j'aimeH
Els : la / FILLE↑
El4 : la fille
El : la fille
Ens2 : non↑
Els : les / filles↑
El4 : LES / filles
Ens2 : des fois c'est pluriel H des fois c'est singulier↓ H allez-y
El4 : j'aime les filles
Ens2 : j'aime les filles H exactement↓ c'est ça

(Ens2_A, activité 3.1.2., 04'30 à 05'00)

Le jeu des formes fusionnées entre la préposition *à* et le déterminant défini pose également problème, notamment dans Ens2_C, avec l'activité 1.5.1. qui encourage à oraliser les textes écrits en vue de la présentation du kamishibaï :

Ens2 : on s'approche
El4 : on s'approche et finalement grâce aux :
Ens : grâce↑
El4 : grâce aux les amis :
Ens2 : aux / amis :
El4 : aux amis : pas les↑
Ens : pas les / non↓
El4 : aux amis : on : on arrive à l'attraper : presque presque↑

(Ens2_C, activité 1.5.1., 18'30 à 19'00)

Ici, El4 répond à deux règles simultanément : fusion de la préposition complexe *grâce à* et du déterminant *les* ; obligation de faire précéder le nom par un déterminant. En commentaire, on constate alors que l'usage des déterminants constitue un problème récurrent à de multiples niveaux pour les élèves des classes d'accueil en fonction des caractéristiques morphologiques des déterminants (genre et nombre, simple et complexe) et de leurs rôles syntaxiques (introducteur de noms, receveur de genre et de nombre). Par ailleurs, comme le relève Ens2 dans cet extrait, cette classe grammaticale n'existe pas ou fonctionne de manière différente selon les langues d'origine des élèves et exige une attention particulière en classes d'accueil :

El3 : j'aime le : chien
Ens2 : attention / dans votre langue *(le serbe)* il n'y a pas ce mot-là / qui est un mot très important en français *(désigne l'article pluriel à l'écran)*
El3 : j'aime les chiens

(Ens2_A, activité 1.1.1., 11'00 à 11'30)

Les obstacles concernant la *construction syntaxique des phrases*, avec 21 cas, soit 20.2 %, concernent de manière saillante la production de phrases construites selon un modèle attendu, notamment dans la première séquence Ens2_A visant à l'expression du gout. Ces dernières doivent être constituées d'un groupe verbal articulant verbe conjugué au présent de l'indicatif, suivi d'un groupe infinitif et d'un complément direct du verbe (exemple : j'adore manger des pommes). Une première interaction didactique illustre la difficulté des élèves. Elle est tirée de l'activité 1.4.1., dont le but est de présenter la structure construite avec « j'aime / je n'aime pas » et des verbes d'action :

El7 : j'aime : les : XX ?
El5 : XX comment on dit↑
El7 : j'aime le courir
Ens2 : j'aime↑ *(lui demande de rectifier)*
El5 : COURIR↑
Els : courir
El7 : le courir↓
Ens2 : c'estH il y a pas LE↑ / LE / LA / LES↑ c'est avec un nom
El7 : <u>courir</u>↑ :
El6 : <u>tu aimes courir</u>
Ens2 : *(encadre au tableau la forme)* si on a le verbe on n'a pas / le / la / les↓ d'accord↑

El7 : AH↑ j'aime courir↓
Ens2 : j'aime courir : exactement↓

(Ens2_A, activité 1.4.1., 00'30 à 01'30)

Cet extrait montre que l'obstacle de l'élève (El7) se produit par *homologie* ou par *plaquage* d'une structure plus simple vue auparavant dans la séquence. En effet, au cours de l'activité 1.1.1., les élèves produisent des énoncés selon le modèle « j'aime/je n'aime pas » à partir d'une liste de noms. L'obstacle se crée donc par généralisation de la tâche précédente.

Ce profil se multiplie dans plusieurs interactions didactiques et se retrouve en fin de séquence dans l'activité 3.1.2., où il s'agit d'oraliser une des phrases écrites sur les expressions de gout en se la remémorant :

Ens2 : *(à El8)* vous commencez↑
El8 : j'aime
El3 : j'aime : le marché↑
Ens2 : j'aime↑
El3 : j'aime le marche XX
Ens2 : ah↑
El3 : je n'aime pas X ?*(indistinct)*
Ens2 : quand vous parlez ça va bien hein : / quand vous parlez ça va H j'aime↑
El3 : marche
Ens2 : MArH
Els : marchEr
Ens2 : marchEr H dites ER /
El3 : marcher

(Ens2_A, activité 3.1.2., 02'00 à 02'30)

Au-delà de l'intégration de cette structure phrastique singulière, la question de l'ordre des mots dans la phrase et la production de phrases syntaxiquement correctes posent problème de manière générale. Notre premier exemple d'interaction didactique est tiré de l'activité 2.1.5. d'Ens2_A, servant à exprimer une nouvelle fois son gout dans le but qu'il soit repris par d'autres selon la structure « tu t'appelles… et tu aimes… ». Il montre notamment que l'utilisation d'une langue étrangère franche, comme l'anglais, peut créer une interférence :

El1 : je m'appelle M *(prénom de l'El1)*/ H j'aime Barcelona : club↓
Ens2 : attendez↓ H encore une fois H écoutez H vous devez mettre dans la tête les phrases des autres H d'accord↑ allez-y↑
El1 : je m'appelle M *(prénom de l'El1)*/ j'aime Barcelona Club↓
Ens2 : Barcelona club comment on va dire↑ / j'aime le club de foot
Ell1 : de Barcelone↑
Ens2 : de Barcelone↓
El1 : J'AIME le Club de foot : de Barcelone↓
Ens2 : OK c'est bien

(Ens2_A, activité 2.1.5., 14'30 à 15'30)

Plus loin, c'est lorsque les élèves doivent reprendre leur énoncé pour en affiner le contenu (activité 3.1.1., d'Ens2_A) que les difficultés émergent de manière forte :

Ens2 : j'aime regarder / QUOI à la télé↑
Els : *(répondent en même temps)* films XX eh
El8 : film/ il est : triste
Ens2 : alors : j'aime regarder les films tristes↑

(Ens2_A, activité 3.1.1., 03'30 à 04'00)

En effet, détailler l'expression du gout exige la construction de phrases plus complexes. Dans ce dernier extrait, El8 peine à compléter la phrase commençant par « j'aime regarder ». Par conséquent, il en produit une seconde, subséquente, détachée de la première d'un point de vue syntaxique et sémantique selon une forme qui s'assimile à une emphase (« film/ il est triste »).

La question de l'ordre des mots et la construction de phrases complètes se retrouvent également à l'écrit dans la deuxième séquence *Récits de vie oraux sous forme de kamishibaï* (Ens2_C), notamment dans l'activité 1.4.2. (2e partie) pour définir un kamishibaï en complétant une fiche :

Ens2 : présenter : le kamishibaï↓ hein : c'est quoi↑ qu'est-ce que c'est↑ le kamishibaï↓
El7 : XX c'est un XX qui vient du Japon : / on utilise pour XX ? *(peu audible)*
Ens2 : ça fait longtemps :
El1 : X depuis : longtemps des années
Ens2 : depuis : depuis longtemps des années ça va pas↓ ça fait longtemps : /QUE *(note au TN)*

El1 : que : : on l'utilise

Ens2 : voilà↓ *(note au tableau)* ça fait longtemps que : ça existe/ ou bien/ ça fait longtemps : qu'on utilise : / le kamishibaï

(Ens2_C, activité 1.4.2. (2ᵉ partie), 20'00 à 21'30)

On constate alors que le niveau de complexité des phrases à produire, tant au niveau sémantique que syntaxique, a évolué entre les premières productions de la séquence Ens2_A et celle-ci. D'un point de vue grammatical, ici, c'est l'opération d'enchâssement d'une subordonnée d'une part et d'autre part la construction du groupe prépositionnel commençant par *depuis* qui font obstacle.

Le deuxième point qui ressort de notre corpus renvoie à l'*utilisation de l'adverbe* ne *dans les marques de négation*, avec 15 cas, soit 14.4 % des obstacles en syntaxe. Ils apparaissent majoritairement dans la première séquence pour l'expression du gout (Ens2_A). On constate alors que c'est la distinction entre pratiques orales acceptées et normes de la langue écrite qui crée l'interférence, comme le précise Ens2 dans cet échange, extrait de l'activité 1.1.1. :

El6 : j'aime pas

El5 : je n'aime : pas

Ens2 : attention↑ c'est/ oral↓/ *(note avec signe d'attention et répète l'expression)*// j'aime pas/ on peut écouter ça/ et pour écrire↑

El5 : je/ N'AI :me pas

El : je n'aime pas

Ens2 : je n'aime pas↓ *(note)* // JE/ N'aime/ pas↓ / OK↑

(Ens2_A, activité 1.1.1., 07'30 à 08'30)

Deux commentaires peuvent alors être faits. Le premier tend à montrer que c'est la tâche qui crée l'obstacle. Dans ce cas, ce dernier serait didactique : d'un côté, les élèves sont invités à exercer l'expression du gout, en tant qu'outils mobilisables en milieu endolingue pour entrer en relation avec d'autres au cours de communications orales ; d'un autre côté, c'est à l'occasion de ces énoncés oraux que les normes écrites sont enseignées. Un conflit résulte de ce double objectif et crée une confusion entre ce qui est dicible ou non selon le cadre référentiel dans lequel on se situe. Comme le note Astolfi (1992), « il apparait que de nombreux obstacles se présentent comme des constructions didactiques (largement involontaires évidemment), lesquelles correspondent à ce que les élèves ont cru pouvoir inférer à partir des situations d'enseignement qu'on leur a proposées » (p. 105). Le deuxième commentaire soulève que les pratiques langagières ordinaires des élèves en milieu endolingue méritent d'être investies en cours de français, soit pour éviter la fossilisation des erreurs de langue, soit pour donner un statut sur les tolérances langagières selon la norme.

Enfin, le troisième type d'objets donnant lieu à des obstacles liés à la syntaxe se réfère au *choix ou à l'absence de la préposition dans le groupe prépositionnel*, avec 9 cas, soit 8.7 %. Voici deux interactions significatives illustrant ces deux cas de figure. Elles sont toutes deux issues de la séquence Ens2_A. Le premier exemple est extrait de l'activité 3.1.1. (2e partie), dans laquelle les élèves écrivent dix expressions de gout en affinant le contenu. Ens2 en profite pour réviser quelques productions :

> Ens2 : *(en lisant les énoncés d'El1)* j'aime partir au Somalie / c'est ça↑
> El1 : oui madame
> Ens2 : EN / c'est pas / au : Somalie↓
>
> (Ens2_A, activité 3.1.1. (2e partie), 04'00 à 04'30)

Nous sommes en présence d'une erreur dite classique dans l'enseignement du français pour des élèves allophones où le choix de la préposition commandée par le mot qui la suit, ici les noms de pays[13], reste problématique.

Le deuxième exemple d'échange, qui provient de l'activité 2.1.5. pour exprimer son gout et reprendre celui de l'autre, marque l'absence de la préposition réclamée par le mot qui la précède, dans notre cas, le verbe *jouer* :

> El4 : je : m'a :ppelleH *(rit)* je m'appelle C. *(nom de l'El4)*↑ j'aime jouer l'ordinateur
> Ens2 : jouer / à / l'ordinateur
> El4 : jouer àH
>
> (Ens2_A, activité 2.1.5., 18'00 à 18'30)

---

13 La préposition *à* est de rigueur devant un nom de pays masculin singulier commençant par une consonne (Il vit au Canada) ; la préposition *en* est exigée devant un nom féminin ou masculin commençant par une voyelle (Il vit en Italie).

Comme le rappellent Chartrand, Aubin, Blain et Simard (1999), « le choix de la préposition est souvent délicat. Il faut consulter un dictionnaire au mot (verbe, adjectif, nom) qui commande une préposition afin de déterminer celle qui convient » (p. 216). L'exercice est difficile. Les apprenants procèdent alors par tâtonnement, soit en se référant aux marques linguistiques de leur langue première, soit en usant des prépositions rapidement accessibles dans leur répertoire, comme les prépositions *à* et *de*.

Globalement, les difficultés majeures des élèves de classes d'accueil concernent la construction des groupes nominaux et le choix des déterminants. Les causes sont de nature linguistique (morphologie et rôles syntaxiques des déterminants), marquées par une différence d'usage entre la langue d'origine de l'apprenant et le français. Deuxièmement, ce sont les structures grammaticales et la forme négative des phrases qui posent problème. Si les premières sont générales et soulignent un manque global de maitrise pour ordonner les mots dans la phrase, la deuxième reste ponctuelle et se réfère plutôt à l'ambigüité du dispositif de l'enseignant. En effet, l'obstacle est déclenché par la situation didactique où les formes orales et écrites se conjuguent de manière confuse : l'une est au service de l'autre, alors que la situation de communication invite à penser le contraire. Troisièmement, les choix et l'absence des prépositions restent un problème récurrent, difficile à résoudre autant pour l'élève allophone que francophone (Chartrand *et al.*, 1999). En conclusion, nous relevons que les obstacles en syntaxe sont propres à la situation didactique : parce qu'il y a une centration sur une dimension de l'objet dans le cadre des deux séquences, parce que le milieu didactique donne lieu à quelques confusions. De fait, ce sont moins les capacités langagières des élèves qui traduisent le nombre élevé d'obstacles ponctuels que la sélection importante d'énoncés à produire dans les activités scolaires.

OBSTACLES PORTANT SUR LE VOCABULAIRE

Les obstacles portant sur le vocabulaire forment la deuxième catégorie par importance de notre corpus. Bien que leur nombre diminue de près de deux tiers par rapport à la catégorie précédente, ils indiquent que l'apprentissage de la langue du pays d'accueil passe par l'acquisition et la maitrise des mots pour comprendre et pour dire : sur les 68 occurrences, 39 concernent la *compréhension du lexique*, soit 57.4 % de la totalité des obstacles en vocabulaire ; 29 items ont trait au *choix des mots pour désigner un concept ou une chose*, soit 47.6 % (*cf.* tableau 5.3). Ces résultats laissent à penser que le processus d'appropriation du lexique, du moins au début des apprentissages, passe d'abord par une phase de réception, suivie par une phase d'utilisation, où la sélection des mots pour s'exprimer dans des activités langagières devient problématique. La littérature confirme cette perspective en décrivant une didactique « solidement fondée par des héritages institutionnels et culturels dont l'enrichissement lexical est le principal objectif » (Paveau, 2000, cité par Nonnon, 2012, p. 35). Une tension devient dès lors perceptible entre un enseignement explicite et métalinguistique du lexique coupé de son utilisation dans des productions verbales effectives et un travail moins systématique, voire implicite, par intégration du lexique aux activités langagières (Nonnon, 2012). Car, en fin de compte, l'usage du lexique se situe bien à l'interface de la structuration de la langue et des « processus de catégorisation et de conceptualisation de l'expérience » (p. 39).

Tableau 5.3. Nombre et pourcentage d'objets en vocabulaire provoquant des obstacles dans les deux séquences d'enseignement réunies

NATURE DES OBSTACLES EN VOCABULAIRE	Σ TOTALE DES OBSTACLES RÉPERTORIÉS	
Compréhension du lexique	39	(57.4 %)
Choix de mots pour désigner un concept ou une chose	29	(42.6 %)
Σ obstacles en vocabulaire	68	(100 %)

D'un point de vue qualitatif, les premiers obstacles liés à la *compréhension du lexique* s'appliquent à la découverte puis à l'adoption d'un vocabulaire proposé par l'enseignant. En effet, au cours de la séquence Ens2_A, des listes de mots nouveaux sont données à l'avance pour motiver et entrainer l'expression du gout dans des champs sémantiques variés (lieux géographiques, objets, animaux, loisirs, nourritures, etc.). De fait, des obstacles jaillissent dès qu'il s'agit de saisir le sens de ces différents items. En voici un exemple, extrait de l'activité 1.1.1 d'Ens2_A :

Ens2 : les chiens↓ *(montre le mot et le dessin d'un chien, puis d'un chat)* / / chat↑ / chien↑ ça va pour tout le monde↑
Els : non non
Els : chat/ c'est miaou miaou
Ens2 : chat/ miaou / / et chien↑
Els : ouah/ ouah

El5 : ouaf↑
Ens2 : ouaf / ouaf↓

(Ens2_A, activité 1.1.1., 08'30 à 09'00)

De manière plus large, ces listes se rapportent aussi à des mots intégrés dans des formules expressives toujours dans le but d'agrémenter les productions des élèves lorsqu'ils expriment leurs gouts (voyager en voiture, diner avec des amis, marcher en ville, etc.). Même si elles suscitent moins d'obstacles – les élèves peuvent inférer le sens du mot incompris à partir de l'ensemble de la formule – elles soulèvent toutefois quelques interrogations. Certaines restent troublantes dans la mesure où les exemples fournis par Ens2 pourraient facilement appartenir au registre langagier des élèves en situations ordinaires :

Ens2 : d'accord : téléphoner à des amis↑
El6 : moi oui
I : vous aimez↑
El6 : oui
El10 : madame↑ je comprends pas ça↑
I : téléphoner↑ *(gestuelle)*
El10 : oui
Ens2 : avec des amis↑ ah salut↑ ça va↑ ça marche↑

(Ens2_A, activité 1.4.1., 06'30 à 07'00)

Cet exemple souligne l'insécurité linguistique de quelques apprenants qui sollicitent une explicitation de termes courants et familiers, sans doute pour compenser leur pratique moins soutenue de la langue en milieu endolingue ou pour baliser l'apprentissage du français dont les irrégularités et la complexité occasionnent quelques réserves pour une approche plus spontanée de la langue. Ces demandes sont parfois formulées dans le but de pondérer des différences fortes entre les langues d'origine et le français. L'exemple suivant, né d'une transition entre deux activités de la séquence Ens2_C en fin d'année, est également symptomatique sur ce point :

El5 : c'est quoi le maillot de bain↑
Ens2 : c'est quoi le maillot de bain↑ si je coupe le mot : C. *(nom de l'El5 dont la langue d'origine est le chinois)*↑
El5 : bain
Ens2 : BAIN↑ alors qu'est-ce que ça peut être↑

El ? : short

Ens2 : je vous explique la situation/ on va à côté de la piscine/ on va à la plage :
il y a de l'eau : je vous dis de prendre la serviette et le maillot de bain : // voyez le
bain : // C. (*nom de l'El5*)↑ / j'arrive pas à croire que vous n'arrivez pas à trouver
une solution/ D. (*nom de l'El6*) vous pouvez lui expliquer↑

El6 : eh : oui c'est le short

(Ens2_C, transition précédant l'activité 1.4.2. (2ᵉ partie), 07'30 à 07'30)

La suite de nos analyses montre que les difficultés des élèves en vocabulaire
ne sont plus associées au dispositif de documentation lexicale de l'enseignant. Elles sont provoquées par les propositions spontanées d'élèves en
cours des échanges. Voici en exemple l'interaction suivante, tirée de l'activité 1.2.2. d'Ens2_A, qui consiste à citer des verbes se conjuguant sur le
modèle du verbe *aimer* :

El7 : préférer

[...]

El5 : c'est quoi↑ XX préHférer : c'est quoi : ↑ XX (*indistinct*)

Ens2 : c'est ça↑ H votre question M. ↑ (*prénom de l'El5*)

El5 : oui

Ens2 : préférer c'est aimer plus/ tu préfères le français↑ ou les mathématiques↑
c'est quoi que tu/ aimes/ plus↑ / tu préfères la glace au chocolat↑ ou la glace à la
fraise↓

El5 : la glace à la fraise↓

Ens2 : voilà↓ elle/ elle préfère la glace à la fraise // MOI/ je préfère la glace au
chocolat↓

(Ens2_A, activité 1.2.2., 03'30 à 04'00)

Plus loin, les obstacles s'enchainent par effet de cascade suite à la tentative
d'explicitation d'Ens2, comme le montre cet autre extrait, qui suit immédiatement l'interaction précédente :

El1 : madame c'est quoi fraise↑

Ens2 : fraise c'est un fruit/ rouge (*dessine une fraise au tableau*)

(Ens2_A, activité 1.2.2., 04'00 à 04'30)

Le vocabulaire incompris renvoie également, dans de rares cas, à l'utilisation de mots dans une des langues d'origine des élèves. Le fragment

suivant en est un exemple. Il est issu de l'activité 3.1.1. (2ᵉ partie) visant à répéter à l'oral quelques expressions de gout :

El3 : *döner*
El2 : ça c'est le turc↓ madame
Ens2 : c'est le turc↑ *(rires)*
El7 : c'est quoi donoirum madame↑
El2 : *döner*
El3 : XX je mets XXX
Ens2 : on peut direH c'est un mot turc↑ comment on dira en français↑ si vous pouvez expliquer↑ c'est les kebabs↑
El2 :c'est les kebabs madame↓ les pains↓ le pain ici / il est comme ça *(dessine la forme sur la table)*

(Ens2_A, activité 3.1.1. (2ᵉ partie), 06′00 à 06′30)

Sur ces différents points, deux remarques peuvent être ajoutées : premièrement, les mots choisis par l'enseignant pour expliciter doivent convenir à la zone proximale de développement des élèves pour ne pas ajouter de la complexité à ce qui l'est déjà ; deuxièmement, l'étendue et la variété des champs lexicaux connus des apprenants marquent quelques disparités au sein d'une même classe. Ceci rappelle que l'exercice de la langue en milieu endolingue demeure un facteur important d'apprentissage et de maitrise (Gajo, 2001). Bien qu'elles soient déjà encouragées, les pratiques d'immersion méritent d'être plus amplement évoquées en classe d'accueil. Le but est de faire émerger les stratégies ou les tactiques des élèves (Adami, 2009) dans la découverte du français en situations ordinaires pour mettre en perspective les différentes modalités d'apprentissage et d'expérimentation de la langue. Mais surtout, les expériences spontanées des apprenants invitent à des explicitations ou des reformulations à partir de leurs difficultés ponctuelles.

Enfin, quelques obstacles lexicaux dénotent un intérêt autre que langagier. Les deux prochains exemples indiquent que le questionnement des élèves sur le lexique se déplace pour atteindre des enjeux sociaux, personnels, voire intimes. Les deux extraits sont nés de l'activité 3.1.1. (2ᵉ partie) d'Ens2_A visant à redire des appréciations de manière précise dans le but de les écrire par la suite :

El2 : j'aime pas/ LA/ marijuana
Els : la H marijuana↓ H c'est quoi ça madame↑ *(rires)*

> El2 : cannabis
> Ens2 : /le/ cannabis / c'est quoi ça↑
> El2 : le cigarette madame comme ça / c'est leH
> Els : XX
> Ens2 : c'est pas une cigarette c'estH c'est une↑ *(rires)*
> El2 : XX j'sais pas
> Ens2 : c'est une↑ / / c'est une drogue↓ / c'est une substance de drogue / d'accord↑ /
> *(lit)* je n'aime / PAS/ la marijuana↓
> El4 : c'est quoi marijuana↑
> Ens2 : c'est une drogueH <u>tu</u>
> El3 : <u>ça va pas ça</u>
> Ens2 : on fume/ qui fait ouh : : : : : *(gestuelle)*
> El4 : AH :
> El2 : M *(nom de l'El11)* aime fumer ça↑ madame
>
> (Ens2_A, activité 3.1.1. (2ᵉ partie), 10'30 à 11'00)

Le deuxième exemple est dans la même veine. Il montre que les obstacles s'ouvrent comme des invitations au dialogue sur des préoccupations d'un public adolescent :

> El2 : j'aime : faire / eh l'amour
> Ens2 : j'aime faire l'amour↑ / avec FAIRE : avec FAIRE
> El11 : c'est quoi ça↑
> Els : *(rires)*
> Ens2 : faire l'amour / c'est quoiH↑ vous connaissez pasH l'amour↑ vous comprenez l'AMOUR quand même↑
> El11 : oui
> Ens2 : quand vous parlez d'amour/ voilà H faire l'amour↓ avoir des relations/ physiques/ avec quelqu'un / FAIRE/ / je pense que vous comprenez très bien XX le verbe XX : avoir des relations sexuelles : avoir des relations physiques avec quelqu'un↓
>
> (Ens2_A, activité 3.1.1. (2ᵉ partie), 09'30 à 10'00)

En bref, l'analyse des obstacles liés à la compréhension du vocabulaire montre que la conquête de la langue se déroule par confrontations : confrontation de l'élève à un savoir déjà planifié qui s'étoffe progressivement (passage de mots isolés à des mots intégrés dans des formules expressives) ; confrontation de l'enseignant à un déjà-là des apprenants, acquis en milieu endolingue, qu'il s'agit de mettre en évidence pour entrer dans une perspective de construction d'un répertoire partagé de mots ; confrontation des primoarrivants à des dimensions sociales, culturelles et identitaires, révélées au moyen du lexique. L'obstacle devient alors une ouverture à en savoir davantage, tout en obligeant les acteurs de la relation didactique à se décentrer, à poser des questions et à s'interroger en retour. Le rôle de l'enseignant consiste alors à négocier les difficultés des apprenants selon leurs capacités, parfois difficiles à situer étant donné l'hétérogénéité des parcours et des progressions.

Toujours d'un point de vue qualitatif, la deuxième catégorie d'obstacles à propos du lexique porte sur le *choix de mots pour désigner un concept ou une chose*. Il ressort manifestement de notre corpus les situations d'embarras où un mot manque à l'élève pour exprimer sa pensée. Dès lors, ce dernier procède par tâtonnement en circonscrivant progressivement son propos par des exemples, des bribes de définition du mot recherché. Notre exemple est prélevé d'une transition, servant d'ouverture à la séquence Ens2_A :

El6 : Madame↑ comment s'appelle ça↑ j'ai mal ici *(on ne le voit pas)*
El : bouton'e
Ens2 : cou↑
El6 : cou↑
Ens2 : où ça / ça fait mal↑
El6 : il y a comme : pallon *(ballon)*
Ens2 : mais dedans↑ où↑ sur la peau↑
El5 : il y a pas de dents↑
Ens2 : dedans *(gestuelle et rires des élèves)*
El3 : XX *(indistinct)*
Ens2 : non : dedans c'est les amygdales
El6 : non : il y a comme une petite X comme *(ballon/balle ?)* là
Ens2 : c'est la peau↑ c'est la peau *(désigne la peau sur sa main) (rires)*
El6 : c'est pas *(beau/balle ?)* maintenant
Ens2 : c'est un bouton↓ *(note le mot au tableau)*
El3 : bouton↑ oui : bouton madame↓

(Ens2_A, transition précédant l'activité 1.1.1., 05'00 à 06'00)

Notre analyse montre que les élèves procèdent ainsi de manière intuitive en jouant sur les sonorités probables du mot recherché. Le prochain extrait provient de l'activité 1.4.1. d'Ens2_A permettant d'exprimer des phrases construites avec « j'aime », « je n'aime pas » et des verbes d'action :

El7 : j'aime LA : condeur↑
Ens2 : la : couverture↑
El1 : c'est quoi↑ coun :/convertureH↑
Ens2 : c'est quoi la counv/derture H
El1 : conducteur
Ens2 : attends↑
El7 : la counverture
El8 : counvrir :
El7 : une personne qui est :
[…]
El10 : <u>chauffeur</u>
El : les <u>conduire</u>
El78 : <u>condUIRE</u>↑
Ens2 : conduire H c'est pas LE ou LA↑ / j'aime :
El11 : conduire
El10 : AH↑ conduire : bus↑
El7 : ah : conduire oui↑

(Ens2_A, activité 1.4.1., 27'30 à 28'30)

Une autre stratégie de l'élève consiste à profiter d'une langue franche, en l'occurrence l'anglais, pour pointer l'obstacle qui se pose à lui, comme le montre cet échange issu de l'activité 1.1.1. d'Ens2_A pour exprimer ses gouts avec « j'aime », « je n'aime pas » :

El5 : commentH comment écrit/ quiet↑/ *(répète le mot, mais ne parvient pas à le prononcer correctement – regard interrogatif d'Ens2)*/quiet/ anglais↑ /quiet↑
Ens2 : *(rectifie la prononciation et donne la traduction)* quiet/ calme↓
El5 : commentH
Ens2 : LE/ calme↓ *(note au tableau le mot en français)*
El5 : calme
Ens2 : j'aime le calme↓

(Ens2_A, activité 1.1.1., 15'00 à 15'30)

La deuxième source de difficultés à propos du choix et de la confusion de mots par les apprenants s'applique aux impropriétés, « causée par la rencontre de mots qui sont incompatibles sur le plan du sens ou qui ne conviennent pas au contexte » (Chartrand *et al.*, 2011, p. 379). Voici un exemple tiré de l'activité 1.4.3. d'Ens2_C servant à présenter les étapes de l'élaboration du projet kamishibaï :

El4 : je vous montre : comment on a fait le kamishibaï↓
Ens2 : non/ je vous explique- comment
El4 : j'explique
Ens2 : comment on fait

(Ens2_C, activité 1.4.3., 29'00 à 29'30)

Enfin, la troisième source d'obstacles est inhérente à la confusion de mots qui « se ressemblent ». Trois cas de figure émergent de notre analyse : soit les mots ont des liens de dérivation, comme le montre cet extrait de l'activité 1.3.2. d'Ens2_C, qui encourage la production de phrases pour évoquer l'évolution de l'élève depuis son arrivée en Suisse :

El2 : la nerveu madame :/ on dit↑
Ens2 : la nervosité :/ je suis nerveuse/ ou bien j'ai beaucoup de : nervosité
El2 : la nerveuse↑
Ens2 : non la nerveuse c'est pas possible

(Ens2_C, activité 1.3.2., 23'30 à 24'00)

Soit parce que les mots ont des consonances proches tout en conservant des traits sémantiques distinctifs, comme nous le voyons ici avec l'activité 3.1.1. (2ᵉ partie) d'Ens2_A, servant à affiner l'expression du gout. Ici l'élève (El5) tente d'expliquer son sport favori (tennis ou badminton) :

Ens2 : G. (*prénom de l'El5*)↑ c'est pas grave/ c'est un exemple :/ d'accord↑ elle peut chH elle peut décider de dire l'un ou l'autre/ est-ce que vous pouvez nous donner plus d'informations↑ j'aime jouer au tennis : comme ça↑ (*montre dehors*)
El2 : au soleil
Ens2 : AH ben non/ oui↑ H au soleil↑
El5 : dehors
Ens2 : au soleil : dehors
El2 : ou au : salon↑ madame :/ salon : comment↑ on dit :↑/ salle↑
El11 : (*amusé*) salon
El2 : dans une salle

(Ens2_A, activité 3.1.1. (2ᵉ partie), 07'30 à 08'00)

Soit encore parce que les mots sont homonymes, avec un exemple tiré de la même activité :

El3 : je suis une louche
Ens2 : je louche↑
El3 : je suis louche
Ens2 : vous louchH je louche ouais↓// pourquoi vous louchez aujourd'hui↑
El ? : louche QUOI↑ madame↑ :
Ens2 : alors↑ pourquoi vous louchez aujourd'hui↑

(Ens2_A, activité 3.1.1. (2ᵉ partie), 08'00 à 08'30)

Soit enfin parce qu'il existe des mots d'origine étrangère proche du français d'un point de vue phonétique et sémantique, comme le montre cet échange de l'activité 1.1.1 d'Ens_A visant à spécifier la forme négative des phrases :

El4 : madame c'est/je ne fame pas↑ *(mot signifiant la faim en italien)*
Ens2 : ne : ↑
El4 : fame pas↓
Ens2 : non↑ le verbe/ AVOIR :/ c'est quoi le verbeH ↑
El4 : j'ai fame
Ens2 : j'ai/ faim↓ *(note au tableau)*

(Ens2_A, activité 1.1.1., 08'30 à 09'00)

En première conclusion, les obstacles en vocabulaire se distinguent selon les objets qu'ils considèrent, mais aussi en fonction du sens qu'on peut leur donner. Si la découverte d'un lexique marque de manière forte quelques écueils, dus manifestement à un décalage entre la progression des contenus et les capacités des élèves, à un manque de pratiques immersives en contexte, ou bien à un éloignement entre la langue d'origine et le français, ou encore à une absence de prise de risque pour déduire la signification des mots incompris, le choix des mots pour s'exprimer est d'un autre ordre. Il révèle que les élèves sont capables de stratégies pour développer au mieux leurs pensées, soit par définitions lapidaires, soit par essais-erreurs (mots à consonance proche, homonymes et mots dérivés). Ceci montre que l'obstacle devient typiquement une trace perceptible de leurs capacités langagières en construction, de leur interlangue, de leur inventivité pour se faire comprendre et donner du sens à leur propos. L'obstacle devient donc un indicateur fort des processus d'apprentissages et révèle par conséquent leur zone de développement proximal. Il s'inscrit comme un outil didactique approprié pour tirer parti des connaissances des élèves et élaborer les dispositifs d'enseignement.

Deuxièmement, on rappelle que la « pédagogie de la liste [de mots de vocabulaire] reposant sur le postulat que la connaissance du mot suffit à la maitrise de ses usages en discours » (Nonnon, 2012, p. 37) reste problématique. Certes, elle conserve une utilité pour des élèves débutants, mais mérite d'être prolongée. Deux options deviennent possibles en classes d'accueil pour éviter l'illusion didactique de leur réinvestissement tel quel en milieu endolingue. D'abord, la découverte des mots est directement associée à une production d'actes de parole. Ensuite, l'apprentissage des mots se fait davantage de manière intégrée en fonction des apports des élèves, au gré de réajustements et de corrections, dans le but de coconstruire une culture commune. Car les obstacles des apprenants deviennent le point de départ des interventions didactiques en misant sur une autre manière de diffuser le vocabulaire au sein de la classe. Prendre en compte les erreurs lexicales d'un élève sert à réajuster ses connaissances, mais aussi celles de ses pairs. Dans cette dynamique, l'étude du lexique advient désormais en fonction des contextes des interactions, révélés à partir des productions des élèves.

Troisièmement, les obstacles lexicaux, principalement situés dans trois catégories dominantes – les noms, les verbes et les formules expressives – donnent lieu à des interventions de trois types : simples reprises du mot erroné, jeu sur la polysémie du mot, explicitation du sens en variant les contextes d'utilisation et les usages dans la phrase. Ces différentes options montrent déjà le déploiement possible des séquences potentiellement acquisitionnelles, même si les gestes de régulation seront traités plus amplement dans le prochain chapitre.

OBSTACLES PORTANT SUR LA PHONOLOGIE

Les obstacles phonologiques s'imposent fortement. Il est intéressant de souligner que leur part, avec 58 occurrences, avoisine celles des difficultés d'ordre lexical, déjà déterminantes par leur ampleur. Ce constat marque la récursivité des difficultés pouvant nuire à l'intelligibilité de l'expression des élèves, même s'ils ne se rapportent ici qu'à la dimension orale de la langue. En les examinant attentivement, nous pointons quelques traits spécifiques : la *prononciation des mots* reste la plus problématique avec 40 cas, soit 69 % des obstacles en phonologie, puis plus modestement et de manière équivalente, la *correspondance graphophonologique en lecture* avec onze items, soit 19 %, et enfin le cas de *l'élision du e* avec sept références, soit 12.1 %. Le tableau 5.4 fait état de ces différents résultats. Ces regroupements se distinguent par les critères suivants : expression orale spontanée versus expression des mots avec appui d'une lecture des graphèmes.[14]

Tableau 5.4. Nombre et pourcentage d'objets en phonologie provoquant des obstacles dans les deux séquences d'enseignement réunies

NATURE DES OBSTACLES PORTANT SUR LA PHONOLOGIE	Σ TOTALE DES OBSTACLES RÉPERTORIÉS	
Prononciation des mots	40	(69 %)
Correspondance graphophonologique en lecture	11	(19 %)
Cas de l'élision du e	7	(12.1 %)
Σ obstacles sur la phonologie	58	(100 %)

Nos observations qualitatives montrent que les obstacles ayant trait à la *prononciation des mots* touchent à deux cas de figure : la prononciation de mots isolés et la prononciation induite par l'association de deux mots comportant une liaison. Pour le premier cas, il s'agit des digrammes *en*, *in*, *un*, qui sont tour à tour articulés au moyen de deux phonèmes. Voici un exemple d'interaction qui illustre ceci. Il est extrait de l'activité 1.4.3. d'Ens2_C, servant à rappeler la réalisation de dessin en vue de produire un kamishibaï :

Ens2 : c'est quoi le corps↑
El1 : le corps : /ène dessine
Ens2 : ène dessine↑
El1 : ène/ dessine
Ens2 : en dessin : *(rectifie la prononciation)*
El1 : en dessin↑

(Ens2_C, activité 1.4.3., 03'30 à 04'00)

L'autre difficulté dominante s'applique à la prononciation des lettres finales muettes de quelques mots, comme *chocolat, résultat*. En voici une illustration, tirée de l'activité 2.1.5. d'Ens2_A pour l'expression du gout :

---

14 Nous avons démarqué *l'élision du e* des deux autres sous-catégories tout simplement pour relever la récurrence de ce type d'erreurs dans nos données.

El3 : je m'appelle M. *(prénom de l'El3)* et j'aime : le chocolate :
Ens2 : *(rectifie la prononciation sans le -t- final)* le/ chocolAt↑
El3 : le chocolAt
Ens2 : il y a pas le T à la fin / encore
El3 : je m'appelle M. *(prénom de l'El3)* et j'aime : le chocolat

(Ens2_A, activité 2.1.5., 17'30 à 18'00)

Cet obstacle s'observe également avec les terminaisons *-ent* et *-es* au présent de l'indicatif, toutes deux muettes, mais prononcées par les élèves. On le voit parfaitement dans cet exemple, extrait de l'activité 1.1.2. d'Ens2_C ayant pour but de conjuguer oralement des verbes au présent de l'indicatif :

El4 : ilse partant *(pour signifier ils partent)*
Ens : ilse↑
El4 : partant
Ens : partent↓/ d'accord↑ *(note)* ils :/je n'entends pas le s ://partent/ je n'entends pas le /e/n/t

(Ens2_C, activité 1.1.2. (1ʳᵉ partie), 12'00 à 12'30)

Les difficultés des primoarrivants pour la prononciation des mots sont aussi dues à l'attribution d'une valeur sonore à un graphème, induite à partir de leur langue d'origine. Ces obstacles sont saillants en particulier avec le graphème *u* prononcé [u] et avec *e* prononcé [e]. Cette incidence est visible au cours de cette interaction provenant de l'activité 1.1.7. d'Ens2_C permettant d'exercer à l'oral la conjugaison des verbes au passé composé :

El7 : nous nous lavons
Ens2 : nous nous lavons↓/ on va passer au passé composé :/ première question
El7 : c'est avoir↑
Ens2 : alors c'est quel verbe↑
El7 : sé <u>laver</u>
El2 : <u>sé laver</u>
Ens2 : non
El7 : se laver↓
Ens2 : SE laver↓/ *(montre le schéma au tableau)*

(Ens2_C, activité 1.1.7., 28'00 à 28'30)

La question d'ajout ou de suppression d'un phonème par rapport au mot original est également flagrante dans plusieurs cas. Le prochain exemple montre que le mot prononcé par l'élève existe en français, mais ne convient pas à la structure de l'énoncé. Il est issu de l'activité 3.1.1. (2ᵉ partie) d'Ens2_A pour rappeler des expressions de gout dans le but de les écrire après :

El7 : je n'aime pas cuisinier
Ens2 : je n'aime pas↑
El7 : cuisinier
Ens2 : cuisinER↑ c'est un verbe↑ *(rectifie la prononciation et note)*

(Ens2_A, activité 3.1.1. (2ᵉ partie), 11'30 à 12'00)

Dans d'autres cas, le mot n'a pas d'équivalent en français, comme nous le voyons ici, avec cette interaction, isolée de l'activité 2.1.5. d'Ens2_A, consistant à exprimer son gout en veillant à la prononciation :

El7 : j'aime dessinier
Ens2 : dESSiner
El7 : dessI :ner
[...]
El7 : je peux pas dire
Ens2 : essayez encore une fois↑ juste ça↓ j'aime dessiner
El7 : j'aime dessiner/ dessiner

(Ens2_A, activité 2.1.5., 14'00 à 14'30)

Enfin, le dernier obstacle au sujet de la prononciation des mots isolés est détecté lorsque les élèves expriment une idée à l'aide d'un mot peu maitrisé d'un point de vue phonologique, mais dont ils gardent une image sonore globale. Nous le voyons notamment dans l'usage d'un lexique moins usité comme l'indiquent ces deux exemples. Le premier est prélevé de l'activité 3.1.1. (2ᵉ partie) d'Ens2_A pour rappeler des expressions de gout dans le but de les écrire par la suite :

El1 : j'aime éror :mément
Ens2 : attendez : comment↑
El1 : j'aime H ér : éromément
Ens2 : énormément↓ c'est ça↓
El1 : j'aime énormément H j'aime une fille↑

(Ens2_A, activité 3.1.1. (2ᵉ partie), 12'00 à 12'30)

Le second provient de l'activité 1.4.3. d'Ens2_C permettant de conjuguer quelques verbes au passé composé pour présenter les étapes de l'élaboration du projet kamishibaï :

El1 : en dessin↑ : nous tran : tranfèserons
Ens2 : non : XX tran :
[...]
El1 : eh nous avons eh : feH feXX
Ens2 : non : encore le verbe :
El1 : nous avons : fe :
Ens2 : non c'est pas un -fe- : -tr-
El1 : trans-<u>forsemé</u>
Els : <u>transformé</u>
Ens2 : alors / c'est transformé

(Ens2_C, activité 1.4.3., 04'00 à 05'00)

Plus loin, la gestion du système phonologique en français a rapport à l'association contigüe de deux mots et les phénomènes de liaison. Ce cas est particulièrement patent lorsque l'agencement des mots présente une allitération. On le voit notamment dans l'exemple suivant, tiré de la transition précédant l'activité 1.1.1. d'Ens2_A, où les élèves débutent la séance en donnant la date du jour :

El5 : madame↑ le quatre eh : plus le octobre
Ens2 : qu'est-ce que ça change↑ *(note au tableau « quatre »)*
El5 : quatre
El9 : quatre
El5 : trOctO :bre
Ens2 : exact↑ / qua/tRoc/tobre↓ / / qua/tRoc/tobre↓
El6 : quatre ter : tobre
El5 : comme ça↑
Els : qua/tRoc/tobre

(Ens2_A, transition précédant l'activité 1.1.1., 03'30 à 04'00)

En guise de remarques générales sur la prononciation des mots, nous constatons que les embuches sont multiples et variées. Elles sont typiques des contradictions d'ordre phonologique selon la classe des mots (ils dorment, énormément), des ambivalences d'après leur signification (il mange plus, il ne mange plus) ou, de manière plus large, des liaisons entre mots.

Par ailleurs, les obstacles peuvent être causés par un manque de compréhension des modes d'agencement des graphèmes donnant lieu à des prononciations distinctes (il dessine, le dessin ; il constate, le constat). Ajoutons à cela les interférences causées par les variations des correspondances graphophonologiques entre la ou les langues d'origine des élèves et le français (notamment pour les graphèmes *u* et *e*). Nous comprenons alors tout l'investissement accordé par une série d'activités au cours des deux séquences (*cf.* chapitre 4) : elles servent d'outils pour accompagner les élèves dans la découverte du système phonologique du français, cruciale dans le parcours des primoarrivants débutants.

Si notre première catégorie concerne l'expression spontanée des élèves à l'oral, la deuxième est en rapport direct avec la *correspondance graphophonologique en lecture*, où les élèves s'appuient sur des indices visuels pour déterminer la forme orale des mots. Néanmoins, nous retrouvons l'ensemble des obstacles mentionnés plus haut, comme certains digrammes non respectés (ex. : tremplin), comme encore la prononciation problématique de mots moins usuels dans le contexte des élèves (ex. : transformer), comme enfin l'ajout d'un phonème n'appartenant pas au mot lu. L'extrait suivant est emblématique sur ce dernier point. Il est issu de l'activité 1.5.1. d'Ens2_C, qui porte sur l'oralisation des textes écrits en vue d'un projet de communication – le kamishibaï – en montrant les images correspondantes :

El6 : *(El6 lit son document)* eh : la chose la plus difficile pour moi / quand j'ai commencé : / ce sont les maths parce que : je n'ai rien compris : / c'est comment des fourmis dans ma tête↓
Ens2 : COMME / des fourmis
El6 : c'est / comme des fourmis dans ma tête↓

(Ens2_C, activité 1.5.1., 21'30 à 22'00)

Un cas particulier de notre corpus pique encore notre intérêt. Il souligne la *sur*-application d'une norme par l'élève pour faire correspondre au graphème le son attendu selon l'architecture du mot. L'obstacle apparait notamment par généralisation de la règle suivante : l'apprenant ayant saisi que le *e* suivi de deux consonnes se prononce [ɛ] l'applique à tous les cas de figure. Nous le voyons dans l'interaction suivante issue de la même activité :

El8 : *(El8 lit son document)* travaillé : / / et puis enfin / je parle bien : / pas ex-
celle :mment *(le 3ᵉ graphème e est prononcé [ɛ])* / mais je suis satisfait↓
Ens2 : excellEMMent / *(accentue le phonème [a])* <u>vous pouvez parler</u> ?
El8 : *(corrige la prononciation)* <u>excell</u> / e / mment
Ens2 : puis vous écrivez / a : / emment / on le prononce a↓ /

(Ens2_C, activité 1.5.1., 19'30 à 20'00)

Cet exemple est révélateur de la complexité du système phonologique en
français qui peut nuire à une compréhension linéaire des correspondances
graphophonologiques et donc déboucher sur une insécurité des apprenants.

Pour conclure notre analyse sur les obstacles phonologiques, le cas de
l'élision du e est particulièrement problématique et touche à deux éléments
bien précis. Prioritairement, il s'applique au pronom de conjugaison *je* suivi
d'un verbe commençant par une voyelle, dans notre cas *aimer*. L'extrait
suivant, issu de l'activité 1.1.1. d'Ens2_A, survient au moment de la formulation de phrases selon le modèle « j'aime », « je n'aime pas » :

El5 : je aime la :H les vacANces : / j'aime pasH je n'aime / pas / le :H LA / pluie↓
Ens2 : la pluie↓ / attention↑ JE AIME↑
El5 : j'aime
El9 : j'aime
El8 : j'aime / apostrophe↓
Ens2 : apostrophe : / j'aime / encore une fois C. *(prénom de l'El5)*
El5 : je aime
Ens2 : non↑ / il y a pas E↑
El9 : j'aime
El5 : j'aime
Ens2 : J'AIME

(Ens2_A, activité 1.1.1., 14'00 à 14'30)

De manière moins marquée, l'élision du *e* se réfère aussi à la préposition *de*
suivi d'un mot commençant par une voyelle. On le voit dans cet exemple
tiré de l'activité 1.4.2. (2ᵉ partie) prévue pour définir ce qu'est un kamishibaï. Étant donné que ce contenu doit être présenté à d'autres classes, les
élèves débutent leur intervention en se présentant :

El1 : *(lit)* je m'appelle W. *(prénom de l'El1)* : je viens de Erythrée : j'aime XX↓
Ens2 : hm : : *(signe affirmatif et attend la suite)*

El1 : ah↑ *(regarde sa feuille et ajoute un dernier élément, mais indistinct)* XX
Ens2 : voilà/ hein :/ vous êtes pas obligée de le dire/, mais c'est un exemple↓
attention↑ c'estH j'ai pas↓/je viens/DE/ Erythrée :// c'est↑/je viens↑
El1 : de Erythrée *(Ens2 fait signe que non)*
[...]
El1 : d'E/ry/thrée↓

(Ens2_A, activité 1.4.2. (2ᵉ partie), 18'30 à 19'30)

En somme, les obstacles portant sur la phonologie renvoient à nos observations précédentes à propos des autres catégories. Si certains demeurent un réel frein à l'intercompréhension, d'autres nuisent moins à la réception du message. En revanche, tous montrent une fois encore que l'apprentissage du français demande de composer entre règles et exceptions. Ce qui est difficile à tenir pour celui qui découvre le français, placé entre les vestiges d'une acquisition parcellaire – souvent fruit d'interprétations erronées du fonctionnement de la langue – et les traces d'une logique interne, preuve finalement que l'apprentissage procède par constructions successives. La difficulté des enseignants des classes d'accueil est de comprendre ce qui est à l'œuvre dans les interactions didactiques. Nous le mesurons ici clairement. C'est l'unique moyen pour parvenir à contrôler les tentatives d'approche des élèves, surtout si ces dernières ont des incidences fortes sur l'accessibilité des messages transmis et donnent lieu à une fossilisation des erreurs. Nous en mesurons leur importance notamment avec la part conséquente des obstacles liés à la prononciation des mots, pierre angulaire de l'intelligibilité des productions orales des élèves.

Les interventions de l'enseignant ne se profilent que rarement dans la description de sons isolés pour corriger les erreurs des élèves. Il les incorpore dans un mot, voire dans certains cas dans un énoncé complet. Deux raisons paraissent guider cette manière de faire : d'une part le travail de régulation se déroule de manière intégrée à partir des réalisations d'élèves au sein de pratiques langagières effectives ; d'autre part, cette perspective permet de doter les élèves d'une vigilance auditive intégrée à la parole, situations qui renvoient à des situations possibles en milieu endolingue. Néanmoins, ces corrections par reformulation se distinguent largement de celles qui ont trait aux autres catégories d'obstacles : ici l'enseignant force les traits en marquant les différentes syllabes orales. Ce travail développe la conscience phonologique de l'apprenant. Il peut ainsi conserver une image sonore du mot « récalcitrant », tout en ayant l'avantage d'en comprendre la construction et les spécificités phonologiques.

On remarque alors que les corrections de l'enseignant sont reprises par simple répétition individuelle ou collective, élément déjà visible dans les séquences potentiellement acquisitionnelles esquissées plus haut. Une erreur d'un élève revient à renforcer finalement les connaissances de ses pairs (Coste, 2010 ; Gajo, 2001 ; Rolland, 2013). Ces questions seront reprises dans le chapitre suivant.

OBSTACLES PORTANT SUR LA MORPHOLOGIE VERBALE

Les obstacles portant sur la morphologie du verbe se réduisent encore d'un tiers par rapport aux précédents avec 41 items. Cette diminution se comprend par les exercices d'entrainement répétés et les différentes opérations de construction/déconstruction de l'objet qui ponctuent les séquences, comme nous l'avons déjà souligné. Toutefois, cet investissement semble moins opérant lorsqu'il s'agit d'envisager la *construction des formes verbales au passé composé*. Elles représentent à elles seules plus de la moitié des obstacles avec 27 occurrences, soit 65.9 %. Les obstacles détectés pour la *construction des verbes au présent de l'indicatif* ne relèvent que 12 items, soit 12 %. Ceux qui se rapportent à la *construction des formes verbales au futur simple* ne sont visibles que deux fois, à savoir 4.9 %. Le tableau 5.5 reprend ces différents résultats et notre analyse qualitative permettra d'interpréter de telles différences.

Tableau 5.5. Nombre et pourcentage d'objets en conjugaison provoquant des obstacles dans les deux séquences d'enseignement réunies

NATURE DES OBSTACLES EN CONJUGAISON	Σ TOTALE DES OBSTACLES RÉPERTORIÉS	
Construction de la forme verbale au passé composé	27	(65.9 %)
Construction de la forme verbale au présent de l'indicatif	12	(29.3 %)
Construction de la forme verbale au futur simple avec l'auxiliaire *aller*	2	(4.9 %)
Σ obstacles en conjugaison	41	(100 %)

Les résistances liées à la *construction des formes verbales au passé composé* touchent en premier lieu au choix de l'auxiliaire de conjugaison. Cet extrait en témoigne, il est dégagé de l'activité 1.4.1. (1ère partie) de la séquence Ens2_C, dans laquelle l'enseignant corrige les récits de vie des élèves :

> El1 : madame : / je suis trouvé les stages
> Ens2 : non non↑ vous gardez cette phrase : / même :
> El1 : mais c'est la même↑ / / je suis trouvé les stages
> Ens2 : oui : / pas je suis trouvé / / c'est avec être ou avoir↑ / trouver↑
> El1 : j'ai trouvé des stages
> Ens2 : voilà
>
> (Ens2_C, activité 1.4.1. (1ère partie), 08'30 à 09'00)

Le deuxième écueil se rapporte à l'absence de l'auxiliaire de conjugaison dans les formes verbales. On le voit dans cet échange tiré de l'activité 1.4.4. d'Ens2_C, où il s'agit de se remémorer les étapes de la réalisation d'un premier projet de kamishibaï :

> El1 : *(continue de lire)* nous / allés : / nous / où↑ / madame
> Ens2 : oui / nous / allés / / mais ça n'existe pas / nous allés
> El1 : nous-z-allés *(accentue la liaison)*
> Ens2 : mais non : / passé composé↑
> El1 : nous / allés *(reprend la première réponse sans la liaison)*
> Ens2 : aujourd'hui / au présent : ↑ / nous :↑
> El1 : nous sommes :
> El : nous allons
> Ens2 : aujourd'hui / nous allons : / / hier passé composé↑ / nous : ↑
> Els : nous nous
> El1 : nous nous : allés↑
> Ens2 : il n'y a pas nous↑ c'est pas un verbe pronominal↓
> El1 : nous↑
> Ens2 : c'est l'auxiliaire être ou l'auxiliaire avoir↑
> El1 : avoir
> Els : avoir : / / montagne
> Ens2 : c'est avoir↑ / oui↑ / c'est un verbe de la montagne↑
> El ? : être
> El1 : ah OUI OUI / c'est ETRE↓ / madame
> Ens2 : oui :
> El1 : nous sommes allés
> Ens2 : voilà↓ / nous sommes allés↓ *(écrit au tableau)*
>
> (Ens2_C, activité 1.4.4., 10'00 à 11'00)

Ce cas devient particulièrement évident lorsque le participe passé du verbe s'assimile aux formes du même verbe au présent de l'indicatif, notamment à l'oral. En exemple, cette interaction tirée de l'activité 1.3.2. d'Ens2_C, qui consiste à écrire trois phrases qui traduisent l'évolution de l'élève depuis son arrivée en Suisse :

> Ens2 : *(après avoir lu une partie du texte)* virgule : pensé ou réfléchi↑
> El1 : réfléchir↓
> Ens2 : passé composé :↑ / / personne/je↑
> El1 : je réfléchis↓
> Ens2 : j'ai :
> El1 : réfléchi↑
> Ens2 : j'ai réfléHchi :
>
> (Ens2_C, activité 1.3.2., 13'30 à 14'00)

La troisième source de problème est relative aux choix des terminaisons du participe passé, que ce soit pour les verbes en *-er* avec *–é*, que ce soit pour les verbes de la 2ᵉ conjugaison avec *–i* (suivi ou non de la consonne muette) ou *–u*. Voici un extrait, isolé de l'activité 1.1.2. d'Ens2_C, permettant de conjuguer oralement des verbes au passé composé en guise d'entrainement :

> El2 : j'ai / préfér :
> Ens2 : encore :
> El2 : j'ai↑ /*(Ens2 approuve d'un signe de tête)* préfère
> Ens2 : j'ai : préfère : A. *(prénom de l'El2)* dit :/ un autre verbe :/j'ai : préfère ↓ c'est quel verbe↑
> El4 : présent
> Ens2 : c'est quel verbe↑
> El2 : préférer
> Ens2 : préférer :/ à quel temps↑
> El2 : eh présent↑
> Ens2 : présent : alors il y a un truc qui marche pas dans votre histoire / / est-ce que quelqu'un peut aider A. *(prénom de l'El2)* avec le verbe/ préférer↑ / / elle dit/j'ai préfère↓
>
> (Ens2_C, activité 1.1.2., 25'00 à 26'00)

Une fois encore, l'obstacle nait de la confusion entre les formes verbales du présent de l'indicatif et la forme que prend le participe passé du verbe. L'exemple suivant en est une nouvelle illustration. Il est tiré de l'activité

1.3.1. d'Ens2_C, en vue de l'élaboration d'un corpus de mots sur plusieurs thématiques traitant de l'évolution des élèves, précisés par des exemples de situations vécues :

El ? : elle a déjà met
Ens2 : ah oui pardon / vous avez déjà mis
El ? : vous avez déjà mis

(Ens2_C, activité 1.3.1., 22'30 à 23'00)

Enfin, la conjugaison des verbes pronominaux reste une situation difficilement gérable pour les élèves. Nous le voyons dans l'exemple suivant, isolé de l'activité 1.1.7. d'Ens2_C, visant à exercer à l'oral des verbes au passé composé :

Ens2 : nous nous lavons / *(écrit au tableau)* on va essayer de le passer au passé composé↓ allez-y : auxiliaire être
El7 : nous nous lavons
Ens2 : ça / c'est le présent *(note indications)*
El7 : nous :
Ens2 : nous nous :
El7 : lavH
Ens2 : il me faut l'auxiliaire être
[…]
El3 : nous nous sommes
Ens2 : nous nous -SOMMES-↑ *(écrit)* il me faut le verbe
El : laver
Ens2 : ça va↑
El ? : lavons
Ens2 : nous nous / sommes / l'auxiliaire : être / / et puis après le participe passé *(désigne les termes notés au tableau)*
El7 : lavons
Ens2 : non / lavONs / c'est pour le présent
El7 : s'est lavé :

(Ens2_C, activité 1.1.7., 00'00 à 01'00)

Cet achoppement se voit également sur des questions d'ordre des pronoms dans la forme conjuguée. En voici un exemple tiré de l'activité 1.3.2. d'Ens2_C, consistant à écrire trois phrases sur plusieurs thématiques concernant la migration des élèves :

Ens2 : *(Ens2 lit le texte de l'élève)* je suis : ↑
El7 : me lavé
Ens2 : je suis me lavé/ non
El7 : je me suis*(Ens2 confirme de la tête)*
El7 : c'est/ je me suis lavé↑ *(Ens2 confirme et El7 note la forme sur sa feuille)*

(Ens2_C, activité 1.3.2., 22'30 à 23'00)

En commentaires, les difficultés des élèves se comprennent ici par la somme des réflexions nécessaires et suffisantes pour parvenir à la forme adéquate du verbe, au demeurant difficiles pour celui qui ne maitrise pas le français : choix de l'auxiliaire de conjugaison, choix de ses terminaisons, choix de la terminaison du participe passé du verbe conjugué et mise bout à bout de ces différents éléments. Toutes ces opérations, même si elles sont exercées, demeurent contraignantes et ardues, car elles exigent d'une part à chaque reprise une réflexion devant être mémorisée dans un ordre précis pour aboutir à la forme adéquate attendue. D'autre part, elles s'appuient largement sur l'utilisation d'un métalangage (auxiliaire, passé composé, terminaison) qui doit être maitrisé. Enfin, elles s'inscrivent dans les autres démarches permettant de cibler les formes verbales à d'autres temps de conjugaison, comme nous le voyons maintenant.

En effet, les obstacles inhérents à la *construction des formes verbales du présent de l'indicatif* se rapportent en premier lieu au choix des terminaisons des verbes en *-er*. Cette interaction, issue de l'activité 1.4.2. d'Ens2_A pour exprimer ses gouts avec la structure « j'aime », « je n'aime pas », est illustrative :

El10 : nous aime
Ens2 : nous aime↑ *(leur montre dans le cahier de verbes)*
El10 : nous aim↑ *(autre prononciation)*
Ens2 : nous aimH /le verbe aimer à la personne nous↑

(Ens2_A, activité 1.4.2., 15'30 à 16'00)

Un autre obstacle récurrent relève des difficultés des élèves à décomposer les formes verbales et dégager le radical d'un verbe, selon le dispositif d'Ens2. On le voit notamment dans cet échange, tiré de l'activité 1.2.3. d'Ens2_A ayant pour objet la conjugaison du verbe *parler* au présent de l'indicatif. Les difficultés de l'élève ici sont doubles : déterminer le radical et le distinguer des terminaisons :

> Ens2 : D. *(prénom de l'El10)* ça va↑
> El10 : non
> Ens2 : regardez en haut de votre feuille / l'infinitifH
> El10 : il est où : ↑ *(El10 trouve)* ah : infinitif :
> Ens2 : oui :/ parler↑ numéro cinq : base : c'est quoi la base↑ /
> El10 : XXX
> Ens2 : c'est quoi la base↑
> El10 : XXX
> Ens2 : pour faire la base↑
> El10 : XXX/ c'est/ e/ es/ e/ comme ça↑
> Ens2 : non/ j'enlève/ /E/R/ et je trouve la base↑
> El10 : PARL
> Ens2 : PARL↓ / la base c'est/ PARL
> El10 : on doit écrire/ PARL madame↑
> Ens2 : PARL c'est la base
> El10 : XX base↑
>
> (Ens2_A, activité 1.2.3., 16'30 à 15'30)

Dans la lignée, le dernier obstacle s'inscrit dans la capacité des élèves à catégoriser les verbes selon les deux grands types de conjugaison (Chartrand *et al.*, 1999), avec d'un côté, les verbes en *-er*, puis de l'autre, tous les autres verbes. On le voit dans l'activité 1.2.2. d'Ens_A qui prévoit de déterminer les verbes qui se conjuguent sur le modèle du verbe *aimer* :

> Ens2 : c'est comme la mécanique↑ / hein : j'enlève quelque chose je mets quelque chose↓ comme des mathématiques / alors maintenant vous pouvez conjuguer / BEAUCOUP de verbes↑ / vous pouvez conjuguer quels verbes↑
> El2 : MANGER / PRENDRE
> Ens2 : PRENDRE↑
> El9 : non↑
> El8 : DORMIR
> Ens2 : DORMIR↑ pourquoi je ne peux pas conjuguer / PRENDRE et DORMIR↑
> E2 : parce qu'à la fin il n'y a pas /e/r↑
>
> (Ens2_A, activité 1.2.2., 02'30 à 03'00)

En guise de remarques sur ces différents éléments, l'enseignement de la conjugaison par construction et déconstruction de l'objet concentre l'ensemble des obstacles dépistés jusqu'à présent dans cette catégorie. Nous comprenons bien l'intérêt de cette technique, mais celle-ci reste ardue pour les élèves en difficulté. D'ailleurs, une dernière interaction montre qu'une confusion a lieu entre les différents procédés pour accéder aux formes verbales du présent ou du passé composé. Elle provient de l'activité 1.1.2 (1re partie) d'Ens2_C pour conjuguer des verbes au passé composé :

> El4 : si il dit/ ils ont : parti / parti ↑/ c'est à la fin parce que après il y a e/n/t
> Ens2 : non parce que ici : vous êtes avec cette forme : c'est quel temps↑
> El4 : ils sont/ont
> Ens2 : ils sont partis/ c'est quel temps↑
> El4 : pluriel
> Ens2 : c'est quel temps↑/ c'est du présent ou c'est du passé↑
> El4 : non présent
> Ens2 : c'est du présent↑
> El4 : oui *(confirme d'un signe de la tête)*
> Ens2 : alors comment jeH c'est quel verbe↑
> El4 : part
>
> (Ens2_C, activité 1.1.2., 11′00 à 11′30)

En bref, le manque de maitrise des élèves se décèle soit par généralisation d'une règle, soit par absence d'une des opérations déterminantes pour accéder à la forme attendue, soit encore par confusion entre les différents outils mis en œuvre au moyen d'un métalangage. On comprend alors que la maitrise des techniques pour accéder aux formes verbales constitue à elle seule le lieu de convergence des obstacles en conjugaison.

Les obstacles, au sujet de la *construction des formes verbales au futur simple*, sont moins d'ordre épistémologique que didactique. Ils naissent de la confusion entre la forme attendue par Ens2 et les propositions des élèves : si le premier veut obtenir une construction du futur avec l'auxiliaire d'aspect *aller*, les apprenants restent focalisés sur une forme du futur simple sans auxiliaire. Cette méprise s'illustre dans cette interaction, survenant dans l'activité 1.3.3. d'Ens2_C, où Ens2 corrige la phrase produite par les élèves servant à définir leur parcours en Suisse :

> Ens2 : *(après avoir lu une partie du texte)* comment je apprendre :/ on peut pas mettre à l'infinitif :/ futur proche :↑/ comment je : avec le verbe aller↑
> El ? : XX

Ens2 : non↓/ c'est pas l'imparfait : ↓/ c'est le futur proche : aujourd'hui je
mange :/ dans dix minutes : je :↑
El : mangerai↑
Ens2 : je mangeRAI :/ ça c'est le futur/ mais le futur proche avec le verbe aller :
je : ↑
El ? : j'irai↑
Ens2 : j'irai/ ça c'est le futur simple↓/ mais :/ je vais aller/ d'accord : ↑ donc
comment je :
[...]
El5-An : je vais↑
Ens2 : comment je vais apprendre le français↓/ point d'interrogation :

(Ens2_C, activité 1.3.3., 12'00 à 13'30)

En fin de compte, l'intérêt des mécanismes proposés de construction/
déconstruction de l'objet est visible. Mais nous constatons aussi que les
procédures d'élémentarisation deviennent une source supplémentaire de
difficultés, au-delà de la nature des verbes à conjuguer. Elles nécessitent
un niveau d'expertise pour détacher de manière dichotomique une parole
linéaire et continue en éléments fractionnés. Elles demandent des compétences d'analyse et de mémorisation importante pour s'inscrire en tant que
routine dans les pratiques langagières. Elles s'appuient sur des connaissances préalables importantes en français (sens, catégories et fonction
grammaticale des mots de la phrase et appropriation d'un métalangage).
Ceci soulève la délicate question de la part respective des activités d'exercisation par entrainements successifs des formes correctes et de la part
des activités d'élémentarisation de l'objet dans une perspective d'analyse.
On sait bien l'avantage d'une systématisation, tout en prenant conscience
qu'elle requiert une réflexion plus aboutie pour saisir le fonctionnement de
la langue et devenir par la suite outil d'enseignement et d'apprentissage.
Cependant, quel est l'ordre à convenir entre les deux lorsque l'objet se complexifie ? Autrement dit, dans quelle mesure les élèves débutants sont-ils
capables de mener des opérations concomitantes de décomposition successives pour choisir/ comprendre la forme adaptée si celles-ci ne sont pas
préalablement mémorisées ? Pour les élèves en difficulté, il semble que ces
activités pourraient devenir plus efficaces à postériori, c'est-à-dire lorsque
les formes verbales sont déjà maitrisées par l'apprenant, du moins à l'oral,
mais dans le même mouvement le cout d'apprentissage demeure élevé
pour celui qui désire apprendre les formes conjuguées des verbes usuels.

Deuxièmement, on constate que la prise en compte des erreurs se produit essentiellement au cours d'activités centrées sur l'acquisition des formes verbales. On est donc moins en présence de régulations intégrées, comme nous l'observions au sujet du lexique et de la phonologie. Les régulations, ici, sont plutôt « cloisonnées » : elles évitent d'interrompre le flux de la parole des apprenants étant donné la place qu'elles prennent dans les échanges (Gajo, 2001).

Enfin, les obstacles identifiés concernent la morphologie des verbes au présent, au passé composé et au futur. Les erreurs ne vont donc pas au-delà de ce qui a été abordé en classe, contrairement à ce que nous avions vu au sujet du lexique et de la phonologie. On constate alors que la détection des obstacles se fait ici de manière étroite avec ce qui a été travaillé avant, les régulations servant de rappel ou permettant d'anticiper les activités qui suivent.

OBSTACLES PORTANT SUR L'ORTHOGRAPHE

Les obstacles portant sur l'orthographe ne sont visibles qu'à 25 reprises dans notre corpus (*cf.* tableau 5.6). Nous les distinguons, en suivant Catach, Gruaz et Duprez (1980), selon qu'elles considèrent les *phonogrammes*, avec 18 cas soit 72 % des obstacles en orthographe, les *morphogrammes grammaticaux*, avec 5 items soit 20 %, ou encore les *lettres non fonctionnelles* pour l'orthographe des mots d'origine étrangère, avec 2 cas soit 8 %.

Tableau 5.6. Nombre et pourcentage d'objets en orthographe provoquant des obstacles dans les deux séquences d'enseignement réunies

NATURE DES OBSTACLES EN ORTHOGRAPHE	Σ TOTALE DES OBSTACLES RÉPERTORIÉS	
Phonogrammes	18	(72 %)
Morphogrammes grammaticaux	5	(20 %)
Lettres non fonctionnelles (mots d'origine étrangère)	2	(8 %)
Σ obstacles en orthographe	25	(100 %)

Les obstacles *d'ordre phonogrammique* sont largement majoritaires et concernent surtout les demandes expresses d'élèves pour orthographier correctement un mot. En voici un exemple issu de l'activité 1.5.1 d'Ens2_A, dans laquelle on entraine deux manières d'exprimer ses gouts, en réponse à l'expression du gout d'un tiers, avec les structures « moi aussi », « moi non plus » :

> Ens2 : oui tu aimes les filles et vous dites↑
> El5 : moi aussi j'aimeH
> Ens2 : moi / aussi / / vous connaissez ça↑
> Els : OUI↑
> Ens2 : moi aussi↓/ hein↑ je suis d'accord↓ / j'aime les filles :
> El1 : comment on écrit Madame :/ aussi↑ *(Ens2 va écrire au tableau)*
> El10 : avec deux S↑ Madame
> El ? : A/U/S/I/I↑
> El10 : A/ OU/ S/S/I↑ *(El10 lit le tableau noir)*
> Ens2 : d'accord↑ donc :/ a/ u
> El1 : O madame c'est A↑
> Ens2 : A/U
>
> (Ens2_A, activité 1.5.1., 17'00 à 17'30)

Cet échange indique que les élèves prennent conscience que la correspondance entre phonème et graphème n'est pas univoque en français et que le graphème *au* substitue le graphème *o* dans certains cas. Cette ambivalence est d'ailleurs confirmée implicitement à plusieurs reprises. Nous le voyons encore ici avec le phonème [ã] dans cette interaction extraite de l'activité 1.3.2. d'Ens2_C, où les élèves écrivent trois phrases qui traduisent leur évolution en Suisse :

> Ens2 : c'est quand : c'est quand que vous avez réfléchi↑
> El1 : pendant une année :
> Ens2 : pendant cette année↓/
> El1 : comment on écrit pendant madame
> Ens2 : /e/n :/d/a/n/t
> El1 : e/n/ : a/d↑
> Ens2 : d/a/n/t↓
>
> (Ens2_C, activité 1.3.2., 13'00 à 13'30)

Au sujet des obstacles concernant les *morphogrammes grammaticaux*, il s'agit avant tout des accords du participe passé conjugué avec le verbe être. Nous le soulignons dans cet extrait, issu de l'activité 1.3.2. pour écrire trois phrases décrivant le parcours des élèves en Suisse :

Ens2 : *(lit une phrase d'une élève)* quand je suis arrivÉ en Suisse/ : c'est qui qui est arrivé en Suisse↑ *(corrige l'accord du participe passé)*

(Ens2_C, activité 1.3.2., 06'00 à 06'30)

Une fois encore, c'est la forme complexe des verbes au passé qui pose problème : aux difficultés liées à la conjugaison s'ajoutent ici les questions d'accord.

Pour ce qui est des *lettres non fonctionnelles*, nous constatons que ce sont surtout des mots d'origine étrangère qui créent des obstacles. Dans notre cas, il s'agit de mots désignant des pratiques sportives, comme le *basketball*.

En résumé, nous notons en premier lieu que l'orthographe des mots n'est pas un point de convergence des difficultés des élèves. D'une part, comme nous l'avons déjà dit, les deux séquences mises à l'étude sont avant tout orales. D'autre part, les quelques écrits exigés pour structurer le discours des élèves sont accompagnés par des corpus de mots constitués à l'avance. La stratégie de l'enseignant est alors double : procurer des éléments de contenus pour orienter la production des élèves ; anticiper les graphies des mots usuels nécessitant une attention particulière. C'est à partir du moment où les élèves sortent de ce cadre référentiel que l'ambivalence des correspondances graphophonologiques pose problème.

OBSTACLES D'UN POINT DE VUE ÉNONCIATIF ET TEXTUEL

L'analyse des obstacles d'un point de vue énonciatif et textuel s'inscrit dans un cadre qui n'est plus celui de la phrase, mais celui de l'énoncé et du texte. Les impasses inhérentes au code et au système de la langue ne sont plus de mise, les complications touchent à l'ensemble des répertoires où le dire et l'écrire impliquent pêlemêle situations de communication, énonciateurs, destinataires, contenus du message et registres de langue (*cf.* tableau 5.7). Elles s'appliquent d'abord à *l'usage des déictiques personnels*, compris comme des unités linguistiques insécables du lieu, du temps et du sujet de l'énonciation, avec 14 items, soit 30.4 % des obstacles de cette catégorie. Elles touchent ensuite à *l'élaboration du contenu* lorsque les élèves peinent à développer le corps du texte, avec 10 occurrences, soit 21.7 %. Ces obstacles ont aussi trait à *la cohésion temporelle* permettant de conserver une unité dans les productions, avec 9 cas, soit 19.6 %. Ils abordent également les questions de *formules expressives modales*, avec 8 occurrences, soit 17.4 %, lorsqu'il s'agit de manifester son point de vue. Ils s'étendent enfin aux *formes conventionnelles et aux registres de langue*, à 5 reprises, soit 10.9 %, pour signifier les formes convenues en fonction des contextes.

Tableau 5.7. Nombre et pourcentage d'objets d'un point de vue énonciatif et textuel provoquant des obstacles dans les deux séquences d'enseignement réunies

NATURE DES OBSTACLES D'UN POINT DE VUE ENONCIATIF ET TEXTUEL	Σ TOTALE DES OBSTACLES RÉPERTORIÉS	
Usage des déictiques personnels	14	(30.4 %)
Élaboration de contenu	10	(21.7 %)
Cohésion temporelle	9	(19.6 %)
Formules expressives modales	8	(17.4 %)
Formes conventionnelles et registres de langue	5	(10.9 %)
Σ obstacles d'un point de vue énonciatif et textuel	**46**	**(100 %)**

D'un point de vue qualitatif, *l'usage des déictiques personnels* dévoile d'abord l'utilisation problématique du pronom de conjugaison *tu* pour impliquer directement le destinataire dans le discours, comme nous le voyons dans le prochain extrait issu de l'activité 1.1.1. d'Ens2_A, où chaque élève est invité à exprimer son gout, sous forme de jeu, suite à la question du type « qu'est-ce que tu aimes ? », « qu'est-ce que tu n'aimes pas ? », formulée par un pair.

El3 : j'aime/ qu'est-ce que j'aime pas↑ *(doit formuler la question pour un pair)*
Ens2 : non pas je↓*(Rires)*/je/ c'est celui qui parle/ vous avez la réponse/ allez-y
M *(prénom de l'El3)*
El1 : qu'est-ce que tu aimes↑
El3 : qu'est-ce que tu aimes↑
El7 : qu'est-ce que tu aimes pas↑
El3 : *(à El1)* c'est ça↓ *(évite de répéter à nouveau la question)*
Ens2 : non non non/ M. *(prénom de l'El3)* ↑/ c'est trop difficile↑/ allez-y/ vous respirez *(respire pour l'encourager)*
El3-Mi : qu'est-ce que tu : /j'aime↑
Ens2 : *(rectifie)* TU aimes
El3-Mi : tu aimes/ qu'est-ce que tu aimes pas↑

(Ens2_A, activité 1.1.1., 11'30 à 12'00)

Cette interaction peut être analysée de deux manières : soit l'obstacle est imputé à une difficulté de l'élève à se décentrer ou à comprendre les enjeux de la situation de communication ; soit ce dernier ne maitrise pas les déictiques personnels en français qui différencient l'énonciateur du destinataire dans le discours en situation. Cette deuxième hypothèse est confirmée dans l'interaction suivante, issue de la même activité :

El10 : tu j'aime :/ est-ce que tu je n'aime pas↑
Ens2 : il y a pas JE↓/ JE/ c'est moi c'est ceH *(gestualisation)*
El10 : est-ce que tu :X J'AIme↑
Ens2 : QU'EST-CE que tu aimes : ↑
[...]
El10 : qu'est-ce que tu : aimes↑/ qu'est-ce que tu aimes pas↑

(Ens2_A, activité 1.1.1., 13'00 à 13'30)

Par ailleurs, plusieurs cas ont trait à l'emploi du déictique personnel *nous* associé au destinataire. Cet échange en est un exemple. Il est issu de l'activité 1.5.1. d'Ens2_A, donnant lieu à la présentation et à l'entrainement de l'expression du gout en réponse à l'expression du gout d'un tiers :

El1 : c'est quoi madame↑ NOUS AIMONS↑
Ens2 : nous aimons c'estH/ M. *(prénom de l'El7)* vous rangez ces cigarettes↑/ merci↓/ nous aimons c'est nous / j'aime / vous comprenez J'AIME↑
El1 : oui
Ens2 : J'AIME c'est moi↓
El1 : oui
Ens2 : NOUS/ c'est VOUS et MOI/ tous les deux /
El1 : ah : tous les deux↑
Ens2 : nous aimONS habiter dans cette maison
El1 : oui
Ens2 : ça va↑ *(El2 réfléchit)* H vous arrivez à traduire en serbe↑ *(s'adresse à El7)*

(Ens2_A, activité 1.1.1., 19'30 à 20'00)

Toujours dans cette optique de l'expression de partage de gout, d'autres situations plus complexes créent l'obstacle. On le voit notamment avec le choix difficile des déterminants possessifs *nos* et *nôtre*, selon que les objets d'appartenance ou les liens de parenté entretiennent une relation bijective ou non avec « les » énonciateurs. L'interaction suivante, au cours de l'activité 1.5.2. d'Ens2_A visant à entrainer les modalités de partage de gout, le montre parfaitement :

> El4 : j'aime ma mère
> El7 : euh : nous
> El2 : nous aimons
> El7 : aimonS *(prononce le s final)*
> Ens2 : nous aimons↑
> [...]
> Ens2 : comment on va dire : j'aime ma mère / il aime saH lui aussi : nous aimons
> El10 : nous aimons
> El2 : aimons↑
> El10 : notre mère
> Ens2 : c'est pas NOTRE / parce qu'il y a deux mamans↓ H il y a celle à lui et celle
> El2 : nous aimONs↑
> El4 : votre :
> El10 : TON mère↑ *(Ens2 note au tableau noir nos mères)*
> El4 : nos mères
> Ens2 : nos mères↑ parce qu'il y a deux mamans
> El1 : NOS↑ c'est NOUS madame / nos↑ c'est NOUS↑
> Ens2 : oui↑ c'est le possessif de NOUS↓ quand il y a plusieurs

(Ens2_A, activité 1.5.2., 00'00 à 01'00)

Comme conclusion sur ce point, on mesure la complexité croissante des obstacles dans l'usage des déictiques personnels au cours des apprentissages. Si les premières interventions des élèves au début de la séquence posent problème pour impliquer directement le destinataire dans le discours en situation au moyen du pronom personnel *tu* par opposition à *je*, les suivantes montrent des phénomènes plus épineux à gérer, notamment dans la production d'énoncés associant plusieurs personnes (nous), ou plus loin, dans la description fine de l'objet du discours (nôtre et nos). En effet, le *nous* reste polysémique, selon qu'il renvoie à l'énonciateur et au destinataire, à l'énonciateur associé à un groupe, duquel on peut parfois inférer une catégorie sociale. La tâche est ardue, même si l'enseignant tend à la simplifier, en ne présentant qu'un seul cas de figure.

On peut en outre apprécier une progression des élèves dans leur maitrise de la langue. Cependant, comme le montre l'extrait suivant, l'obstacle à résoudre peut en générer d'autres, déjà considérés en amont (construction des formes verbales au présent de l'indicatif, phonologie, choix du lexique). Ce phénomène de *résurgence* montre d'une part que les ébauches de solutions procèdent par essais-erreurs. D'autre part, les connaissances acquises se fragilisent dès qu'il s'agit de trouver de nouveaux repères dans la découverte de la langue. Enfin, les enseignants des classes d'accueil doivent remettre sans cesse leur ouvrage sur le métier quand ils traitent *in vivo* les difficultés de leurs élèves. En voici un exemple illustrateur, tiré de l'activité 1.5.1 d'Ens2, pour présenter et entrainer l'expression des gouts à partir de l'expression des gouts d'un tiers :

Ens2 : alors c'est quelle personne que vous allez mettre↑	Usage des déictiques personnels
El11 : XX	
Ens2 : JE/ plus une autre personne↑	
El10 : j'aime XX	
Ens2 : moi / NOUS↑	Choix ou confusion de mots pour désigner un concept ou une chose
El10 : nous avons↑	
Ens2 : non	
El11 : nous sommes↑	
Ens2 : est-ce une phrase↑ que vousH du verbe aimer	
El10 : vous aimez↑	
Ens2 : non	Usage des déictiques personnels
El10-11 : vous aimez ↑	
Ens2 : non↓/ vous aimezH/ cherchez dans le cahier de verbes comment on va conjuguer le verbe aimer	
El10 : nous aime↑	
Ens2 : X nous aime↑ (c'est Xxx ?) *(leur montre dans le cahier de verbes)*	Construction des formes verbales au présent de l'indicatif
El10 : nous aim↑ *(autre prononciation)*	
Ens2 : nous aimH /le verbe aimer à la personne nous↑	
El10 : nous z/sommes↑ madame	
Ens2 : non↑	
El10 : nous sommes↑	
Ens2 : alors ça marche ou ça marche pas↑	

(Ens2_A, activité 1.5.1., 15'00 à 16'00)

Dans cet extrait, l'usage problématique initial des déictiques personnels (je →nous) donne lieu à un questionnement de l'élève qui provoque une confusion dans le choix des mots pour désigner un concept (avoir/ être → aimer) entrainant de nouvelles interrogations sur les déictiques personnels (vous → nous) pour générer ensuite des questions de construction des formes verbales au présent de l'indicatif (nous aim →nous aimons).

Au sujet de *l'élaboration des contenus*, les obstacles se résument globalement à l'absence ou au manque d'informations dans les textes écrits des élèves. Cet échange, en guise d'exemple, provient de l'activité 1.3.2 d'Ens2_C invitant à écrire un texte qui traduit l'évolution de l'élève depuis son arrivée en Suisse et son intégration dans les classes d'accueil :

> *(Ens2 se retourne vers El1 et lit son texte)*
> Ens2 : oui/cherché :/ c'est juste :/ du travail : ↑/ chercher du travail avec quoi↑ vous avez fait quoi pour chercher du travail↑
> El1 : professionnel
> Ens : oui/ comment on dit si on veut chercher du travail↑
> El1 : chercher les stages :
> Ens : oui comment on dit pour chercher les stages du travail↑
> El1 : parH téléphoner
> Ens : voilà↑ avec le téléphone :/ des stages :/ quoi d'autre↑/ quand on travaille XX
> El1 : avec des XX
> Ens2 : avec quoi↑ aux ordinateurs
> El1 : ordinateur : les : CV : *(signe affirmatif d'Ens2)*
> Ens2 : d'accord : donc écrivez/ *(retourne vers El7)*
>
> (Ens2_C, activité 1.3.2., 20'00 à 20'30)

Au sujet des obstacles concernant *la cohésion temporelle*, trois difficultés sont identifiées. La première se réfère à l'usage impropre du temps de conjugaison selon la situation de communication. On constate alors que c'est entre le choix du conditionnel présent et du présent de l'indicatif que le doute s'installe : soit l'élève veut exprimer sur le plan modal un souhait et utilise à tort le présent, soit au contraire, l'élève exprime ses gouts sur des actions qu'il a l'habitude de faire et dans ce cas, il utilise faussement le conditionnel présent. L'extrait suivant souligne cette confusion, il provient de l'activité 1.4.1. d'Ens2_A, organisée pour indiquer la structure syntaxique et sémantique de l'énoncé construit avec « j'aime » « je n'aime pas » et des verbes d'action :

> El10 qu'est-ce que↑/ tu/ AIMES/ fAIre↑ / M. *(prénom de l'El5)*
> El5 : j'aimerais faire
> Ens2 : pas J'Aimerais H/ j'aimerais c'est autre chose/ c'est le conditionnel↓/ on va essayer toujours avec J'AIME

El8 : j'aime <u>faire</u>
Ens2 : <u>j'aime</u>/un peu/ conduire↓ je déteste conduire↓ d'accord↑

(Ens2_A, activité 1.4.1., 00'00 à 00'30)

On note ici que l'enseignant ne veut pas sortir du cadre proposé par l'activité, au lieu de considérer la richesse de ce qui est apporté ici. Nous supposons que son intervention répond aux besoins de la classe qui pour l'instant doit systématiser une structure syntaxique singulière.

Le deuxième obstacle renvoie à l'usage d'un temps inadapté en fonction du ou des organisateurs temporels de l'énoncé proposé par l'élève. Ce cas est illustré par cette interaction au cours de laquelle les élèves et Ens2 organisent une sortie à la plage :

El5 : mais demain il a plu↑
Ens2 : non demain il a pas pluH demain il aH *(lève les bras – attend une rectification du temps du verbe)* c'est pas possible ça↑
El ? : c'est XX
Ens2 : il/ A PLU/ c'est quel temps↑
El5 : pleuvoir
Ens2 : il vaH↑
El5 : avoir
Els : il va pleuvoir
El5 : il va pleuvoir
Ens2 : il va pleuvoir : ah ça c'est mieux c'est du futur↓ non demain il va pas pleuvoir↓

(Ens2_C, transition précédant l'activité 1.4.2. (2ᵉ partie), 11'00 à 11'30)

Enfin, le troisième point touche à la cohésion verbale d'une partie de texte où les temps utilisés pour décrire l'arrière-plan de l'action et l'action elle-même ne concordent pas. On le voit dans cet extrait, tiré de l'activité 1.4.5. d'Ens2_C, où chaque élève lit son texte sur une thématique qui traduit son évolution depuis son arrivée en Suisse et son intégration dans les classes d'accueil :

Ens2 : W. *(prénom de l'El2) (invite l'El2 à lire son texte)*
El2 : quand je suis arrivée en Suisse/ je ne parle pas bien le français
Ens2 : encore↑ je neH
El2 : je ne parle/ : parlais pas :
Ens2 : oui alors ça c'estH je ne parle/ c'est présent// je ne parlais/ c'est passé ://
je ne parlais pas bien français

El2 : je ne parlais pas bien français↓/, mais après quand j'ai étudié le français/ j'ai appris beaucoup de choses :

(Ens2_C, activité 1.4.5., 03'30 à 04'00)

En somme, les obstacles observés restent ponctuels. Néanmoins, ils montrent en premier lieu que la maitrise des temps verbaux dépasse le cadre de la construction des formes verbales, traitée plus haut, pour s'élever sur des questions de cohésion textuelle et de prise en compte de la situation de communication. L'élève procède alors par tâtonnement en exploitant les temps qu'il maitrise le mieux, généralement le présent, voire le passé composé. En second lieu, et dans des cas plus rares, il s'agit de l'utilisation d'un temps ayant une valeur modale (conditionnel) plus habituellement convoquée en milieu endolingue pour traduire un souhait ou formuler une demande de manière atténuée. Là encore, on peut souscrire à une interférence entre l'apprentissage structuré des cours de français et l'acquisition spontanée en milieu ordinaire (Gajo, 2001).

Les complications dues aux *formules expressives modales* tiennent avant tout à l'utilisation adéquate des expressions comme *moi non plus* et *moi aussi*. En bref, les élèves ont une difficulté majeure à marquer leur adhésion à l'expression du gout d'un tiers, surtout si celle-ci est formulée négativement (ex. : je n'aime pas la coriandre ; moi non plus). Comme on le voit dans le prochain échange, les élèves usent de tactiques originales, d'une part, pour souligner leur point de vue, d'autre part, pour montrer leur assentiment par rapport à l'opinion d'un pair. Cet extrait est tiré de l'activité 1.5.1. d'Ens1_A organisée pour présenter et entrainer l'expression du gout en réponse à l'expression du gout d'un tiers :

Ens2 : je n'aime pas travailler à la maison
El10 : non plus↑*(Ens2 lui fait signe que la réponse est incorrecte)*
El10 : moi aussi↑ *(signe toujours négatif d'Ens2)*/ moi <u>aussi</u>
Els : <u>moi aussi</u> non
El10 : moi aussi↑*(signe négatif d'Ens2)*
El11 : aussi <u>non</u>
El6 : <u>non</u>
El8 : MOI↑/ non plus↓
El6 : NON↑/ moi NON PLUS

(Ens2_A, activité 1.5.1, 22'30 à 23'00)

En commentaires, les formules expressives modales créent majoritairement l'obstacle, surtout parce que l'usage du français exige deux modes d'expression distincts en fonction de la forme positive ou négative de la phrase originale à partir de laquelle l'élève désire se positionner. Ces erreurs font partie des incontournables des cours de français pour apprenants allophones selon Marquilló (2003).

Enfin, les *formes conventionnelles et les registres de langue* sont également une source d'erreurs non négligeables. En premier lieu, le problème se pose quand il s'agit d'adopter une formule particulière, encouragée par Ens2, pour spécifier la date du jour de manière formelle (jour, semaine, mois, année). Les deux prochaines interactions en sont témoins, elles sont toutes deux issues de transitions en vue d'accueillir les élèves et de débuter la séance de français selon un rituel. La première souligne que les élèves apprivoisent difficilement la ligne directrice attendue, tandis que la deuxième indique qu'ils basculent dans des registres familiers :

Voici la première issue d'Ens2_A :

Ens2 : quand vous avezH au début vous n'avez pas dit / MARdi
El8 : ah
Ens2 : alors il fallait dire autre chose / aujourd'hui c'est : ↑
Els : nous <u>sommes</u>
El8 : <u>nous sommes</u> le mardi
El9 : nous sommes <u>mardi</u>
El5 : <u>quatre octobre</u>
El7 : <u>aujourd'hui</u> c'EST↑
El1 : <u>nous sommes</u>H aujourd'hui nous sommes mardi
Ens2 : voilà / / aujourd'hui / nous sommes mardi quatre octobre :/ ou bien aujourd'hui nous sommesH↑
El7 : LE mardi
Ens2 : Le :H pas mardi / Le quatre octobre↓ / quand on donne la date il faut dire / / le / /
El5 : madame↑ le quatre / eh :/ plus le octobre↑

(Ens2_A, transition précédant l'activité 1.1.1, 03'00 à 03'30)

Voici la seconde tirée d'Ens2_C :

Ens2 : D. *(prénom de l'El4)* / vous rangez vos affaires / et vous donnez la date d'aujourd'hui
El4 : c'est le 26↑

Ens2 : mm
El4 : nous sommes le : nous sommes aujourd'hui mardi 26
Ens2 : quoi↑
El4 : juin

(Ens2_C, transition précédant l'activité 1.4.2. (2ᵉ partie), 01'30 à 02'00)

On mesure alors une différence significative entre les deux interventions. Si la première montre qu'il y a un véritable imbroglio pour performer selon les attentes d'Ens2, la deuxième met en lumière une véritable autonomie de l'élève dans l'exercice de la langue. Le rôle de l'enseignant consiste alors à caractériser ce qui est dicible ou non en fonction des contextes et des situations de communication. En effet, comme nous le montre l'interaction suivante, Ens2 propose des jalons pour situer les différentes variétés de langue. Cet échange est issu de l'activité 1.3.1 d'Ens2_A où les élèves proposent des modalisateurs ou des verbes qui marquent l'intensité de l'appréciation :

Ens2 : comment on peut dire de plus↑
Els : J'AIME↑
Ens2 : j'aime
El ? : plus↑
Ens2 : beaucoup : j'aime↑
El7 : trop↑
Ens2 : alors trop c'est familier
El9 : j'aime
Ens2 : quand vous dites/ j'aime trop/ c'est familier↓ c'est pas correct d'accord↑
je vais l'écrire ici/ mais attention↑ / / vous dites (*note un symbole au tableau*) j'aime
trop infirmière/ hein on parlait hier : / j'aime tropH non↓ c'est familier↓ / vous
vous rappelez de ce symbole↑ (*désigne le symbole noté*)
El : trop↑
Ens2 : PAS/ aimer trop↓
El6 : trop
Ens2 : TROP c'est familier c'est pour les copains

(Ens2_A, activité 1.3.1., 21'30 à 22'30)

En conclusion, cinq points peuvent être dégagés de nos observations. Premièrement, les obstacles d'ordre textuel et énonciatif deviennent chaque fois plus complexes au cours de la progression. On le voit notamment avec l'usage des déictiques personnels impliquant d'abord le destinataire (tu), puis le destinataire et l'énonciateur (nous), et enfin l'objet de discours qui les touchent conjointement (nos, notre). On le voit encore avec l'emploi des temps verbaux et les phénomènes de cohésion, où le choix des temps dépend de manière évidente des organisateurs temporels présents dans les énoncés (demain), mais touche par la suite à la concordance des temps entre verbes conjugués dans le texte et au sens que l'on peut en inférer (arrière-plan de l'action, description de l'action). Deuxièmement, nos observations soulignent que l'obstacle devient plus important dès l'instant où des énoncés caractéristiques sont attendus. Cela se repère notamment avec les formules expressives modales (moi aussi, moi non plus), mais aussi avec les formes conventionnelles pour spécifier la date du jour. Troisièmement, le bagage langagier de l'apprenant, qu'il soit en rapport avec sa ou ses langues d'origine, ou qu'il soit fruit d'expériences autonomes en milieu endolingue, peut également ajouter une complication : les déictiques personnels ne font pas partie du système linguistique de plusieurs langues, l'utilisation du français en milieu ordinaire donne lieu à l'emploi de variétés du français qu'il est nécessaire de négocier. Quatrièmement, un obstacle peut en occasionner d'autres : les élèves procèdent par essais-erreurs, exploitent parfois de manière confuse l'ensemble des éléments traités en cours en espérant être aiguillés par l'enseignant. Ce dernier a désormais une fonction capitale dans la gestion de ces difficultés, soit en amont en assurant une progression des contenus, soit en aval en tirant parti des savoirs des élèves qu'il s'agit de piloter. Et enfin cinquièmement, les obstacles ont des degrés variables d'intrication avec les activités en cours. Une dichotomie est décelable entre la séquence à actes de parole et celle à genre de texte : si la première montre que les objets des obstacles sont fortement imbriqués dans la tâche demandée, la deuxième souligne qu'ils n'ont pas de liens directs. Ils émergent de manière anarchique au fur et à mesure des productions des élèves, toujours plus complexes. Autant, dans le premier cas, les difficultés peuvent être anticipées et traitées de manière ciblée en se référant aux objets de l'activité, autant, dans le second, la gestion des obstacles s'appuie sur l'adaptation et la créativité didactique de l'enseignant. Il analyse, s'appuie sur les quelques référents vus en classe tout en improvisant d'autres, ajustés à l'entendement des élèves. On remarque par ailleurs que dans le premier cas, la gestion de l'obstacle occasionne toujours une régulation s'adressant au collectif, alors que pour le second, elle reste essentiellement individuelle.

CONVERGENCES ET DIVERGENCES SUIVANT LA TEMPORALITÉ

La réflexion sur les obstacles se poursuit ici pour contraster nos résultats suivant la progression annuelle. Rappelons que le choix de nos séquences, situées à l'opposé l'une de l'autre dans la temporalité de l'année 2011-2012, encourage une comparaison de la fréquence et de la nature des objets posant problème. Une différence majeure entre les deux séquences mérite d'emblée d'être soulignée : comme le rapporte le tableau 5.8 distribuant la somme totale d'obstacles repérés par séquence, 213 occurrences sont localisées au début de l'année dans Ens2_A, soit 62.3 % du total des obstacles, contre 129 à la fin du cursus dans Ens2_C, soit 37.7 %. Ce résultat devient d'autant plus remarquable que le nombre d'activités entre la première et la deuxième séquence varie peu : 20 activités pour Ens2_A et 25 pour Ens2_C.

Tableau 5.8. Somme totale des obstacles par séquence d'enseignement

	ENS2_A (DÉBUT)		ENS2_C (FIN)		Σ TOTALE DES OBSTACLES	
Σ totale des obstacles par séquence	213	(62.3 %)	129	(37.7 %)	342	(100 %)

Plusieurs hypothèses méritent alors d'être formulées. La première touche à l'accroissement des apprentissages entre le début et la fin de l'année. La diminution du nombre d'obstacles soulignerait alors une plus grande maitrise de la langue chez les élèves. La deuxième considère le nombre d'occasions offertes aux jeunes migrants pour produire des textes et des énoncés au cours des séquences. Autrement dit, l'encouragement à une parole plus spontanée en classe, l'invitation à multiplier les productions donnent lieu à davantage d'erreurs. Dans ce cas, ce serait moins les capacités des apprenants que la nature des situations didactiques qui justifierait la différence des scores. La troisième hypothèse penche sur le niveau de complexité des objets qui tendrait alors à diminuer, même si l'étude de la chronogenèse des deux séquences montre le contraire. On passe de l'énoncé au texte, des expériences ponctuelles et autonomes à la réalisation d'un projet de communication d'envergure, de la circonscription d'un objet facilement identifiable à des phénomènes d'intertextualité. Une dernière hypothèse privilégierait plutôt la piste de la focalisation interne des séquences et des formes d'élémentarisation. Autrement dit, plus l'objet devient précis et élémentarisé (production d'actes de parole selon un modèle) plus il donne lieu à un signalement et à une régulation d'obstacles ; à contrario, plus l'objet est large (production de récit en vue d'un kamishibaï oral) moins l'enseignant s'attache aux difficultés ponctuelles des apprenants. Nous pourrons encourager l'une ou l'autre assertion à partir d'une analyse fine de nos données révélant quelques oppositions sur la somme et les types d'obstacles. À ce propos, le tableau 5.9 fait état des occurrences distribuées selon nos catégories dans chacune des séquences. En vue de les rendre comparables, nous les traduisons en pourcentages indexés au nombre total d'obstacles par séquence.

Tableau 5.9. Répartition des objets donnant lieu à un obstacle en fonction des deux séquences

OBJETS DES OBSTACLES	ENS2_A (DEBUT)		ENS2_C (FIN)		Σ TOTALE DES OBSTACLES RÉPERTORIÉS	
Construction syntaxique des phrases	13	(6.1 %)	8	(6.2 %)	21	(6.1 %)
Utilisation de l'adverbe ne dans les marques de la négation	14	(6.6 %)	1	(0.8 %)	15	(4.4 %)
Déterminant dans le GN	46	(21.6 %)	13	(10.1 %)	59	(17.3 %)
Choix de la préposition dans Gprep	8	(3.8 %)	1	(0.8 %)	9	(2.6 %)
Σ obstacles en syntaxe	**81**	**(38 %)**	**23**	**(17.8 %)**	**104**	**(30.4 %)**
Compréhension du lexique	32	(15 %)	7	(5.4 %)	39	(11.4 %)
Choix de mots pour désigner un concept ou une chose	19	(8.9 %)	10	(7.8 %)	29	(8.5 %)
Σ obstacles en vocabulaire	**51**	**(23.9 %)**	**17**	**(13.2 %)**	**68**	**(19.9 %)**
Prononciation des mots	28	(13.1 %)	12	(9.3 %)	40	(11.7 %)
Correspondance graphophonétique en lecture	1	(0.5 %)	10	(7.8 %)	11	(3.2 %)
Élision du e	5	(2.3 %)	2	(1.6 %)	7	(2 %)
Σ obstacles en phonologie	**34**	**(16 %)**	**24**	**(18.6 %)**	**58**	**(17 %)**

OBJETS DES OBSTACLES	ENS2_A (DEBUT)		ENS2_C (FIN)		Σ TOTALE DES OBSTACLES RÉPERTORIÉS	
Construction de la forme verb. au présent de l'indicatif	10	(4.7 %)	2	(1.6 %)	12	(3.5 %)
Construction de la forme verb. au passé composé	0	(0 %)	27	(20.9 %)	27	(7.9 %)
Construction de la forme verb. au futur simple avec l'aux. *aller*	0	(0 %)	2	(1.6 %)	2	(0.6 %)
Σ obstacles en conjugaison	**10**	**(4.7 %)**	**31**	**(24 %)**	**41**	**(12 %)**
Phonogrammes	10	(4.7 %)	8	(6.2 %)	18	(5.3 %)
Morphogrammes grammaticaux	0	(0 %)	5	(3.9 %)	5	(1.5 %)
Lettres non fonctionnelles (mots d'origine étrangère)	1	(0.5 %)	1	(0.8 %)	2	(0.6 %)
Σ obstacles en orthographe	**11**	**(5.2 %)**	**14**	**(10.9 %)**	**25**	**(7.3 %)**
Usage des déictiques personnels	13	(6.1 %)	1	(0.8 %)	14	(4.1 %)
Élaboration de contenu	0	(0 %)	10	(7.8 %)	10	(2.9 %)
Usage des temps verbaux et cohésion temporelle	2	(0.9 %)	7	(5.4 %)	9	(2.6 %)
Formules expressives modales	8	(3.8 %)	0	(0 %)	8	(2.3 %)
Formes conventionnelles et registres de langue	3	(1.4 %)	2	(1.6 %)	5	(1.5 %)
Σ obstacles d'un point de vue énonciatif et textuel	**26**	**(12.2 %)**	**20**	**(15.5 %)**	**46**	**(13.5 %)**
Σ TOTALE	**213**	**(100 %)**	**129**	**(100 %)**	**342**	**(100 %)**

Un premier point à relever concerne l'ordre de priorité qui diffère d'une séquence à l'autre. Si la séquence Ens2_A considère en premier lieu les obstacles portant sur la *syntaxe* (38 %), puis sur le *vocabulaire* (23.9 %), pour se rapporter ensuite aux difficultés relatives à la *phonologie* (16 %) et aux questions *énonciatives et textuelles* (12.2 %) et traiter, enfin, dans des moindres proportions, celles relatives à *l'orthographe* (5.2 %) et à la *conjugaison* (4.7 %), Ens2_C présente une classification inverse. En effet, ce sont d'abord les problèmes liés à la *conjugaison* (24 %), à la *phonologie* (18.6 %), à la *syntaxe* (17.8 %), à ceux portant sur *l'énonciation et le texte* (15.5 %), puis sur le *vocabulaire* (13.2 %) et enfin sur *l'orthographe* (10.9 %) qui apparaissent successivement.

Deux éléments émergent de cette observation. Premièrement, les questions de syntaxe, de lexique ou de phonologie sont les points les plus contraignants au début des apprentissages. Leur prise en considération demeure prioritaire pour favoriser les premières interventions des apprenants. L'enseignement de la langue répond alors à l'urgence de la situation par un accompagnement centré sur le code : corriger les mots pour dire, les rendre perceptibles d'un point de vue phonologique et assurer des phrases syntaxiquement correctes d'après les classes et les fonctions grammaticales des mots. Par contre, en fin d'année, la conjugaison passe du dernier au premier plan, tandis que le vocabulaire suit le processus inverse. On imagine alors que la focale en fin de cursus s'éloigne des premières préoccupations parce que l'objet se complexifie, du moins en conjugaison avec l'enseignement des formes verbales au passé composé, mais aussi parce que le bagage des élèves devient plus important et nécessite moins de régulations, notamment au sujet du lexique.

Deuxièmement, la distribution du nombre d'obstacles suivant nos catégories diffère largement selon les séquences : la première séquence laisse voir des différences majeures entre la catégorie majoritaire et celle qui est la moins représentée (de 38 % avec la syntaxe à 4.7 % avec la conjugaison) ; l'analyse de la seconde séquence indique une répartition plus graduée (de 24 % avec la conjugaison à 10.9 % avec l'orthographe). On en déduit que les obstacles sont considérés une fois encore par ordre de priorités au début d'apprentissage, tandis qu'à la fin de l'année, c'est une prise en charge de l'ensemble des difficultés qui prédomine.

Comprendre les différences entre catégories invite par ailleurs à considérer les éléments qui les constituent. Nous pouvons alors voir si l'obstacle est transversal aux deux séquences ou si, au contraire, il est dû au choix d'objets spécifique à l'une ou à l'autre. D'abord, au sujet des *obstacles concernant la syntaxe*, on note que les difficultés traitant de la construction syntaxique des phrases sont sensiblement les mêmes entre les deux séquences (environ 6.1 %). Par contre, l'utilisation de l'adverbe *ne* dans les marques de la négation bascule de 6.6 % à 0.8 %. Cette différence s'explique en grande partie par les objets d'Ens2_A ciblés vers la production répétitive d'énoncés à la forme négative. La question du déterminant et le choix de la préposition varient aussi ostensiblement (de 21.6 % à10.1 % et de 3.8 % à 0.8 %). Cela signifie ici que la capacité des élèves évolue positivement, notamment parce que l'objet des productions se complexifie largement entre la première et la dernière séquence.

Ensuite, à propos des *difficultés en vocabulaire*, la différence des résultats se mesure surtout par le nombre d'obstacles liés à la compréhension du lexique qui diffère entre Ens2_A et Ens2_C. Il passe de 15 % à 5.4 %. Pourtant, les deux séquences proposent l'adoption d'un corpus de mots pour anticiper la production. Une fois encore, la progression des élèves devient ici significative. Ils étoffent leur bagage lexical en cours d'année et sollicitent moins de soutien pour profiter des mots de vocabulaire habituellement mis à disposition dans la classe. Par contre, les difficultés des élèves dans le choix des mots pour désigner un concept ou une chose demeurent équivalentes et fluctuent entre 8.9 % et 7.8 %. Cette faible diminution peut être entendue de deux manières : premièrement, elle est révélatrice de l'augmentation des capacités des élèves, étant donné que les productions attendues dans Ens2_C font appel à des connaissances lexicales plus riches ; mais, dans le même mouvement, la séquence Ens2_C invite les élèves à s'exprimer sur leur parcours, sans modèle préétabli, en stimulant des récits autobiographiques. De fait, les apprenants ont moins de contraintes pour exprimer leur pensée, d'autant plus que ce type de productions prolifère dans les dispositifs des classes d'accueil.

Pour ce qui est des occurrences en *phonologie*, deux éléments sont remarquables, même si le nombre global d'erreurs détectées est similaire entre Ens2_A avec 16 %, et Ens2_C avec 18.6 %. Le premier concerne les erreurs sur la prononciation des mots qui passe de 13.1 % à 9.3 %. Ici encore, on reste dans une logique de l'amélioration des ressources des apprenants. Par contre le deuxième élément souligne les effets du dispositif choisi : la correspondance graphophonétique en lecture s'impose largement dans la dernière séquence (où les erreurs passent de 0.5 % à 7.8 %) tout simplement parce que celle-ci monopolise davantage la lecture de textes en guise d'entrainement. Pour finir, la problématique de l'élision du *e* reste présente dans les deux séquences avec une légère diminution (de 2.3 % à 1.6 %). Ce qui montre que l'élision du *e* demeure un phénomène contraignant propre au français et fait appel à une maitrise phonologique conséquente tout au long des apprentissages.

Les obstacles en *conjugaison* soulignent une fois encore l'effet du choix des objets sélectionnés. La construction des formes verbales au présent de l'indicatif baisse de 4.7 % à 1.6 %, tandis que la construction des formes verbales au passé composé fluctue de 0 % à 27 %, *idem* pour le futur simple qui augmente de 0 % à 1.6 %.

En *orthographe*, tous les indicateurs marquent une augmentation des difficultés entre Ens2_A et Ens2_C, que ce soit au sujet des phonogrammes (de 4.7 % à 6.2 %), des morphogrammes grammaticaux (de 0 % à 3.9 %) ou que ce soit à propos des lettres non fonctionnelles (de 0.5 % à 0.8 %). Ce résultat est banal dans la mesure où la production écrite est principalement convoquée dans la dernière séquence.

Enfin, les obstacles *d'un point de vue énonciatif et textuel* montrent deux tendances opposées même si leur somme se partage de manière analogue entre Ens2_A (12.2 %) et Ens2_C (15.5 %). Il y a d'abord une diminution conséquente des difficultés dans l'usage des déictiques personnels entre Ens2_A et Ens2_C (de 6.1 % à 0.8 %), *idem* pour les formules expressives modales (de 3.8 % à 0 %) ; une augmentation tout autant parlante est visible au sujet de l'élaboration des contenus (de 0 % à 7.8 %) et de l'usage des temps verbaux et la cohésion temporelle (de 0.9 % à 5.4 %). Si la maitrise des déictiques personnels peut marquer une amélioration des capacités des élèves, les autres indices soulignent une fois encore l'influence du type d'objets convoqués dans les séquences. En effet, l'élaboration des contenus, les formules expressives modales ou la cohésion temporelle sont le propre de l'une ou de l'autre séquence.

En résumé, deux hypothèses semblent se disputer pour comprendre la diminution des obstacles entre la première et la dernière séquence. L'une s'appuie sur l'accroissement fort des capacités des élèves ; l'autre postule une incidence due à une centration sur un ou plusieurs objets, propres à chaque séquence, nécessitant des interventions plus ponctuelles. Les deux sont vraies. Effectivement, on constate un accroissement spectaculaire des capacités des élèves lorsque l'obstacle concerne un objet commun aux deux séquences, en particulier dans le domaine de la syntaxe (déterminant dans le GN et choix des prépositions), en vocabulaire (compréhension du lexique et choix des mots), en phonologie (prononciation des mots) et d'un point de vue énonciatif et textuel (usage des déictiques personnels). Par contre, les objets typiques d'une séquence marquent à leur tour le nombre d'obstacles identifiés. On le voit notamment au sujet de la syntaxe, avec l'utilisation de l'adverbe *ne*, encouragé uniquement dans Ens2_A, en phonologie avec la correspondance graphophonétique en lecture prévue seulement dans Ens2_C, en conjugaison avec la construction des formes verbales au présent (Ens2_A), au passé composé (Ens2_C), etc. Et cette diversité n'exige pas le même degré d'interventions ni le même traitement : l'élémentarisation plus forte de la première séquence sollicite plus de repérages et de régulations ponctuelles des obstacles, étant donné que chacun de ses objets traite un aspect détaillé de la langue. Néanmoins, la progression des contenus indique aussi que les objets choisis se complexifient, s'appuyant sur des ressources langagières plus conséquentes. On peut en déduire que l'avancement des élèves en classes d'accueil reste tout à fait remarquable entre le début et la fin de l'année.

CONCLUSIONS

Notre étude fait émerger des lieux de convergence sur la nature des erreurs détectées au cours des deux séquences du niveau débutant. Elle met aussi en exergue quelques points forts en ce qui concerne les obstacles épistémologiques et didactiques, les tactiques des apprenants pour les dépasser, tout comme les stratégies des enseignants pour les utiliser comme points d'ancrage à de nouvelles interventions didactiques.

1) *Une majorité d'obstacles en structuration.* Les primoarrivants commettent davantage d'erreurs en vocabulaire, syntaxe et phonologie. Ces trois éléments donnent lieu à une part prédominante des interventions didactiques, car ils recouvrent des aspects langagiers et métalangagiers complexes pour celui qui découvre le français. S'ils sont davantage régulés, c'est parce qu'ils créent des incidences sur les phénomènes d'intercompréhension en milieu endolingue : la maitrise des mots d'un point de vue sémantique et phonologique, l'adoption et la compréhension de règles pour leur agencement dans la phrase sont essentielles pour comprendre et se faire comprendre dans les échanges ordinaires (De Pietro *et al.*, 1988). Cependant, cette focalisation sur les objets liés au système de la langue, repérée dans les activités scolaires aux niveaux inférieurs, montre que les enseignants de ces niveaux répondent au principe d'une construction progressive des savoirs partant des élé-

ments les plus basiques (les mots, la phrase) pour ensuite intervenir sur des aspects plus complexes de la langue avec les textes et les actions langagières. En traitant les objets selon cette configuration, ces enseignants sont convaincus que des *compétences minimales en structuration* sont nécessaires pour créer plus tard des *compétences de communication*. C'est pour cela que les interventions didactiques, du moins au début des apprentissages, se focalisent sur les erreurs les plus flagrantes des apprenants, orientées sur un pan de leurs zones de développement proximal, à savoir le système de la langue. Nous comprenons ce parti pris, car il permet sans doute de donner un statut aux expériences langagières autonomes des élèves et d'éviter ainsi toute fossilisation des erreurs.

2) *Des obstacles induits par la chronogenèse des séquences.* L'analyse des erreurs révèle qu'elles sont également liées aux modes de déploiement des objets dans les séquences. Les obstacles didactiques sont observés en premier lieu lorsque la progression des objets enseignés est en décalage avec le temps d'apprentissage des élèves. Certes, la chronogenèse d'une séquence oblige à une évolution constante des contenus de savoir selon un temps didactique déterminé par l'enseignant (Chevallard, 1985/1991). Mais si les nouveaux objets enseignés qui succèdent aux anciens dans le but évident de faire progresser les apprentissages présentent des sauts trop importants, la situation devient problématique pour les élèves en difficulté. De fait, ces derniers procèdent par *plaquage ou homologie* de ce qui a été maitrisé avant sur l'objet nouveau. Des *phénomènes de résurgence* deviennent visibles : ce que l'on croyait résolu refait surface à partir du moment où une nouvelle complexité de la langue se présente à l'élève.

Ensuite, les obstacles d'ordre didactique proviennent de la confusion entre les situations de communication convoquées en classe de français : d'un côté, les élèves sont dans un cadre scolaire privilégiant des normes langagières, d'un autre côté, les apprentissages doivent convenir à des situations ordinaires moins conventionnelles. Les élèves résolvent cette ambigüité par *focalisation* sur ce qui est acceptable en milieu endolingue, ce qui crée évidemment l'erreur.

Plus loin, un autre décalage devient apparent lorsque les objets enseignés sont soustraits de leurs contextes d'utilisation pour répondre à des besoins d'efficacité didactique (listes de mots ou d'expressions en vocabulaire). Se déclenche alors un phénomène *d'obstacles en cascade*

lorsque les régulations s'éloignent d'un cadre interactionnel contextualisé. On mesure alors que le travail des enseignants en classes d'accueil
dépend fortement de la perception qu'ils ont des capacités de leurs
élèves pour ne pas engendrer de nouvelles difficultés et ainsi inviter à
de réels apprentissages.

3) *Des obstacles liés aux apprenants.* Notre étude montre que de nombreux obstacles restent indépendants du cadre didactique proposé
par l'enseignant. Plusieurs éléments constituent des sources possibles
d'erreurs, comme les interférences liées à la construction de l'interlangue de l'élève, comme les collusions entre des systèmes parfois
antagonistes entre la langue d'origine et le français, comme encore
les impasses causées par l'utilisation d'une langue franche. Nos
observations montrent que les apprenants usent de tactiques (parfois
surprenantes) leur permettant de construire du sens et de se faire
comprendre même si souvent elles débouchent sur une erreur : utilisation des images sonores des mots, approche par essais-erreurs, sur-
application d'une norme pour compenser leurs difficultés récurrentes.
Ces processus témoignent d'une logique interne des apprentissages
que les enseignants doivent décrypter pour comprendre ce qui est à
l'œuvre dans les interactions didactiques et contrôler les tentatives
d'approche des élèves.

4) *L'importance d'une immersion discutée.* À plusieurs reprises, notre
analyse montre que les expériences des élèves en milieu endolingue
favorisent la prise de risque dans l'adoption d'un nouveau vocabulaire ou de nouvelles structures. Leurs apports encouragent également des autorégulations pour mettre en relief des faits de langue
de manière contextualisée. À défaut, on repère une forme *d'insécurité
linguistique*, lorsque les objets traités en classe n'ont pas d'assise en
contexte ordinaire. Cependant, ces expériences autonomes du français
génèrent également des difficultés, notamment au niveau du registre
de langue et de l'usage de structures syntaxiques formelles. Nous en
concluons que l'immersion doit être encouragée, mais qu'elle invite
également à des réflexions sur ses apports et ses défis. Les classes
d'accueil « traitent » ces questions avec un pragmatisme sociolinguistique en mettant surtout en évidence ce qui est dicible ou pas selon
les contextes. Cependant elles méritent d'étendre la réflexion pour
pointer les lieux d'immersion, les types d'échanges qui y ont cours,

les facilités et les difficultés des élèves pour y participer, les types de régulations en milieu endolingue et les différents obstacles langagiers qui en émergent de manière saillante.

L'analyse des obstacles en classes d'accueil nous donne un aperçu des difficultés récurrentes pour celui qui apprend le français, mais n'a d'intérêt que lorsque ces obstacles sont dépassés. C'est pour cela que notre prochain chapitre traite des gestes de régulation, constitutifs eux aussi des interactions didactiques en classes d'accueil.

CHAPITRE 6

DE L'OBSTACLE AU GESTE DE RÉGULATION LOCALE

استفاده از زبان هر یک از آن، بنابراین شما درک دهتر

L'agir enseignant se caractérise par une somme de gestes professionnels qui sont définis comme des manières de faire et de dire dans le but de « combiner les différentes variables d'une situation d'enseignement et d'éducation » (Bucheton & Soulé, 2009, p 30). Ils renvoient donc à un répertoire de routines qui rendent possible la conduite de la classe (Bucheton *et al.*, 2005 ; Jorro, 2002). Mais d'un point de vue strictement didactique, les gestes servent fondamentalement à présenter les objets d'enseignement, à guider l'attention des élèves sur ces objets, en somme à les sémiotiser pour encourager de nouveaux apprentissages. Pour rappel, Schneuwly et Dolz (2009) relèvent quatre gestes fondamentaux : *mettre en place des dispositifs, institutionnaliser, créer de la mémoire didactique* et *réguler*. C'est ce dernier élément que nous investiguons dans ce chapitre. Car le repérage des obstacles des apprenants, décrits précédemment, n'a d'intérêt que s'ils sont dépassés par une série d'interventions. L'enseignant transforme alors ces obstacles en objets de savoir pour éviter qu'ils ne se répètent, avec la mise en place de nouveaux référents ou par activation de notions déjà traitées (Peterfalvi, 1997). Trois gestes de régulation sont possibles, la régulation *externe, interne* et la régulation *locale* (Aeby Daghé, 2009 ; Schneuwly & Bain, 1993). Si les deux premières sont des moyens de contrôle sur le choix des objets enseignables et permettent d'anticiper les capacités et les limites des élèves, les régulations locales s'inscrivent inopinément dans la chronogenèse d'une séquence. Elles la détournent, la bousculent pour que l'enseignant crée du sens à partir des obstacles des élèves identifiés *in situ*. À partir des obstacles relevés au chapitre précédent, nous interrogeons les différentes modalités du geste de régulation locale en classes d'accueil. Autrement dit, comment l'enseignant du niveau débutant gère-t-il en situation le dépassement des difficultés des élèves au cours des deux séquences d'enseignement ?

Pour définir les modalités de régulations locales possibles, notre unité d'analyse reste toujours l'intervention didactique. Elle débute dès qu'un obstacle est relevé par l'enseignant, elle se clôt par un appui invitant à revenir sur l'erreur de l'apprenant ou à répondre à ses interrogations. Soulignons par ailleurs qu'un seul et même obstacle peut donner lieu à plusieurs régulations locales consécutives, comme le montre cet exemple d'interaction didactique issu de l'activité 1.3.1. d'Ens2_A, visant l'étude des modalisateurs ou des verbes qui marquent l'intensité de l'appréciation :

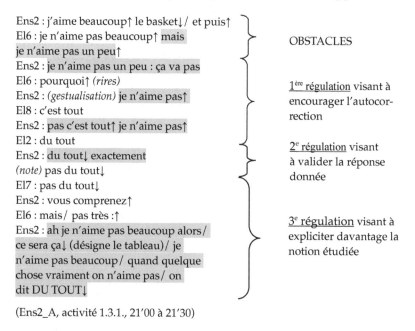

Ens2 : j'aime beaucoup↑ le basket↓ / et puis↑
El6 : je n'aime pas beaucoup↑ mais
je n'aime pas un peu↑   } OBSTACLES
Ens2 : je n'aime pas un peu : ça va pas
El6 : pourquoi↑ *(rires)*
Ens2 : *(gestualisation)* je n'aime pas↑   } 1ᵉʳᵉ régulation visant à
El8 : c'est tout   encourager l'autocor-
Ens2 : pas c'est tout↑ je n'aime pas↑   rection
El2 : du tout
Ens2 : du tout↓ exactement   } 2ᵉ régulation visant
(note) pas du tout↓   à valider la réponse
El7 : pas du tout↓   donnée
Ens2 : vous comprenez↑
El6 : mais/ pas très :↑   } 3ᵉ régulation visant à
Ens2 : ah je n'aime pas beaucoup alors/   expliciter davantage la
ce sera ça↓ (désigne le tableau)/ je   notion étudiée
n'aime pas beaucoup/ quand quelque
chose vraiment on n'aime pas/ on
dit DU TOUT↓

(Ens2_A, activité 1.3.1., 21'00 à 21'30)

Suite à la difficulté de l'élève (El6) pour exprimer une marque modale dans l'appréciation d'un gout (« je n'aime pas un peu »), Ens2 encourage une autocorrection (« je n'aime pas un peu : ça va pas » ; « je n'aime pas↑ »), valide la réponse fournie par un élève (« du tout ↓ exactement »), puis explicite davantage l'objet enseigné (« quand quelque chose vraiment on n'aime pas/ on dit du tout »). Nous sommes donc en présence d'un seul et même obstacle, investi par trois régulations de modalités différentes. Les indicateurs utilisés pour les déterminer et les délimiter sont les contenus de discours, les marques modales et linguistiques. Tout bien considéré, cet exemple est parfaitement révélateur de la valeur intrinsèque d'une interaction didactique : à partir de l'obstacle, les différentes régulations engagées servent à la reconstruction de l'objet enseigné, c'est-à-dire la maitrise des différentes marques modales pour affiner l'expression du gout.

Notre présentation de l'ensemble des régulations locales typiques des interactions didactiques en classes d'accueil résulte toujours d'un classement des extraits de corpus selon une démarche inductive (Van der Maren, 1996). Ce sont les catégories stabilisées que nous décrivons ici. Elles orchestrent nos différentes parties en révélant celles qui sont privilégiées. Nous les illustrons par quelques séquences potentiellement acquisitionnelles pour souligner que la régulation a opéré, du moins dans l'instant de l'interaction. Car, à dire vrai, nos précédents résultats indiquaient qu'un obstacle peut reparaitre dès que de nouveaux objets d'enseignement s'appuient sur des connaissances antérieures encore fragiles ou obligent les apprenants à monopoliser simultanément plusieurs ressources langagières. C'est pourquoi l'enseignant mobilise un ensemble d'outils en les articulant de manière cohérente pour donner du sens aux objets enseignés (Schneuwly & Dolz, 2009). Ainsi en s'associant, les modalités de régulation locale offrent une architecture singulière afin de répondre efficacement à la difficulté observée. Ces configurations, témoins du tissage de l'enseignant (Bucheton & Soulé, 2009), présentent une autre spécificité des situations d'enseignement et, dans notre cas, des cours de français en classes d'accueil. Leur schématisation et leur description ponctuent chacune de nos parties. À la suite, nous explorons si l'une ou l'autre modalité du geste de régulation s'active prioritairement en fonction des objets des obstacles. Enfin, notre étude entre dans la perspective de la progression : dans quelles mesures les modalités de régulation locale déterminées varient-elles au cours d'une année scolaire ? Deviennent-elles moins fréquentes ? Se complexifient-elles ?

MODALITÉS DU GESTE DE RÉGULATION LOCALE

Six-cent-septante interventions de l'enseignant ont été répertoriées. Elles révèlent les modalités du geste de régulation locale au sein des interactions didactiques des deux séquences. Nous les avons classées par ordre d'importance dans le tableau 6.1. *Encourager l'autocorrection d'une erreur de l'élève* est le plus conséquent avec 186 items, soit 27.8 %. *Corriger directement une erreur de l'élève* suit avec 146 occurrences soit, 21.8 %. Dans une part moins forte, *expliciter une dimension qui pose problème* apparait 116 fois, soit 17.3 %. Toutes les trois rassemblent les régulations majoritaires de notre corpus. Viennent ensuite *entrainer la forme correcte pour la consolider* avec 76 cas, soit 11.3 %, puis *aider à dépasser une incompréhension* avec 69 items soit 10.3 % et *valider la réponse de l'élève* avec 64 occurrences, soit 9.6 %. *Construire et faire référence à des aide-mémoires* ne représente que 13 cas seulement, soit 1.9 %.

Tableau 6.1. Gestes de régulation locale répertoriés au sein des deux séquences réunies

MODALITÉS DU GESTE DE RÉGULATION LOCALE	Σ DES MODALITÉS RÉPERTORIÉES DANS LES DEUX SÉQUENCES	
Encourager l'autocorrection d'une erreur de l'élève	186	(27.8 %)
Corriger directement une erreur de l'élève	146	(21.8 %)
Expliciter une dimension qui pose problème	116	(17.3 %)
Entrainer la forme correcte pour la consolider	76	(11.3 %)
Aider à dépasser une incompréhension	69	(10.3 %)
Valider la réponse de l'élève	64	(9.6 %)
Construire et faire référence à des aide-mémoires	13	(1.9 %)
Σ TOTALE	670	(100 %)

Avant de les détailler d'un point de vue qualitatif, deux commentaires peuvent être faits. Premièrement, les deux modalités majoritaires révélées en situation scolaire – *encourager l'autocorrection d'une erreur* et *corriger directement une erreur* – renvoient aux propositions de De Pietro *et al.* (1988) relatives au milieu endolingue. Nous supposons que ces régulations locales suivent des principes identiques tout simplement parce que les objets concernent dans les deux cas le code, la syntaxe, la phonétique et le vocabulaire. Autrement dit, ces deux modalités constitueraient le socle d'une séquence potentiellement acquisitionnelle *minimale* en situation ordinaire, comme en milieu scolaire, pour envisager une modification des capacités langagières de l'apprenant ou du locuteur novice.

Deuxièmement, les sept modalités de régulation locale semblent prendre deux directions différentes. D'un côté, les régulations locales paraissent autostructurantes avec *encourager l'autocorrection d'une erreur de l'élève* et *valider la réponse de l'élève*. Dans ce profil, c'est à l'élève d'assumer la régulation de son erreur. L'intervention de l'enseignant, quant à elle, servirait en amont à pointer l'obstacle puis, en aval, à juger de la justesse de l'essai. Cette perspective ne peut que renforcer les tentatives de l'élève à s'autoréguler, que ce soit en milieu scolaire ou endolingue. Reste à connaitre la nature des objets des obstacles et leur place dans la progression des contenus justifiant la mobilisation autonome des ressources par les apprenants. D'un autre côté, *corriger directement une erreur de l'élève, expliciter une dimension qui pose problème, entrainer la forme correcte pour la consolider, aider à dépasser une incompréhension* et *construire et faire référence à des aides mémoires* se révèlent plutôt hétérostructurantes au sens d'une régulation conduite et explicitée par l'enseignant lui-même. Si l'on suit ce découpage, il est intéressant de noter que d'un point de vue quantitatif le tiers des régulations locales sont autostructurantes (avec 250 items), alors que les deux tiers participent à une hétérostructuration (avec 420 items). On imagine que les capacités langagières des apprenants invitent à un soutien plus conséquent, parce que l'objet présenté se complexifie, parce que les primoarrivants débutent leurs apprentissages de la langue et ont peu de connaissances mobilisables dans l'action.

ENCOURAGER L'AUTOCORRECTION D'UNE ERREUR DE L'ÉLÈVE

Par cette première modalité du geste de régulation locale, l'enseignant déploie plusieurs stratégies pour suggérer une révision de la production de l'élève par l'élève lui-même. La première passe *par un pointage de l'erreur*. Elle est visible lorsqu'il s'agit de traiter une difficulté ponctuelle, comme en syntaxe avec l'oubli de l'adverbe *ne* dans les marques de la négation. Cette interaction, qui est issue de l'activité 1.1.1. d'Ens2_A pour formuler ses gouts selon le modèle « j'aime », « je n'aime pas », en est un exemple :

El9 : et puis/ je aime PAs le froid↓
Ens2 : je aime pas :↑/ non
El9 : je n'aime pas↓
Ens2 : je n'aime pas ↓

(Ens2_A, activité 1.1.1., 13'00 à 13'30)

Notre corpus montre également qu'Ens2 l'exploite sur des problèmes phonologiques, comme le montre cet échange sur la question de l'élision du *e*, extraite de l'activité 2.1.5. d'Ens2_A prévue pour exprimer ses gouts et reprendre celui des autres :

El10 : je m'appelle W. *(prénom de l'El10)* / JE aime glaces aux fraises
Ens2 : je aime↑
El10 : j'aime
Ens2 : j'aime↓

(Ens2_A, activité 2.1.5., 15'30 à 16'30)

Cette régulation est activée lorsque l'enseignant estime que la correction est immédiatement accessible à l'élève, soit parce qu'il y a une récursivité des erreurs, précédemment réajustées par l'enseignant ou par d'autres élèves, soit parce que l'obstacle en question touche à un objet faisant partie du paysage didactique de la séquence ou des séquences précédentes. C'est le cas notamment pour quelques erreurs portant sur la conjugaison. En voici un exemple au sujet des formes conjuguées au présent, au cours de l'activité 1.2.1. d'Ens2_A, comme rappel des terminaisons des verbes en -er :

Ens2 : alors c'est quoi la fin du verbe↑ là vous mettez une autre couleur↓ *(désigne le pronom de conjugaison je, noté au tableau)*
El9 : e/ s
Ens2 : personne JE↑
El9 : E↑
Ens2 : E↓

(Ens2_A, activité 1.2.1., 24'00 à 24'30)

Encourager l'autocorrection peut conduire dans un deuxième temps *à donner des indices sur la forme correcte attendue.* En voici un exemple où l'élève peine à formuler un énoncé syntaxiquement correct. Il provient de l'activité 1.3.1. d'Ens2_A ayant pour but de proposer des modalisateurs ou des verbes qui marquent l'intensité de l'appréciation :

El1 : déteste vélo↑ *(Ens2 désigne les pronoms notés au tableau)*
El1 : je déteste vélo
Ens2 : je détesteH *(désigne les articles notés au tableau)*

El1 : le vélo
Ens2 : le/ vélo↓
El ? : le/ vélo↓
Ens2 : ça va↑
El1 : je déteste le vélo↓
Ens2 : ok↑
El1 : oui↓

(Ens2_A, activité 1.3.1., 24'30 à 25'00)

En somme, ces régulations, plutôt remarquables en syntaxe et en conjugaison, attestent que les indices fournis par l'enseignant sont variables, allant d'une indication fragmentaire de la correction attendue (verbale et non verbale) à la formulation partielle de la règle à suivre. L'extrait suivant en est un exemple dans lequel l'élève omet l'adverbe *ne* de la négation dans l'expression du gout (activité 1.1.1 d'Ens2_A) :

El6 : j'aime pas
El5 : je n'aime : pas
Ens2 : attention↑ c'est oral↓/ (note avec signe d'attention) j'aime pas/ on peut écouter ça / et pour écrire↑
El5 : je N'AI :me pas
El6 : je n'aime pas
Ens2 : je n'aime pas↓ *(note au tableau)*// JE/ N'aime/ pas↓/ OK↑

(Ens2_A, activité 1.1.1., 08'00 à 08'30)

Ces indices fonctionnent comme des outils pour amener l'élève en difficulté à solutionner son erreur. Généralement, ils servent d'appui lorsque l'apprenant se trouve dans une impasse pour revoir lui-même sa production. L'extrait suivant, présentant un obstacle pour obtenir la forme verbale du verbe aimer avec le pronom *nous*, en est l'illustration. Il est tiré de l'activité 1.5.1., déjà présentée plus haut, servant à présenter puis entrainer deux manières d'exprimer ses gouts en réponse au gout d'un tiers, notamment avec la structure « nous aimons », « nous n'aimons pas ».

Ens2 : tu aimes les FIlles↑ AH↑ moi AUSSI j'aime les filles↓ alors qu'est-ce qu'ils vont nous dire tous les deux↑ ils vont dire :
El7 : on aime ⎱ 1^E OBSTACLE

Ens2 : moi plus quelqu'un d'autre↑ NOUS : ↑ } En donnant des indices
El10 : nous allons } 2^E OBSTACLE
Ens2 : nous↑ } Par pointage
El ? : nous aime↑
El9 : nous sommes
El8 : nous sommes
El10 : nous sommes / nous ALLONS↑
Ens2 : c'est le verbe AIMER } En donnant des indices
El9 : nous aimé↑ nous aimé
El7 : nous AIMERONS↑ nous aimerons↑
Ens2 : base↑ base↑ base↑ } En donnant des indices
El7 : nous aimerons↑
El9 : aim / aim /
Ens2 : base↑ aim↓ *(écrit au tableau)*

(Ens2_A, activité 1.5.1., 17'30 à 18'30)

Enfin, cette modalité du geste de régulation révèle un accompagnement plus serré lorsque l'autocorrection procède *par processus de décomposition-analyse de l'objet*. Elle survient au moment d'obstacles en conjugaison portant sur les formes verbales au passé composé. Par exemple, nous le voyons dans cet extrait, issu de l'activité 1.3.2. d'Ens2_C, où l'élève fait lire à Ens2 l'une des phrases produites pour traduire son évolution depuis son arrivée en Suisse et dans les classes d'accueil :

Ens2 : *(lit la production d'El7)* j'ai entré / : alors c'estH entrH entré / quoi↑ / / moi-même↑ ou autre chose↓
El7 : moi-même *(peu audible)*
Ens2 : moi-même↓ donc si c'est moi-même on met être↑ ou on met avoir↓
El7 : être *(peu distinct)*
Ens2 : être↓ / donc c'est pas / j'ai entré / c'est : ↑
El7 : j'ai↑
Ens2 : non : / au lieu de j'ai / on va mettre : le verbe être↑ / j'ai : : c'est le verbe / avoir / à la personne je / / et là on veut le verbe être à la personne je↓
El7 : je suis entré

(Ens2_C, activité 1.3.2., 20'30 à 21'00)

On remarque alors qu'Ens2 procède selon une maïeutique pour faire émerger la réponse attendue lorsque celle-ci demande l'application d'une diversité de règles. Le principe sous-jacent est souvent le même : réactiver la procédure vue en cours de séance d'une part pour créer des automatismes, d'autre part pour souligner que l'apprentissage de la langue passe aussi par l'adoption d'une suite de décisions devant être prises dans un ordre précis.

En conclusion, une progression est remarquable dans l'activation des régulations dirigées vers l'autocorrection des élèves. Du simple pointage, elles procèdent par mise à disposition d'indices, suivie, le cas échéant, par décomposition-analyse de l'objet. Cette évolution dépend de deux facteurs : la complexité de la tâche à résoudre, la disponibilité immédiate dans les connaissances des élèves des concepts nécessaires à la résolution du problème. On le voit notamment lorsque l'on passe, en syntaxe, de l'oubli de l'adverbe *ne* dans les marques négatives, à la forme syntaxique des phrases. On le mesure également en conjugaison dès l'instant où les formes verbales au passé composé succèdent à celles du présent de l'indicatif.

VALIDER LA SOLUTION DE L'ÉLÈVE AU PROBLÈME DÉTECTÉ

Les régulations visant l'autocorrection sont généralement suivies par une autre modalité, qui consiste à *valider la solution de l'élève au problème détecté*. En effet, Ens2 ratifie de manière récurrente la proposition avancée par l'apprenant, essentiellement en répétant le mot, la partie de la phrase ou de l'énoncé corrigé par l'apprenant. En voici une illustration, reprise d'un échange donné plus haut, suite à l'absence de l'adverbe *ne* dans les marques de la négation (activité 1.1.1 d'Ens2A) :

El9 : et puis/ je aime PAs le froid↓
Ens2 : je aime pas :↑/ non
El9 : je n'aime pas
Ens2 : je n'aime pas : ↓

(Ens2_A, activité 1.1.1., 13'00 à 13'30)

Cette nouvelle modalité du geste de régulation est un moyen pour conforter les démarches du primoarrivant, mais aussi pour asseoir certaines propriétés grammaticales, phonologiques ou portant sur le système verbal déjà pointées au cours de séquence, comme le montre le prochain extrait, issu de la même activité :

El10 : je n'aime pas la froid
Ens2 : je n'aime pas↑
El7 : il fait froid
El10 : il fait froid
Ens2 : non XXX *(désigne une image)*
El7 : le froid   ˙
El10 : le froid
Ens2 : encore
El10 : je n'aime pas : le froid
Ens2 : LE / froid masculin

(Ens2_A, activité 1.1.1., 12′30 à 13′00)

En bref, la modalité de validation présente une double perspective. Premièrement, elle permet de conforter l'élève dans sa prise en charge autonome
de l'obstacle. Deuxièmement, elle présente une nouvelle occasion de faire
entendre la forme correcte des mots, des phrases ou des énoncés partiels ou
complets à l'ensemble de la classe. Cette dynamique est identifiée à maintes
reprises dans notre corpus, que ce soit ici avec l'enseignant ou plus loin
avec les élèves lorsque la modalité du geste de régulation est orientée vers
l'entrainement des formes adéquates (*cf.* partie *Entrainer la forme correcte
pour la consolider* de ce chapitre). L'apprentissage du français en classes
d'accueil s'inscrit dans ce cas selon une démarche quelque peu béhavioriste
où le principe d'itération conduit à la mémorisation des formes attendues.
C'est par répétition d'une même démarche que finalement l'enseignant
fait adopter quelques automatismes, ou du moins espère écarter certains
obstacles.

À la suite du développement de nos deux premières modalités du geste
de régulation locale, la figure 6.1 propose une représentation graphique de
l'articulation des différents mouvements de régulation allant du *pointage*
au *processus de décomposition-analyse de l'objet*, en *passant par la formulation
d'indices*, pour aboutir en fin de compte à la *validation de la solution proposée
par l'élève*.

Figure 6.1. Articulation des deux modalités du geste de régulation
*encourager l'autocorrection de l'erreur de l'élève et valider la solution
de l'élève au problème posé.*

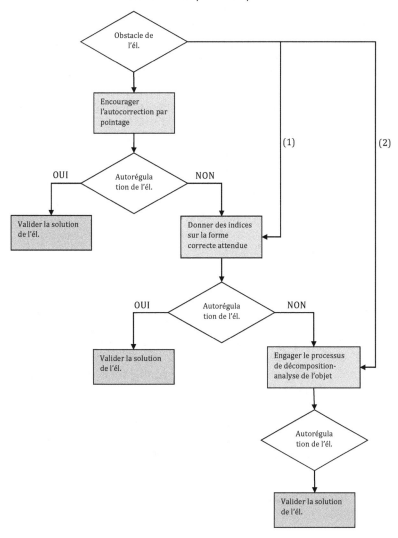

Deux points méritent d'être soulignés : le processus d'autocorrection donne immédiatement lieu à une validation dès que la solution proposée par l'élève correspond aux attentes de l'enseignant (*cf.* relations « OUI », figure 6.1) ; le processus d'autocorrection engage des formes de régulations complémentaires dans le cas contraire (*cf.* relations « NON », figure 6.1), par la formulation d'indices, puis par décomposition-analyse de l'objet. Selon la difficulté de l'obstacle à traiter, l'enseignant mobilise directement ces deux derniers éléments (*cf.* relations (1) et (2), figure 6.1). Ceci est révélateur de son adaptabilité aux capacités de ses élèves. Car, pour encourager des démarches euristiques autonomes et spontanées, pour permettre le dépassement des erreurs par l'expression d'une langue plus réfléchie, il ne peut faire l'économie de quelques mesures additionnelles empêchant les blocages. La force de l'accompagnement dépend évidemment des connaissances disponibles des apprenants.

Quant à la validation des propositions des élèves, elle est fondamentale sur trois points : évaluer les régulations, favoriser la construction d'un répertoire commun de références et, enfin, encourager les démarches des élèves, leur prise de risque, pour stimuler en fin de compte des démarches similaires en milieu endolingue.

Corriger directement une erreur de l'élève

Cette nouvelle modalité est dans la perspective opposée des deux précédentes, car *corriger directement une erreur de l'élève* engage une hétérorégulation. Elle est privilégiée dans deux cas de figure : soit la correction a lieu à l'oral et, dans ce cas, elle se présente par *reformulation du mot, de la partie de l'énoncé de l'élève* ; soit la correction se profile à l'écrit, *par épellation du mot pour en corriger l'orthographe*.

À l'oral, cette modalité de régulation est activée de préférence pour régler les difficultés syntaxiques et phonologiques. En voici trois extraits révélateurs. Le premier traite de la construction syntaxique d'une phrase difficilement accessible aux élèves, consécutive à l'activité 3.1.1 (2ᵉ partie) d'Ens2_A proposée pour affiner le contenu de dix expressions de gout :

El1 : je n'aime pAs : trente-deux↓
Ens2 : *(demande confirmation)* tu n'aimes pas le numéro trente-deux↑ / j'entends pas↑ *(bruit)*
El1 : oui :
Ens2 : hein : trente-deux↑ c'est ça↑ *(écrit au tableau)*

El1 : oui

Ens : c'est ça↑

El1 : oui↑

Ens2 : ok/ alors il faut dire :/je n'aime pas / le numéro / trente-deux↓ (note au tableau)

(Ens2_A, activité 3.1.1. (2ᵉ partie), 11'00 à 11'30)

Le second extrait concerne l'usage des déterminants porteurs du genre du nom, qui semble également en dehors du cadre référentiel des apprenants. Il provient de l'activité 2.1.5. d'Ens2_A pour exprimer son gout selon le modèle « je m'appelle... et j'aime » :

El9 : je m'appelle S. *(prénom de l'El9)* et j'aime le : télé : regarder le télé

Ens2 : j'aime regarder :/ LA/ télé↓

El9 : la télé

Ens2 : encore

El9 : je m'appelle S. *(prénom de l'El9)* et j'aime regarder la télé

(Ens2_A, activité 2.1.5, 17'30 à 18'00)

Le troisième extrait renvoie à des obstacles portant sur la phonologie notamment, avec la prononciation de mots moins usuels. Cet extrait appartient à l'activité 1.4.3. d'Ens2_C, dans laquelle les élèves conjuguent au passé composé des verbes proposés dans un texte élaboré par Ens2, présentant les étapes de l'élaboration du premier projet de kamishibaï :

Ens2 : d'accord :↑ on a l'auxiliaire être : on n'a pas d'auxiliaire avoir↓/ nous sommes allés *(attend la suite de la lecture du texte par El1)*

El1 : nous sommes allés raconter/ aux classes enfantinés↓

Ens2 : enfantines

El1 : enfantine

(Ens2_C, activité 1.4.4., 11'00 à 11'30)

En fin de compte, *corriger directement les erreurs* est favorisé lorsque l'interlangue des élèves se constitue d'emprunts non maitrisés (consonance phonétique, transfert d'un modèle structurel d'une phrase à une autre, etc.) ou lorsque les objets enseignés dépassent le cadre de leur zone proximale de développement. C'est le cas notamment sur des questions énonciatives et textuelles, ou relatives à la morphologie des verbes au passé. De fait, les régulations autonomes sont hors de la portée des apprenants, comme le montre l'extrait suivant sur l'usage des formes expressives orales pour l'expression du partage du gout, abordé dans l'activité 1.5.1 sur la reprise du gout d'un tiers :

El6 : madame↑ X c'estH TU AIMes↑ / je n'AIme pas↑ eh moi aussi NON↑ / c'est :
tu : <u>tu n'AIMES pas</u>↑ <u>non</u>
Ens2 : <u>c'est pas MOI AUSSI NON</u>↑ / stop↑ stop↑ C. *(prénom de l'El6)*
El8 : moi non↑
Ens2 : c'est pas MOI AUSSI non↑ c'est↑H
El10 : toi aussi↑ moi aussi↑
El ? : MOI↑
El6 : moi aussi↑
El10 : XX/ nous avons/ vous avezH
Ens2 : (note au tableau) MOI/ NON/ PLUS// je n'aime pas travailler le wee-kend/ moi non plus↓
El6 : moi non plus↓

(Ens2_A, activité 1.5.1, 21'00 à 21'30)

Néanmoins, le recours à l'hétérocorrection intervient à d'autres occasions dans les pratiques, en cas de récidive d'un même obstacle, ou lorsque l'enseignant considère que l'autocorrection opérée par l'élève demeure incomplète ou procède par hésitations entre deux formes distinctes. En voici un exemple où l'élève ne parvient pas à se décider dans le choix du déterminant dans l'expression du gout avec « j'aime », « je n'aime pas » (activité 1.1.1. d'Ens2_A) :

El9 : j'aime le lectXX/ et puis je ai :me pas le froid
Ens2 : encore une fois
El9 : j'aime lecture :/ laH <u>lecture</u>
Ens2 : <u>j'aime</u> LA lecture

(Ens2_A, activité 1.1.1., 13'00 à 13'30)

À l'écrit, l'hétérocorrection se résume exclusivement à l'*épellation du mot ou de la partie du mot mal orthographié* sans autre forme de procès, visible dans l'extrait suivant tiré de l'activité 3.1.1. (2ᵉ partie) d'Ens2_A visant l'écriture de dix expressions du gout :

Ens2 : *(lit le texte d'El5)* JE n'aime pas manger beaucoup / XXX les films policiers et de guerre H ici vous avez H de guerre H c'est ça↑ la guerre H il y a pas d'accent H il y a deux R

(Ens2_A, activité 3.1.1. (2ᵉ partie), 25'30 à 26'00)

En résumé, la modalité que nous venons de décrire accompagne les élèves en proie à une impasse tant épistémologique que didactique. De toute évidence, leurs pratiques langagières et la construction de leur interlangue dépassent le contrôle qu'ils peuvent avoir de leur propre production. L'élève n'est pas en mesure de revenir sur son erreur par les moyens langagiers et métalangagiers dont il dispose (la barrière est alors épistémologique). Sinon, les outils proposés en classe de français méritent d'être encore apprivoisés pour devenir performants dans l'usage et la révision de la langue (l'obstacle est ici didactique). Dans tous les cas, l'enseignant doit procéder par corrections directes. Ceci exige de lui une interprétation fine des obstacles (leurs natures, leurs récurrences, les stratégies des élèves pour en venir à bout) pour adopter l'une ou l'autre de ces options : résoudre le problème langagier à la place de l'élève (*cf.* relation (1), figure 6.2) ou encourager une autorégulation (*cf.* relation (2), figure 6.2), quitte à intervenir de manière plus franche par la suite en cas d'échec (*cf.* relation (NON), figure 6.2). Car, même si les classes d'accueil basculent entre pragmatisme, efficacité, et maitrise raisonnée de la langue due aux temps restreints d'enseignement, il n'en demeure pas moins que les obstacles servent de jalons pour créer des espaces d'apprentissage pertinents.

Comme notes finales sur ce point, deux éléments méritent d'être encore signalés. Premièrement, la correction est intégrée par l'élève, car systématiquement celui-ci répète la forme corrigée de l'enseignant (*cf.* relation (3), figure 6.2). Cette manière de s'approprier les énoncés corrigés s'annonce comme une particularité interactive typique des cours de français en classes d'accueil. On comprend la démarche de l'élève qui prend à son compte le geste de validation de l'enseignant.

Figure 6.2. Articulation des deux modalités de régulation *encourager l'autocorrection de l'erreur de l'élève et corriger directement les erreurs de l'élève.*

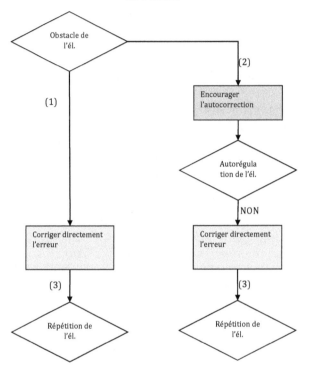

Deuxièmement, la modalité *corriger directement l'erreur* peut être relayée par un pair. Dans ce cas, l'intervention inattendue de cet élève interrompt le processus d'autocorrection engagé par l'enseignant. Plus encore, elle déclenche la répétition de la proposition faite par celui qui a commis l'erreur, comme si la correction proposée par un autre élève avait le même statut que celle de l'enseignant. Voici une interaction didactique qui illustre cela, à propos de l'utilisation problématique du déictique personnel *tu*, dans un jeu de formulation de questions visant à connaitre le gout des élèves sur le modèle « qu'est-ce que tu aimes ? », « qu'est-ce que tu n'aimes pas ? » (activité 1.1.1. d'Ens2_A) :

El3 : j'aime / qu'est-ce que j'aime pas↑ *(doit formuler la question pour un pair)*
Ens2 : non pas je↓*(rires)*/ je / c'est celui qui parle/ vous avez la réponse/ allez-y
M. *(prénom de l'El3)*
El1 : qu'est-ce que tu aimes↑
El3 : qu'est-ce que tu aimes↑
El7 : qu'est-ce que tu aimes pas↑
El3 : *(à El1)* c'est ça↓ *(évite de répéter à nouveau la question)*

(Ens2_A, activité 1.1.1., 11′30 à 12′00)

De fait, la figure 6.3 montre le *court-circuit* provoqué par l'intervention de l'El1 (*cf.* relation (2), figure 6.3), par rapport au scénario initial que nous avons décrit plus haut (*cf.* relation (1), figure 6.3).

Figure 6.3. Articulation des modalités *encourager l'autocorrection et corriger directement l'erreur, court-circuité par corriger directement l'erreur par un autre élève.*

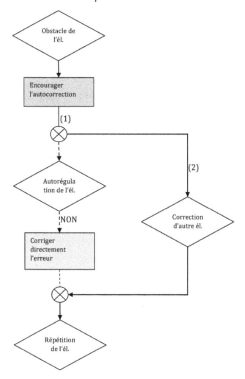

Ce dernier élément est un premier indice que les phénomènes de régulation renvoient à des formes collaboratives : tous les acteurs de la relation didactique œuvrent conjointement au problème de langue posé par l'enseignant ou, dans le cas présent, par un élève.

ENTRAINER LA FORME CORRECTE POUR LA CONSOLIDER

Entrainer la forme correcte pour la consolider demeure une autre modalité du geste de régulation adjacente aux précédentes. Il s'agit de faire exercer l'élève à partir de la correction de son erreur. Cette modalité se rapporte substantiellement aux obstacles portant sur la phonologie, comme le montre cet exemple, provenant de l'activité 2.1.5. d'Ens2_A pour exprimer son gout et reprendre celui des autres :

El7 : je m'appelle R. *(prénom de l'El7)* et jé aime dessine :
Ens2 : j'aime dessiner↑
El7 : dessiner
Ens2 : allez-y encore / j'aime dessiner
El7 : j'aime dessinier
Ens2 : dESSiner
El7 : dessI :ner
El1 : XX
Ens2 : allez-y↑ / je m'appelle R. (prénom de l'El7) / j'aime dessiner
El7 : je m'appelle R. *(prénom de l'El7)* / ji aime H ok↑
Ens2 : j'aime H dessiner
El7 : je peux pas dire
Ens2 : essayez encore une fois↑ juste ça↓ j'aime dessiner
El7 : j'aime dessiner / dessiner

(Ens2_A, activité 2.1.5., 14′00 à 15′)

Toutefois cette modalité s'applique, dans une moindre mesure, aux obstacles en syntaxe. Cet extrait en est une illustration au sujet de l'emploi des déterminants. Il est issu de la même activité :

El2 : je m'appelle D. *(prénom de l'El2)* / j'aime le kebab↓
Els : *(rires)*
El2 : j'aime / mANge le kebab↑
Ens2 : c'est : ↑ / la chose que vous préférez↑

El2 : <u>OUI</u>↑ madame :
Ens2 : c'est vraiment le truc↑ / c'estH↑ ok↓ / j'aime LES kebabs on dira plutôt↓
El2 : LES kebabs↓
Ens2 : allez-y encore
El2 : je m'appelle D. *(prénom de l'El2)* / j'aime les kebabs

(Ens2_A, activité 2.1.5., 16'30 à 17'00)

Voici un autre exemple traitant du même sujet, à la différence près que l'entrainement se profile lorsque l'interaction pointe une hésitation de l'élève :

El11 : je m'appelle M. *(prénom de l'El1)* j'aime mon copineH MA copine↓
Ens2 : féminin exactement : encore↑ *(rires)*
El11 : *(rit)* je m'appelle M. *(prénom de l'El1)* j'aime ma copine↑
Ens2 : je m'appelle M. *(prénom de l'El1)* / j'aime ma copine↓

(Ens2_A, activité 2.1.5., 14'00 à 14'30)

Trois constats découlent de nos observations. D'abord, la forme privilégiée des reprises insère le mot ou la structure syntaxique problématique dans un énoncé complet. Ensuite, les objets traités présentent un contraste : soit ils correspondent absolument à la zone proximale de développement des élèves, soit ils s'en éloignent fortement. Pour le premier cas, l'enseignant considère que les objets créant l'obstacle doivent être maitrisés d'après la chronogenèse de la séquence et dans ce cas, l'entrainement figure comme un moyen de contrer la fossilisation des erreurs (maitrise de l'énoncé « j'aime » par exemple). Pour le second, l'enseignant astreint les apprenants à répéter les éléments nouveaux, sur lesquels ils ne peuvent pas avoir encore prise, afin de créer des automatismes (prononciation des mots peu usuels, maitrise des structures de phrases complexes). En troisième lieu, nous prenons conscience que l'entrainement fait partie des routines des interactions didactiques en classes d'accueil, routines déjà visibles avec la modalité *corriger directement les erreurs des élèves*. Les élèves sont souvent sollicités à redire les formes corrigées suite à une régulation de l'enseignant (*cf.* relations (1), figure 6.4) ou après une autorégulation spontanée d'un élève (*cf.* relations (2), figure 6.4). Cette démarche est tellement intégrée dans les activités que la reprise a parfois lieu sans invitation explicite de l'enseignant (*cf.* relations (3), figure 6.4).

Figure 6.4. Articulation des trois modalités *entrainer pour consolider,*
corriger directement les erreurs de l'élève et valider la solution
de l'élève.

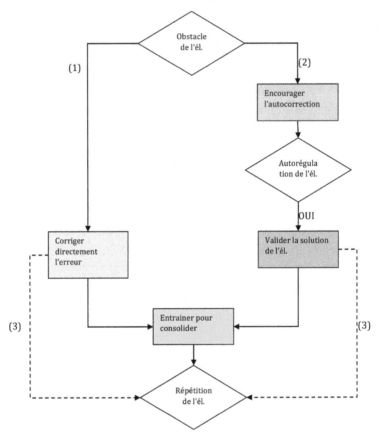

EXPLICITER UNE DIMENSION QUI POSE PROBLÈME

Notre corpus montre de manière récurrente qu'Ens2 répond aux obstacles des élèves en *explicitant une dimension de l'objet qui pose problème*. La dimension mise en avant dépend évidemment de la nature de l'objet. Il peut s'agir d'une *dimension théorique ou conceptuelle,* relative par exemple à la syntaxe ou au lexique. De manière contigüe, il est question de *l'explicitation de la forme orthographique d'un mot sur demande de l'élève.* Plus loin et dans une vision plus large, cela touche à *l'explicitation de stratégies pour dépasser une difficulté d'ordre textuel,* comme l'élaboration des contenus. Malgré la variété des champs et des modes de faire, les pratiques enseignantes qui s'y réfèrent renvoient toutes à une seule et même modalité : présenter explicitement la ou les notions sous-jacentes à l'obstacle pour permettre son dépassement. Cette opération vise donc à marquer de manière évidente non seulement la part de l'objet qui crée l'obstacle, mais à rendre clairs les éléments qui permettent sa résolution. Expliciter renvoie étymologiquement au déploiement, voire au *dépliage* des notions, en l'occurrence celles qui provoquent l'obstacle.

Avec *l'explication des dimensions théoriques et conceptuelles,* on touche de manière prégnante au domaine du lexique, où la compréhension de mots nouveaux engendre des difficultés. L'interaction suivante en est témoin, lorsque les élèves doivent assimiler plusieurs mots nouveaux intégrés dans des formules expressives. Elle est extraite de l'activité 1.4.2. d'Ens2_A, prévue pour exprimer les gouts des élèves à partir d'une liste d'actions possibles et d'une liste de modalisateurs :

Ens2 : *(lit au rétroprojecteur)* d'accord↑ alors voyager en voiture/ chanter en public
H vous comprenez chanter en public↑
El1 : non
El9 : c'est quoi public↑
El3 : ouais
Ens2 : chanter↑ vous comprenez↑
Els : oui↑
Ens2 : en public c'est les personnes qui écoutent↓

(Ens2_A, activité 1.4.2., 06'00 à 06'30)

Cette modalité de régulation a également cours, moins fréquemment, pour considérer les phénomènes relatifs à la phonologie, la conjugaison, la syntaxe ou encore l'énonciation. Voici un exemple qui illustre une difficulté en syntaxe. L'extrait, tiré de l'activité 3.1.2. d'Ens2_A pour oraliser une des phrases écrites sur les expressions du gout, vise à dépasser un problème récurrent des marques de la négation avec le verbe *aimer :*

Ens2 : il me semble que dans l'exercice vous vous êtes trompés/ qu'est-ce qu'il y a pour faire la négation H négatif/ NE/ PAS↓ H qu'est-ce qu'il y a au milieu↑
El11 : aime/ aime

El1 : verbe↑
Ens2 : c'est quoi ça↑ *(désigne un mot au tableau)*
El10 : c'est le verbe↑
Ens2 : verbe↓ *(note)*
El4 : <u>vER</u>↑
Ens2 : d'accord↑
El3 : dans la phrase↑
Ens2 : dans la phrase : c'estH le verbe il est toujours au/ milieu de la négation↓ la négation n'est pas XX pour ne pas dire :/ JE : ne : regarde la télévision pas↑

(Ens2_A, activité 3.1.2., 08'00 à 08'30)

Pour ce qui est de *l'explicitation des formes orthographiques sur demande de l'élève*, elle entre tout à fait dans la lignée de ce que nous venons d'exposer. On le voit dans cet échange né d'une transition, où l'élève ignore l'orthographe du mot *vieux* :

El1 : madame↑ s'il vous plait↑ comment il s'écrit vieux/ madame↑ vieux↑ madame : comment on écrit vieux↑
Ens2 : v/i/e/u/x↓

(Ens2_C, transition suivant l'activité 1.4.1. (2e partie), 28'30 à 29'00)

Enfin, *l'explicitation de stratégies pour dépasser un obstacle d'ordre textuel* consiste fondamentalement à favoriser l'élaboration de contenus, en cas de blocage. Elle prend donc la forme de pistes de réflexion claires permettant l'émergence d'idées, comme on le voit dans l'interaction suivante, où l'élève peine à modifier le contenu de son texte pour que celui-ci corresponde au mieux au projet de communication du kamishibaï (activité1.4.5. d'Ens2_C) :

Ens2 : et vous avez appris quoi en couture↑ vous avez vraiment appris quoi↑
El4 : comment ça marche machine
Ens2 : j'ai appris : comment : marche : une machine↓
El4 : ok
Ens2 : autre chose en couture↑
El4 : coudre avec les mains :
Ens2 : oui/ en dessin vous avez appris quoi↑
En4 : comment dessiner les fourmis
Ens2 : comment dessiner les fourmis↑ *(rires)*
El : XX

Ens2 : les ours :↑
El2 : et puis la forme du visage
Ens2 : la forme du visage :/ ok : en musique↑

(Ens2_C, activité 1.4.5., 05'30 à 06'30)

En bref, les formes d'explication détectées demeurent relativement sommaires lorsqu'elles s'adaptent à la capacité de réception des apprenants. Tout simplement parce que les notions sont nouvelles et qu'il s'agit de ne pas ajouter de la complexité à ce qui est déjà ardu. Ou encore parce les notions font partie des connaissances préalables des élèves qu'il suffit de réactiver de manière lapidaire. Quoi qu'il en soit, les explications se manifestent dans les pratiques pour parer aux problèmes généraux de compréhension que les modalités précédentes ne parviennent pas à contrôler (*cf.* relations (1), figure 6.5). Ou, au contraire, elles s'annoncent comme un adjuvant d'une autre modalité à la fin des interactions didactiques pour donner du relief aux corrections de l'enseignant (*cf.* relation (2), figure 6.5), ou pour institutionnaliser les différentes tentatives d'autorégulation des élèves (*cf.* relation (3), figure 6.5). Ce dernier cas est illustré dans l'interaction suivante, extraite de l'activité 1.3.1. d'Ens2_A, qui porte sur les modalisateurs ou les verbes qui marquent l'intensité de l'appréciation :

Ens2 : j'aime beaucoup↑ le basket↓/ et puis↑
El6 : je/ n'aime/ pas beaucoup↑ mais je n'aime pas un peu↑
Ens2 : je n'aime pas un peu : ça va pas
El6 : pourquoi↑*(rires)*
Ens2 : *(gestualisation)* je n'aime pas↑
El8 : c'est tout
Ens2 : pas/ c'est tout↑ je n'aime pas↑
El2 : du tout
Ens2 : du tout↓ exactement *(note)* pas du tout↓
El7 : pas du tout↓
Ens2 : vous comprenez↑
El6 : mais/ pas très :↑
Ens2 : ah je n'aime pas beaucoup alors/ ce sera ça↓(désigne le tableau) / je n'aime pas beaucoup/ quand quelque chose vraiment on n'aime pas/ on dit/ DU TOUT↓ /

(Ens2_A, activité 1.3.1., 21'00 à 21'30)

Figure 6.5. Articulation des quatre modalités *expliciter une dimension, corriger directement les erreurs de l'élève, encourager l'autocorrection et valider la solution de l'élève.*

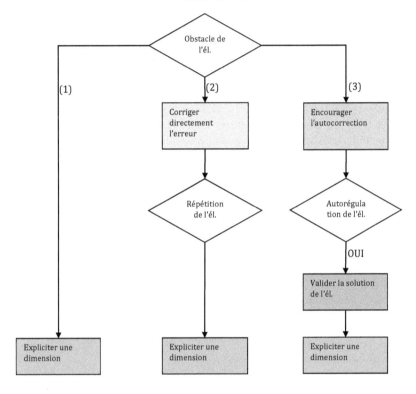

AIDER À DÉPASSER UNE INCOMPRÉHENSION

Dans les interactions didactiques, il se peut que l'obstacle résiste ou que les tentatives d'explicitation de l'enseignant demeurent inaccessibles à certains élèves. Dans ce cas, une nouvelle modalité entre sur la scène didactique. Et ce sont trois manières de faire qui soutient la compréhension des apprenants : la première fait appel à une *gestualité*, à *l'utilisation d'onomatopées* ou à *des dessins* ; la seconde s'appuie sur une *langue étrangère franche* ou sur une *langue d'origine des élèves* ; *renvoyer la question* est une troisième voie pour permettre à l'ensemble de la classe de résoudre conjointement la difficulté de compréhension d'un pair. Si ces trois approches traitent des incompréhensions des apprenants, *questionner pour comprendre* sert plutôt à résoudre une difficulté de l'enseignant lorsqu'il peine à saisir les propos d'un de ses élèves. Détaillons-les séparément.

L'usage d'une gestualité, d'onomatopées ou de dessins pour aider les élèves à comprendre puis à maitriser des mots de vocabulaire accompagne durablement l'action didactique d'Ens2. Les trois exemples qui suivent illustrent chaque procédé. Dans le premier, l'enseignant aide à la compréhension du mot *timide* avec des gestes, comme le montre cet échange tiré de l'activité 2.2.1. d'Ens2_C qui travaille la posture et le regard dans les échanges en contexte culturel suisse :

> Ens2 : un peu timide :/ ouais
> El2 : XX/ madame
> El11 : c'est quoi timide↑
> Ens2 : timide c'est quelqu'un qui a peur *(se cache le visage entre les mains)*
> El11 : AH : : : *(se cache également le visage et montre qu'il a compris)*
>
> (Ens2_C, activité 2.1.2., 16′00 à 16′30)

L'emploi des onomatopées a la même finalité. On le voit ici dans cet échange visant à faire comprendre le sens du mot *peur* lorsque dans l'activité 2.1.3, les élèves essaient de trouver la bonne distance entre interlocuteurs dans des échanges oraux :

> Ens2 : ça fait peur : un peu hein : ça fait peur↓ oui
> El11 : XX *(demande à El2, car n'a pas compris)*
> Ens2 : BOUH : : :↑
> El1 : ah oui
>
> (Ens2_A, activité 2.1.3., 26′00 à 26′30)

Les dessins entrent à leur tour dans cette lignée, comme le montre cet exemple à la suite d'une intervention d'Ens2 qui conjugue le verbe *aimer* dans des énoncés (« j'aime la glace à la fraise ») dans l'activité 1.2.2. d'Ens2_A :

> El1 : madame c'est quoi fraise↑
> Ens2 : fraise c'est un fruit/ rouge *(dessine une fraise au tableau)*
>
> (Ens2_A, activité 1.2.2., 04′00 à 04′30)

L'exploitation d'une langue franche, généralement l'anglais, ou d'une *langue d'origine des élèves* a aussi l'ambition d'investir les moyens nécessaires pour aider les élèves dans leur compréhension d'un lexique parfois inaccessible. L'extrait suivant le met en lumière quand il s'agit de définir le mot *bruit.* Il provient de l'activité 1.1.2. d'Ens2_A consistant à noter dans un cahier les mots de vocabulaire incompris figurant dans une liste :

El6 : bruit↑
Ens2 : c'est quoi ça le bruit↑
Els : c'est comme XXX quand il y a beaucoup de XX
Ens2 : ksss kss kss *(imite le son d'un bruit)*
El6 : quoi↑
El ? : moi jeH je connaissais pas ça
Ens2 : vous comprenez↑
El7 : le mot/ je connais tout↑ *(suite de commentaires – indistinct)*
Ens2 : noise *(traduit en anglais à l'intention d'El6)*
El6 : *(hochement de tête, visiblement il n'a pas compris)*
Ens2 : noise
El6 : noise/ OUI

(Ens2_A, activité 1.1.2., 14'30 à 15'30)

On remarque alors que ces régulations se combinent parfois les unes aux autres pour éclairer l'entendement des élèves. Le prochain exemple est révélateur de cet agencement lorsque le sens du mot *pluie* est problématique pour plusieurs élèves :

Ens2 : je n'aime pas la pluie
[...]
El6 : pluie quoi↑ madame
Ens2 : pluie↑
El7 : rain *(traduit en anglais)*
El9 : pluie ça : ↑ *(fait une gestuelle puis traduit aussi en anglais)* rain↑
El6 : pluie↑ ah↑
Ens2 : ça va↑
El6 : j'aime la pluie↑
El ? : j'aime la pluie
El3 : quoi↑ pluie↑
Ens2 : ça va pluie↑ *(s'adresse El3)* plouc-plouc-plouc-plouc

El6 : <u>moi j'aime la pluie</u>
Ens2 : quand il y a de l'eau qui tombe du ciel *(gestuelle)*
El7 : kiša *(traduit en serbe, langue d'El3)*
El6 : madame↑ quandH
Ens2 : ATTENDEZ
El7 : OUI↑ madame *(répond à la question d'Ens2 pour savoir s'il a compris le sens du mot pluie)*
Ens2 : ça va↑/ pluie↑
El7 : kiša *(traduit en serbe, langue d'El3)*
El3 : ah↑ il y a l'eau↑ *(confirme qu'il a compris, gestuelle)*
Ens2 : *(approuve de la tête)*

(Ens2_A, activité 1.1.1., 12'00 à 12'30)

Cette interaction montre que l'utilisation de la langue franche n'est pas réservée à l'enseignant. Un travail collaboratif se renouvèle ici où les partenaires de la relation didactique œuvrent conjointement pour donner du sens et permettre à leurs pairs de progresser. Cette modalité répond ainsi à un besoin d'efficacité et permet de combler les outils langagiers insuffisants des élèves. Car l'explication d'un élément lexical ne doit pas soulever de nouvelles interrogations et le choix des mots pour le faire reste souvent difficile.

Une autre manière de faire consiste à *renvoyer la question aux élèves*, quand l'enseignant estime que le mot fait partie du répertoire de la classe parce qu'il a déjà été abordé. C'est notamment le cas pour des termes génériques comme *animaux*. Cette interaction en est un exemple, elle vient de la même activité décrite ci-dessus :

El11 : je n'aime pas les animaux *(corrige l'énoncé)*
Ens2 : je n'aime pas les animaux↓
El6 : elle est où les animaux↑
Ens2 : il y a pas ici/ c'est quoi les animaux↑ *(s'adresse à l'ensemble de la classe)*
Els : <u>c'est les chiens les chats</u>
El7 : <u>les oiseaux les souris</u>
El5 : <u>c'est :/ éléphants</u>↑ le cheval
Ens2 : ça va M. ↑ *(prénom de l'El1)*/ animaux↑

(Ens2_A, activité 1.1.1., 09'30 à 11'00)

En commentaire, une progression est perceptible dans les interventions proposées pour *aider à dépasser une incompréhension,* car elles n'ont pas toute la même portée sémiotique ou du moins ne font pas appel aux mêmes référents. L'enseignant passe généralement de l'usage d'une gestuelle et d'onomatopées à l'utilisation d'une langue franche ou d'une langue d'origine, de la réalisation de dessins à la création de schémas plus complexes, de la formulation d'une réponse à un questionnement renvoyé aux élèves. Sa stratégie s'inscrit essentiellement dans une logique de rendement et de résultat en s'adaptant aux capacités des élèves. Autrement dit, il veut parvenir rapidement à ses fins en limitant les moyens nécessaires. D'ailleurs, comme nous le verrons plus loin, les régulations évoquées ici sont essentiellement présentes au début de l'année au cours de la première séquence.

Questionner pour comprendre l'expression des élèves demeure à part de ce que nous venons d'évoquer et sert surtout Ens2 qui se trouve dans l'incapacité de comprendre l'expression des élèves ou qui veut s'assurer de sa bonne réception. Il est intéressant de noter qu'ici ce sont des obstacles portant sur le vocabulaire qui sont prioritairement traités, mais certains touchent aussi à la syntaxe et aux dimensions phonologiques. Voici un extrait mêlant tour à tour ces différents problèmes lorsqu'un élève précise qu'il n'apprécie guère ses voisins âgés de 70 ans (activité 14.2. d'Ens2_A) :

> Ens2 : à côté de la maison↑ / ils parlent chinois ou français↑
> El6 : français
> Ens2 : français↓ vous parlez avec eux ou pas↑
> El6 : non
> Ens2 : non :/ d'accord↓
> El6 : c'est un :/ c'est : :/ eh : :/ c'est sept *(prononce septe)* ans :↑
> Ens2 : septante↑
> El6 : NON
> Ens2 : septembre↑
> El6 : ouais sept ans↑ eh
> Ens2 : ah↑ elle a sept ans↑
> El6 : ouais
> Ens2 : c'est une petite fille↑ *(montre le chiffre 7 avec les doigts)*
> El6 : non non SEPT ANS↑

El8 : sepTANTE↑

Ens2 : septante ans↑/ ah : septante ans oui/ comme ça↑ *(utilise ses doigts pour désigner 70)*

El6 : ouais

Ens2 : septante ans/ ah c'est une vieille personne

(Ens2_A, activité 1.4.2., 07'30 à 08'30)

Comme prolongement, nous constatons que les modalités décrites dans cette partie et la partie précédente se déploient conjointement : *aider à dépasser une incompréhension* s'associe presque toujours à *expliciter une dimension qui pose problème*. La première modalité sert d'accompagnement et devient une mesure compensatoire de la deuxième suivant un ordre précis. Selon la figure 6.6, une première phase consiste à saisir l'objet de l'obstacle. L'enseignant procède alors à un questionnement s'il ne parvient pas à comprendre les propos de l'élève (*cf.* relation NON, figure 6.6). Dans le cas contraire, il engage immédiatement le processus d'explicitation (*cf.* relation OUI, figure 6.6). Ce dernier prend deux formes distinctes et complémentaires : l'enseignant renvoie la question aux élèves de la classe (*cf.* relation (1), figure 6.6) ou explicite lui-même la notion (*cf.* relation (2), figure 6.6). Et dans ce cas, il prend appui si nécessaire sur des gestes, des onomatopées, des dessins ou encore une langue franche (*cf.* relation (3), figure 6.6), ces éléments constituant une porte de sortie efficace quand les mots en français manquent au répertoire de la classe.

Figure 6.6. Articulation des modalités de régulation *aider à dépasser un obstacle de compréhension et expliciter une dimension qui pose problème.*

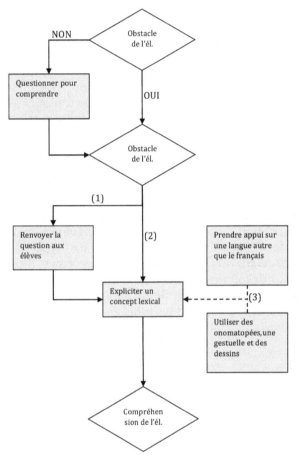

On remarque alors que l'enseignant procède par paliers : 1) saisir l'objet de questionnement ; 2) dévoluer l'obstacle-problème aux apprenants (Astolfi, 1992 ; Astolfi & Peterfalvi, 1993) ; 3) se charger de la clarification en cas de résistance. En fin de compte, tout est mis en œuvre pour que la résolution de l'obstacle ne soit pas le propre de l'enseignant, mais qu'elle s'inscrive dans une démarche participative et collaborative. Par exemple, *questionner*

pour comprendre sert évidemment l'enseignant, mais aussi l'élève en difficulté pour l'aider à clarifier sa pensée, tout comme ses pairs pour qu'ils se saisissent de l'objet de l'échange. En fin de compte, la dévolution de la résolution du problème s'ouvre sur une batterie de possibles dépassant l'utilisation du français, avec *l'appui d'une langue franche* ou *d'éléments paraverbaux*, outils pertinents en classes d'accueil pour définir et faire comprendre.

Construire et faire référence à des aide-mémoires

Cette septième et dernière modalité de régulation locale s'actualise dès que l'enseignant fait référence à des supports disponibles en classe de français. Il peut s'agir du *cahier de textes* qui rassemble les productions déjà faites, du *petit cahier* prévu pour traduire dans la langue d'origine de l'élève les mots de vocabulaire incompris ou encore du *cahier de grammaire* qui relève les règles grammaticales traitées en classe. Notre analyse montre que cette modalité est principalement activée sur des questions orthographiques et lexicales. Le premier exemple a trait à l'orthographe du mot *sœur* lorsque les élèves doivent écrire dix expressions de gouts en en affinant le contenu (activité 3.1.1. d'Ens2_A) :

El1 : comment on dit sœur H sœur↑
Ens2 : c'est écrit dans le cahier de grammaire H dans le cahier de grammaire toujours : il y a deux personnes qui Xxx
El ? : madame comment on dit sœur↑
Ens2 : SOEUR↑ S/O/E/U/R je vais vous mettre ça parce qu'il y a beaucoup de personnes quiH *(note au tableau)*

(Ens2_A, activité 3.1.1., 21'30 à 22'00)

L'enseignant fait mention de ces supports constitués en classe soit pour les utiliser comme référents, soit pour les compléter. De fait, cette dernière modalité peut se présenter en amont ou en aval des autres modalités de régulation comme *corriger directement l'erreur, encourager l'autocorrection, expliciter une notion qui pose problème, aider à dépasser une incompréhension* et *valider la solution de l'élève* (*cf.* relation (1) et relation (2), figure 6.7). En voici une illustration avec ce deuxième exemple qui se réfère au mot *maillot de bain* incompréhensible pour un élève lors d'une transition dans Ens2_C :

El5 : c'est quoi le maillot de bain↑   }   OBSTACLE
Ens2 : c'est quoi le maillot de bain↑ si je coupe
le mot : C. (*nom de l'El5*
dont la langue d'origine est le chinois)↑
El5 : bain
Ens2 : BAIN↑ alors qu'est-ce que ça peut être↑   Encourager l'auto-
El ? : short   régulation en don-
Ens2 : je vous explique la situation/ on va à côté   nant des indices
de la piscine/ on va à la plage : il y a de l'eau :
je vous dis de prendre la serviette et le maillot
de bain ://voyez le bain :// C. (*nom de l'El5*)↑
/ j'arrive pas à croire que vous n'arrivez pas
à trouver une solution/ D. (*nom de l'El6*)
vous pouvez lui expliquer↑   Aider à dépasser un
El6 : eh : oui c'est le short   obstacle de compré-
El ? : c'est <u>pour les garçons</u>   hension en renvoyant
El6 : <u>XX</u> voilà oui : c'est comme pantalon pour   la question aux élèves
rentre avec l'eau : eh
El ? : <u>c'est pantalon</u>
Ens2 : <u>le pantalon</u> pour rentrer dans l'eau :   Valider la réponse
El5 : oui   de l'élève
Ens2 : d'accord : C. (*prénom de l'El5*) vous écrivez ça
dans le petit cahier et vous l'apprenez/ vous   Construire des
écrivez la traduction en chinois/vous mettez ça   aide-mémoires
dans la tête

(Ens2_C, transition précédant l'activité 1.4.2. (2ᵉ partie), 07'30 à 08'00)

De fait, ces référents participent à la constitution de la mémoire didactique, en tant que supports mobilisables en situation (Schneuwly & Dolz, 2009).

Figure 6.7. Articulation de la modalité *faire référence et construire des aide-mémoires avec les autres modalités de régulation.*

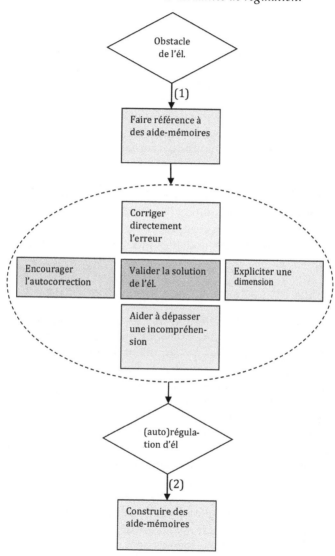

Mises en perspective des sept modalités de régulation locale

Suite à ces observations, nous sommes en mesure de proposer quelques approfondissements. Ils enrichissent notre compréhension de la dynamique des interactions didactiques en classes d'accueil. Le premier point envisage *l'architecture globale des sept modalités du geste de régulation locale*. Car l'ensemble des gestes décrits font système et présentent une articulation avec des liens plus ou moins forts. Le second élément clarifie les *rapports entre modalités de régulation et objets de l'obstacle*. Nous l'avons souligné à plusieurs reprises dans notre étude : un geste s'actualise selon la nature de l'objet. Nous le mettons ici en relief de manière systématique en croisant les données quantitatives relatives à ces deux composants de l'interaction didactique. Enfin, le dernier point porte sur la *part des sept modalités selon la progression annuelle*. Car la logique d'évolution des obstacles en cours d'année (*cf.* chapitre 5) et celle qui marque les rapports entre gestes et objets de régulation laissent penser que certaines modalités prédominent entre le début et la fin du cursus.

Architecture des sept modalités de régulation locale

Nos analyses précédentes attestent que les sept modalités de régulation locale sont en relation selon des intensités variables. Nous nommons désormais *modalités premières*, celles qui aiguillent la dynamique de l'interaction en engageant soit un mouvement autostructurant, soit un mouvement hétérostructurant (De Pietro *et al.*, 1988). Nous qualifions de *modalités secondes*, celles qui se présentent plutôt comme des modalités additives, adjuvantes des précédentes pour assurer une cohérence entre les obstacles et leurs régulations. Détaillons-les séparément.

Trois modalités de régulation sont dites premières : *encourager l'autocorrection d'un obstacle de l'élève* convie à un mouvement autostructurant, *corriger directement une erreur de l'élève* et *expliciter une dimension qui pose problème* inscrivent, quant à elles, une perspective hétérostructurante. En effet, comme décrit plus haut, l'autocorrection procède par sollicitations de l'enseignant pour que l'apprenant considère la validité de sa production et la corrige (*cf.* relation (1), figure 6.8). La responsabilité de la régulation est dévolue à l'élève, aussitôt qu'il a les outils langagiers et métalangagiers suffisants pour revenir sur l'obstacle. Sous l'angle hétérostructurant, c'est l'enseignant qui corrige directement l'erreur en cours de production (*cf.* relation (2), figure 6.8) ou qui résout le problème de compréhension par explicitation d'une dimension de l'objet ou d'un concept (*cf.* relation (3), figure 6.8). Dans ce cas, l'élève doit simplement convenir de ce qui est proposé.

Quant aux modalités secondes, elles servent à accompagner la dévolution ou à encourager une adhésion des élèves par rapport aux explicitations et aux corrections de l'enseignant. Les quatre modalités suivantes modélisent une architecture singulière selon le nombre de liaisons qui les relient aux modalités premières et selon leur place dans les interactions didactiques. Un premier profil est visible avec *valider la solution de l'élève au problème détecté* qui suit uniquement et de manière directe *encourager l'autocorrection d'un élève* (*cf.* relation (OUI), figure 6.8). En effet, cette modalité ne sert qu'à accréditer les essais-erreurs des apprenants.

Le deuxième profil, avec *entrainer la forme correcte pour la consolider*, entretient simultanément plusieurs relations connexes, d'abord avec la modalité *encourager l'autocorrection* (*cf.* relation (4), figure 6.8), puis à la suite de *corriger directement l'erreur de l'élève* (*cf.* relation (5), figure 6.8). Cette modalité seconde met alors en relief deux options opposées tout simplement parce que ce profil encourage la répétition de la forme correcte attendue pour instaurer des automatismes.

Quant au troisième profil, il se distingue des deux autres dans la mesure où la modalité seconde borde les interactions didactiques. On le voit de manière significative avec *faire référence et construire des aide-mémoires* qui se présente en amont ou en aval des régulations. Elle invite les élèves à considérer une série de documents de référence prévus en classe de français, comme le cahier de textes, le petit cahier ou encore le cahier de grammaire (*cf.* relation (6), figure 6.8). L'utilisation de ces outils peut orienter l'autocorrection des élèves, inscrire la correction ou l'explicitation de l'enseignant en activant la mémoire didactique. Néanmoins, notre analyse montre que cette modalité est facultative dans la mesure où l'ensemble des règles ou des constats sont essentiellement oraux en classes d'accueil sans être forcément consignés dans des documents consultables. *Aider à dépasser un obstacle de compréhension* est de même mouture que la précédente. Cette modalité s'inscrit soit avant *expliciter une dimension* pour que l'enseignant saisisse les propos des élèves et situe clairement l'obstacle (*cf.* relation (7), figure 6.8), soit pendant, donnant ainsi l'occasion d'utiliser une batterie de moyens paraverbaux utiles en cas d'incompréhensions des élèves, surtout lorsque les mots pour exprimer une idée ne leur sont pas accessibles (*cf.* relation (8), figure 6.8).

Figure 6.8. Articulation des sept modalités de régulation locale.

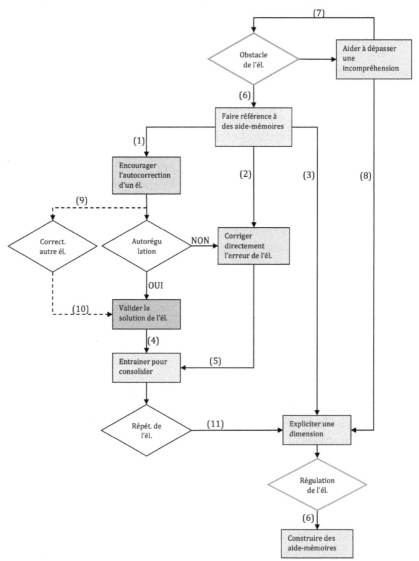

En bref, les modalités premières et secondes demeurent complémentaires. Si les modalités premières inscrivent une dynamique singulière aux régulations, elles ne deviennent complètes qu'avec les modalités secondes, permettant d'accompagner, de soutenir, d'orienter les élèves indépendamment de la perspective choisie.

Notre analyse soulève toutefois deux ambivalences dans l'assemblage des modalités des régulations locales. La première marque le passage d'un mouvement autostructurant à un mouvement hétérostructurant. On le voit notamment lorsque l'autocorrection rencontre des résistances, demeure incomplète ou fausse. Dans ce cas, l'enseignant est obligé d'intervenir pour *corriger directement l'erreur de l'élève* (*cf.* relation (NON), figure 6.8). Soulignons que cette configuration peut être relayée par un autre élève, non-engagé dans l'autorégulation. Celui-ci, à l'improviste, régule l'obstacle d'un pair (*cf.* relation (9), figure 6.8). Dans ce cas aussi, la solution donnée est validée par l'enseignant (*cf.* relation (10), figure 6.8).

La deuxième ambivalence souligne qu'une modalité première, en l'occurrence, *expliciter une dimension qui pose problème*, est utilisée accessoirement comme modalité seconde pour compléter une des dynamiques exposées plus haut. D'abord, elle permet d'expliciter un point précis de l'objet suite à une autorégulation. Elle offre ainsi un approfondissement ou une institutionnalisation en fonction des tentatives de l'élève (*cf.* relation (11), figure 6.8). Ensuite, elle est convoquée lorsque l'enseignant opère directement la correction, généralement après un entrainement des formes correctes attendues (*cf.* relation (11), figure 6.8). Ce cas de figure permet d'appuyer son intervention avec le rappel d'une notion, la justifiant ainsi d'un point de vue conceptuel.

En résumé, notre description montre que pour réguler les classes d'accueil mettent en place une succession de stratégies didactiques qui s'articulent. Elles sont adaptées aux intentions de l'enseignant, mais surtout aux capacités des élèves. Modalités premières et modalités secondes servent une seule et même intention : la régulation des obstacles en milieu endolingue, en favorisant des démarches euristiques non contraignantes, en dotant les élèves d'instruments mobilisés en situation scolaire.

RAPPORT ENTRE RÉGULATIONS ET OBJETS DES OBSTACLES

Nous rendons compte ici de la corrélation entre les sept modalités de régulation locale et les objets des obstacles. En effet, notre développement antérieur mettait déjà en exergue que des régulations sont privilégiées selon qu'elles se rapportent à la syntaxe, au lexique, à la phonologie, à la morphologie verbale, à l'orthographe ou encore à la textualité associée à l'énonciation. Dans le but de systématiser notre analyse, les données relatives aux sept modalités de régulation et aux objets sont croisées, soulignant les points de convergence. Le tableau 6.2 indique la somme des régulations par rapport aux catégories d'obstacles qu'elles considèrent. Quant aux pourcentages, ils facilitent une comparaison indépendamment du nombre d'items répertoriés pour chacune des modalités, étant donné que leur nombre diffère d'une catégorie à l'autre.

Encourager l'autocorrection d'une erreur de l'élève prédomine en *syntaxe* avec 36 %. Il s'agit avant tout d'éléments ponctuels comme l'oubli du *ne* dans les marques de la négation lors de la production d'actes de parole. Cette modalité est réaliste parce que la difficulté a trait à un point circonscrit de la langue sur lequel les élèves ont facilement prise. Les difficultés en conjugaison sont aussi amplement traitées de cette manière avec une part de 26.9 %. Cela va du choix des terminaisons des verbes en *-er* au présent de l'indicatif à la construction des formes verbales complètes au passé composé. Dans ce cas, l'autocorrection est engagée parce que des référents ont été préalablement établis en cours de séquences au moyen d'activités scolaires ciblées. Dans une moindre portion, cette modalité résout aussi les questions relatives à l'énonciation dans l'emploi des modalisateurs et des formules expressives, avec 17.2 % et celles inhérentes à la phonologie avec l'élision du e, avec 12.4 %. On constate alors que l'autocorrection se concrétise dans les interactions didactiques s'il y a récursivité d'une même erreur (la négation, élision du e) occasionnant de nombreuses interventions didactiques, ou si l'objet a été auparavant enseigné au sein du dispositif (formes verbales, modalisation et formules expressives). Dans les deux cas, *encourager l'autocorrection d'une erreur de l'élève* mise sur une réactivation des savoirs déjà disponibles dans la classe ou dans l'interlangue des élèves.

Corriger directement une erreur de l'élève l'emporte également en syntaxe avec 37 %. C'est globalement la construction syntaxique des phrases et l'usage des déterminants qui sont rectifiés. Viennent ensuite les obstacles en phonologie avec 24.7 % dans le cas d'une utilisation de mots moins courants. En comparaison, les obstacles liés aux autres types d'objets restent plutôt en marge : le point de vue énonciatif n'est pris en considération qu'avec 13.7 %, le vocabulaire, avec 10.3 % et enfin l'orthographe avec 6.8 %. En bref, c'est lorsque les objets demeurent en dehors du cadre référentiel des primoarrivants que les interventions de l'enseignant se font plus directes. Ni l'interlangue des élèves ni les activités scolaires ne permettent d'envisager dans ce cas une régulation autonome.

Tableau 6.2. Croisement des données quantitatives relatives aux sept modalités de régulation locale répertoriées au sein des deux séquences réunies et aux différents objets des obstacles

OBJETS DES OBSTACLES	MODALITÉS DU GESTE DE RÉGULATION LOCALE						
	Encourager l'autocorrection d'un él.	Corriger directement une erreur d'un él.	Expliciter une dimension qui pose problème	Entrainer la forme correcte pour la consolider	Aider à dépasser une incompréhension	Valider la réponse de l'élève	Construire et faire référence à des aide-mémoires
Syntaxe	67 (36 %)	54 (37 %)	16 (13.8 %)	26 (34.2 %)	7 (10.1 %)	28 (43.8 %)	1 (7.7 %)
Vocabulaire	10 (5.4 %)	15 (10.3 %)	40 (34.5 %)	3 (3.9 %)	48 (69.6 %)	4 (6.3 %)	4 (30.8 %)
Phonologie	23 (12.4 %)	36 (24.7 %)	13 (11.2 %)	32 (42.1 %)	5 (7.2 %)	7 (10.9 %)	0 (0 %)
Morphologie verbale	50 (26.9 %)	11 (7.5 %)	21 (18.1 %)	7 (9.2 %)	1 (1.4 %)	15 (23.4 %)	3 (23.1 %)
Orthographe	4 (2.2 %)	10 (6.8 %)	9 (7.8 %)	0 (0 %)	2 (2.9 %)	2 (3.1 %)	4 (30.8 %)
Énonciation et texte	32 (17.2 %)	20 (13.7 %)	17 (14.7 %)	8 (10.5	6 (8.7 %)	8 (12.5 %)	1 (7.7 %)
Σ par gestes	186 (100 %)	146 (100 %)	116 (100 %)	76 (100 %)	69 (100 %)	64 (100 %)	13 (100 %)

Expliciter une dimension qui pose problème touche de manière saillante aux difficultés en vocabulaire avec 34.5 %. Ce geste procède alors à la découverte de mots nouveaux pour encourager leur usage dans le dispositif de l'enseignant. Quant aux autres objets, ils sont moins pris en charge : la conjugaison avec 18.1 %, les textes et l'énonciation avec 14.7 % ; la syntaxe avec 13.8 % ; la phonologie avec 11.2 % ; l'orthographe avec 7.8 %. Ce résultat semble ordinaire dans la mesure où l'explicitation figure en classes d'accueil de manière dominante pour répondre à des questions de lexique (modalités premières) et s'affiche comme mesure complémentaire pour raffermir les gestes d'autorégulation ou de correction directe traitant les autres objets (modalités secondes).

Entrainer la forme correcte pour la consolider concerne presque exclusivement deux objets : la phonologie avec 42.1 % et la syntaxe avec 34.2 %. Pour le premier, c'est la forme phonétiquement correcte des mots qui est répétée. Pour le second, c'est plutôt le choix du déterminant, receveur de genre du nom qu'il introduit, qui est entrainé. Ce geste convient à des éléments ponctuels pour lesquels l'enseignant souhaite éviter toute fossilisation de l'erreur. Inviter à redire selon un modèle, sans autre forme d'explicitation, revient à créer une fois encore des automatismes sur des éléments précis.

Aider à dépasser une incompréhension se réfère bien évidemment de manière saillante au vocabulaire avec 69.8 %. La logique sous-jacente revient à utiliser des moyens paraverbaux pour faire adopter un lexique encore inconnu des élèves. Toutefois, on remarque que la syntaxe, avec 10.1 %, les phénomènes de textualité et d'énonciation, avec 8.7 % ou encore la phonologie avec 7.2 % font partie de ce type de modalité de régulation : il s'agit surtout pour l'enseignant de saisir les propos de l'apprenant pour mieux situer l'obstacle.

Valider la solution de l'élève se lie prioritairement à la syntaxe avec 43.8 %, puis de manière moins forte à la morphologie du verbe avec 23.4 %. Par contre, avec les autres objets, les rapports sont plus faibles. Par conséquent, on retrouve la même distribution développée plus haut avec *encourager l'autocorrection d'un élève*, étant donné que la validation de la solution de l'élève demeure une modalité seconde imbriquée à l'autocorrection.

Construire et faire référence à des aide-mémoires traite de manière significative le vocabulaire et l'orthographe, tous deux visibles avec 30.8 %. La conjugaison est plus faiblement concernée avec 23.1 %. Pour le premier, il s'agit de compléter et de faire référence au petit cahier, outil spécifique aux classes d'accueil, utilisé pour recueillir les mots nouveaux en français avec leur traduction dans la langue d'origine de l'élève. Pour les autres objets, c'est le cahier de grammaire qui devient le document de référence, notamment pour les règles d'orthographe et de conjugaison. De fait, ces documents deviennent des outils visant à favoriser l'autocorrection ou, dans le cas d'une explicitation, à conserver une trace écrite des notions.

En conclusion, l'objet de l'obstacle influence majoritairement le choix des gestes de régulation, d'après quatre facteurs : 1) l'obstacle constitue un élément précis sur lequel l'apprenant peut facilement intervenir, comme les marques de la négation en syntaxe ou la question de l'élision du *e* en phonologie (*encourager l'autocorrection d'une erreur de l'élève, valider la solution de l'élève au problème détecté*) ; 2) l'objet de l'obstacle s'inscrit dans la chronogenèse de la séquence et fait donc partie du répertoire didactique des apprenants, comme les formes verbales au présent de l'indicatif ou au passé composé en conjugaison (*encourager l'autocorrection d'une erreur de l'élève, valider la solution de l'élève au problème détecté, construire et faire référence à des aide-mémoires*) ; 3) l'objet de l'obstacle est récurrent parce qu'il marque une fossilisation de l'erreur, parce que la langue d'origine de l'élève s'appuie sur d'autres référents phonologiques ou linguistiques et que l'interlangue de l'élève est faite aussi d'emprunts mal maitrisés, comme l'élision du *e* en phonologie ou encore le choix des déterminants en syntaxe (*encourager l'autocorrection d'une erreur de l'élève, valider la solution de l'élève au problème détecté, entrainer la forme correcte pour la consolider, expliciter une dimension qui pose problème, construire et faire référence à des aide-mémoires*) ; 4) l'objet de l'obstacle demeure hors du cadre référentiel des apprenants, comme la découverte de mots nouveaux en vocabulaire, la construction syntaxique des phrases ou encore la prononciation de mots peu usuels (*corriger directement une erreur de l'élève, entrainer la forme correcte pour la consolider, expliciter une dimension qui pose problème, construire et faire référence à des aide-mémoires*). La prise en considération de ces quatre facteurs priorise en fin de compte les choix d'un mouvement autostructurant et hétérostructurant et les modalités secondes qui les accompagnent.

MODALITÉS DE RÉGULATION LOCALE ET PROGRESSION ANNUELLE

Cette dernière réflexion met en évidence la totalité des modalités de régulation locale identifiées au début, puis à la fin de l'année scolaire. Ces données sont mises en relief avec le nombre d'obstacles répertoriés aux mêmes périodes (*cf.* tableau 6.3). Une comparaison est alors possible entre le nombre de gestes et le nombre d'obstacles, permettant de voir si le rapport entre le deux évolue au cours de la progression. Après quoi, pour affiner nos résultats nous mesurons de manière isolée la part de chacune des sept modalités pour signaler celles qui prédominent selon la temporalité.

Tableau 6.3. Somme totale des obstacles et des gestes
par séquence d'enseignement

	ENS2_A (DEBUT)		ENS2_C (FIN)		Σ TOTALE	
Σ des obstacles par séquence	213	(62.3 %)	129	(37.7 %)	342	(100 %)
Σ des gestes de régulation par séquence	434	(64.8 %)	236	(35.2 %)	670	(100 %)

Entre régulations et obstacles, une corrélation significative est observable. Leur part respective renvoie à des proportions équivalentes au fil de l'année scolaire. En effet, si 213 obstacles sont détectés au début contre 129 à la fin (soit 62.3 % vs 37.7 %), 434 régulations sont présentes au départ pour 236 au terme du cursus (soit 64.3 % vs 35.2 %). Ce résultat indique d'abord qu'un rapport est établi entre le nombre d'obstacles et la quantité de modalités nécessaires et suffisantes à leur régulation, et ensuite que ce rapport se maintient au cours de l'année. En moyenne, l'association de deux modalités semble convenir au traitement d'un seul et même obstacle. Les configurations de modalités selon le mouvement autostructurant et hétérostructurant le confirment : *encourager l'autocorrection d'un élève* engage automatiquement *valider la solution de l'élève ; corriger directement une erreur de l'élève* précède *entrainer la forme pour la consolider ; expliciter une dimension qui pose problème* est en principe accompagné par *aider à dépasser une incompréhension*. Ces enchainements forment la structure minimale des séquences potentiellement acquisitionnelles, bien que la relation entre modalités premières et secondes ne soit pas constamment univoque. En effet, d'autres modalités secondes peuvent se greffer à ces dyades, tout comme une seule modalité première peut suffire à la régulation de l'obstacle. Néanmoins, ces combinaisons duales paraissent prioritaires pour assurer le dépassement des difficultés des élèves en classes d'accueil.

Ce résultat souligne ensuite que la temporalité n'influe pas non plus sur le nombre de régulations convoquées. Nous supposions le contraire :

les modalités de régulation seraient plus nombreuses[15] au début de l'année, tout simplement parce que les primoarrivants débutent dans la découverte du français. Cette hypothèse est infirmée par deux éléments. Premièrement, c'est la progression et la complexité croissante des objets d'une séquence à l'autre qui justifient l'importance des mesures compensatoires en fin d'année. On passe finalement de la production d'actes de parole dans Ens2_A, donnant lieu à des difficultés ponctuelles à la réalisation d'un projet de communication sous la forme d'un kamishibaï dans Ens2_C, exigeant des considérations et des capacités langagières et métalangagières plus larges. Deuxièmement, même si le nombre total des régulations demeure identique, les sept modalités ne conservent pas des proportions similaires. Certaines d'entre elles sont privilégiées en cours d'année (*cf.* tableau 6.4).

Tableau 6.4. Répartition des gestes de régulation en fonction des deux séquences

GESTES DE RÉGULATION LOCALE	Ens2_A (DEBUT)		Ens2_C (FIN)		Σ TOTALE DES GESTES RÉPERTORIÉS	
Encourager l'autocorrection d'une erreur de l'élève	124	(28.6 %)	62	(26.3 %)	186	(27.8 %)
Corriger directement une erreur de l'élève	91	(21 %)	55	(23.3 %)	146	(21.8 %)
Expliciter une dimension qui pose problème	64	(14.7 %)	52	(22 %)	116	(17.3 %)
Entrainer la forme correcte pour la consolider	53	(12.2 %)	23	(9.7 %)	76	(11.3 %)
Aider à dépasser une incompréhension	53	(12.2 %)	16	(6.8 %)	69	(10.3 %)
Valider la réponse de l'élève	41	(9.4 %)	23	(9.7 %)	64	(9.6 %)
Construire et faire référence à des aide-mémoires	8	(1.8 %)	5	(2.1 %)	13	(1.9 %)
Σ des gestes par séquence	**434**	**(100 %)**	**236**	**(100 %)**	**670**	**(100 %)**

15 Leur nombre est toujours rapporté au nombre d'obstacles.

En effet, quelques cas soulignent un contraste fort entre le début et la fin du cursus. Nous relevons par exemple trois diminutions significatives. D'abord *aider à dépasser une incompréhension* passe de 12.2 % à 6.8 % (soit moins de 5.4 %), puis *entrainer la forme correcte pour la corriger* fluctue de 12.2 % à 9.7 % (soit moins de 2.5 %), enfin *encourager l'autocorrection d'une erreur de l'élève* varie de 28.6 % à 26.3 % (soit moins de 2.3 %). Pour la première modalité, le décroissement se comprend aisément : l'enseignant use peu des moyens paraverbaux pour se faire comprendre lors d'une explicitation d'une notion en fin d'année ; il n'a pas besoin non plus de questionner les élèves pour saisir leurs propos. La diminution de la deuxième modalité pour entrainer la forme correcte se justifie aussi facilement : d'une part, les élèves ont une plus grande maitrise de la langue et adoptent sans difficulté les régulations de l'enseignant ; d'autre part, la répétition est devenue un moyen d'apprentissage intégré par les apprenants qui n'attendent plus d'y être invités pour le faire. Autrement dit, un geste d'enseignant s'est réinventé en « geste » d'apprenant parfaitement associé aux interactions didactiques. Quant à la troisième modalité visant à l'autocorrection, l'interprétation de la diminution est double. La difficulté grandissante de l'objet ne permet plus de revenir de manière autonome sur l'obstacle (exemple : texte et énonciation, formes verbales au passé composé). Aussi, les élèves doivent apprivoiser un ensemble d'outils qui se complexifient. De fait, ils peuvent moins s'y référer spontanément pour revenir seuls sur leurs erreurs.

Deux modalités par contre sont en augmentation : *expliciter une dimension qui pose problème* passe de 14.7 % à 22 % (soit plus de 7.3 %), *corriger directement une erreur de l'élève* varie de 21 % à 23.3 % (soit plus de 2.3 %). Cet accroissement se traduit, pour la première modalité, par le fait que l'enseignant s'appuie davantage sur des concepts langagiers et métalangagiers pour expliquer le fonctionnement de la langue et des textes. Le cadrage conceptuel devient désormais un outil privilégié en fin d'année. Quant à *corriger directement une erreur de l'élève*, il renvoie à ce que nous décrivions plus haut au sujet de la diminution du mouvement autostructurant : la difficulté de l'objet exige des interventions directes de l'enseignant.

CONCLUSIONS

L'analyse du geste de régulation locale et de ses différentes modalités met en exergue quelques éléments qui traduisent les interactions didactiques du niveau débutant des classes d'accueil. Même s'ils ne concernent que les pratiques d'un enseignant, ils montrent clairement les principes, les stratégies, les architectures récurrentes, mobilisés en situation scolaire pour l'intégration des élèves issus de la migration :

1) *Vers une autorégulation des obstacles.* Notre analyse indique que les obstacles simples sont directement traités par autorégulation. Nous évoquons ceux qui impliquent des phénomènes langagiers circonscrits, qui sont à la portée immédiate des primoarrivants, qui montrent une certaine récursivité et qui ont déjà fait l'objet d'interventions (marque de la négation, terminaisons des verbes en -er). Si, dans le cas contraire, la tâche à résoudre demeure complexe, c'est l'enseignant qui prend en charge la résolution du problème (structures syntaxiques, formes verbales au passé composé, texte et énonciation). Cette situation est visible lorsque la réactivation des connaissances des élèves ne suffit pas, ou encore lorsque les outils didactiques mis à disposition ne sont pas convenablement maitrisés pour être performants. Le choix des modalités de régulation premières (*encourager l'autocorrection d'un obstacle de l'élève, corriger directement une erreur de l'élève et expliciter une dimension qui pose problème*) dépend de la difficulté de l'objet et des capacités des apprenants. Néanmoins, et de manière générale, nos observations montrent que l'enseignant invite les élèves, autant que faire se peut, à revenir eux-mêmes sur leurs erreurs ou à répondre à leur questionnement, quitte à activer des modalités de régulation compensatoires ou à intervenir de manière plus franche en cas d'échec. Cette prise de position est un moyen d'encourager sans doute une habitude en milieu endolingue où la pratique du français doit rester spontanée, mais avec en arrière-plan, une posture réflexive du locuteur sur son acte langagier. Et cela se construit en milieu scolaire. C'est pourquoi l'enseignant privilégie les modalités d'autorégulation de manière progressive après une interprétation fine des obstacles, des stratégies des élèves et de leurs capacités pour ne pas les confronter à des tâches impossibles à résoudre.

2) *Un obstacle d'un élève régulé pour et par l'ensemble de la classe.* Nous observons que la régulation d'un obstacle profite à l'élève qui a commis l'erreur, mais se présente également comme une nouvelle occasion de faire voir à l'ensemble de la classe la forme correcte des mots, de l'énoncé, de la structure syntaxique ou de la forme verbale, etc. Les modalités de validation et d'entrainement de la régulation vont dans ce sens. Elles encouragent la construction d'un répertoire partagé de connaissances et deviennent des moyens de reconsidérer les objets enseignés. Ce principe visant à la constitution d'une communauté d'apprenants est particulièrement saillant lorsque des formes collaboratives sont perceptibles pour résoudre un obstacle d'un élève : bon nombre d'interactions montrent que la correction et l'entrainement sont pris en relai par un pair et que l'ensemble des acteurs œuvre conjointement à la résolution du problème. Les classes d'accueil forment donc un réseau d'interactions didactiques dans lequel les erreurs, les difficultés, les hésitations sont comprises avant tout comme de nouvelles opportunités de construire du sens.

3) *Geste d'enseignant et habitude des élèves.* Les modalités *entrainer la forme correcte pour la consolider, aider à dépasser une incompréhension* et *corriger directement une erreur d'un élève* sont déployées par l'enseignant. Toutefois, il est surprenant de constater qu'elles sont parfaitement intégrées au fonctionnement de la classe. Les élèves les mobilisent sans y être forcément sollicités. Ceci est illustrateur d'une particularité des interactions didactiques en classes d'accueil où une modalité de régulation se constitue en tant que routine d'apprenants. Cette dynamique montre leur implication dans l'apprentissage du français et leur adaptation à leur environnement scolaire. Dans cette logique, on souligne que la régulation dépend aussi de l'initiative des élèves qui s'interrogent, qui interpellent l'enseignant pour dépasser des difficultés de compréhension ou des hésitations. Ce constat est révélateur de la pertinence du choix des objets et des dispositifs de l'enseignant : ceux-ci invitent à un investissement fort des apprenants, moins en fonction de leur exploitation en milieu endolingue (kamishibaï) que de leur adéquation aux zones proximales de développement. La progression des contenus donne aux élèves le moyen d'avoir prise sur leurs apprentissages.

4) *Des régulations axées sur la langue au cours d'activités portant sur des thèmes plus généraux.* L'ensemble des régulations traite principalement d'aspects ponctuels, que ce soit en vocabulaire, syntaxe, conjugaison ortho-

graphe et phonologie. Pourtant, c'est au cours d'activités scolaires visant la production d'énoncés ou de textes qu'elles restent majoritaires. Par conséquent, on constate en premier lieu que l'enseignant ne procède pas par bifocalisation (focalisation sur le message, focalisation sur le code) et se concentre essentiellement sur la maitrise du système de la langue. Deuxièmement, les interactions didactiques deviennent véritablement opérationnelles grace à l'exercice du français convoqué au moyen de productions complètes au cours de situations de communication réelles ou fictionnalisées. C'est pourquoi la production d'énoncés ou de textes oraux et écrits demeure essentielle à l'enseignement du français, même pour les élèves débutants : elle seule peut rendre compte des difficultés des élèves et permettre leur dépassement. L'investissement sur le système de la langue au cours d'activités scolaires ciblées n'est qu'un moyen pour construire une base référentielle sur laquelle doit s'appuyer au plus vite une pratique du français plus large. Il demeure insuffisant s'il n'est pas précédé ou suivi par des pratiques langagières effectives.

5) *Des régulations qui font système.* Des architectures minimales de modalités sont visibles. Elles renvoient à nos résultats portant à la fois sur l'enchâssement des modalités premières, soutenues à chaque fois par une modalité seconde, et sur le rapport entre le nombre d'obstacles et le nombre de régulations qu'ils nécessitent : deux modalités semblent suffire pour corriger une erreur ou résoudre une incompréhension. Par conséquent des paires de régulations, relativement indépendantes les unes des autres, émergent des pratiques : *encourager l'autocorrection/valider la solution de l'élève ; corriger directement une erreur/entrainer la forme correcte pour la consolider ; expliciter une dimension qui pose problème/aider à dépasser une incompréhension.* Toutefois, la complexité des situations didactiques montre que ces dernières peuvent s'embrayer de manière conjointe. On le voit par exemple lorsque les modalités pour une autorégulation s'orientent vers des perspectives d'hétérorégulation. On le note aussi lorsqu'un chapelet de modalités secondes permet d'encadrer une modalité première pour permettre une régulation en fonction des difficultés de l'apprenant. Ce réseau de modalités présente une grammaire des pratiques de régulation en classes d'accueil qui permettent de comprendre les différents mouvements possibles répondant à la perception des besoins du groupe et aux contraintes temporelles de la classe.

6) *Des régulations dans une logique de progression.* Dans le prolongement du point précédent, une progression est remarquable dans la mise en œuvre des modalités. Nous le voyons par exemple avec *encourager l'autocorrection* où l'enseignant déploie des régulations qui vont du simple pointage à la mise à disposition d'indices puis à la décomposition-analyse de l'objet. On le mesure aussi avec *aider à dépasser une incompréhension* qui accompagne *expliciter une dimension.* Cette logique de progression permet à l'enseignant de procéder par paliers pour se saisir de l'objet du questionnement, dévoluer, se charger de la clarification en cas de résistance. Les gestes de régulation prennent différentes modalités qui s'enchainent et qui répondent à la perception des besoins du groupe et aux contraintes temporelles de la classe. Le pragmatisme des enseignants est donc double : ceux-ci favorisent la construction progressive d'une autorégulation autonome des élèves, et en ce sens, ils répondent à des exigences de terrain ; ils privilégient certaines modalités en fonction des temps restreints d'enseignement.

Conclusions générales

ፍቕሪ ይርዳእ ኩሉ ቛንቛ

Au terme de nos analyses, nous pouvons caractériser la dynamique de l'enseignement de l'expression orale et écrite en classes d'accueil postobligatoires. Au départ de nos investigations, nous présentions cet enseignement comme un défi. En effet, la diversité des contextes à considérer et les enjeux de l'apprentissage d'une nouvelle langue interrogent le choix des objets et des outils utilisés pour étendre les capacités langagières des primoarrivants en français. En guise de rappel, le temps d'enseignement se restreint à une année ; les objectifs de l'institution couvrent différents domaines, comme l'accueil, l'enseignement et l'insertion professionnelle, impliquant à chaque fois les enseignants ; en outre, les apprenants allophones développent des ressources scolaires et langagières bien diverses et entretiennent des rapports différents avec la langue du pays d'accueil.

Nos conclusions dressent le bilan des pratiques des enseignants lorsqu'ils encouragent les productions verbales à partir de cette multiplicité de variables. Des objets d'enseignement sont privilégiés, organisés et présentés au moyen de dispositifs visant à nourrir le processus d'intégration. Ce sont précisément ces éléments que nous pointons ici en répondant à nos trois questions de recherche : quels sont les objets enseignés en expression orale et écrite ? Quels sont les obstacles des élèves ? Comment les enseignants régulent-ils ces difficultés ? La présentation de la synthèse de nos résultats prend évidemment en compte la progression annuelle et les différents niveaux des élèves. Des convergences et des singularités sont mises en exergue pour offrir une image complète de ce qui se produit en classes d'accueil postobligatoires selon les capacités évolutives des primoarrivants au cours de l'année scolaire. Cette synthèse est l'occasion de tracer les lignes de force vers lesquelles convergent les pratiques des enseignants. Nous terminons en formulant quelques principes d'organisation des pratiques en vue du développement d'une didactique du français circonscrite à l'accueil des jeunes migrants.

DES OBJETS ENSEIGNÉS EN PRODUCTION ORALE ET ÉCRITE

Notre synthèse aborde les dimensions clés qui ressortent de nos analyses des pratiques en classes d'accueil postobligatoires : la part des activités consacrées à l'oral et à l'écrit ; les activités conduites pour favoriser l'expression des élèves, sous la forme d'actes de parole ou de genres textuels, lesquelles sont associées à des visions différentes de l'apprentissage du français et offrent des perspectives didactiques contrastées.

JEUX DE TENSION ENTRE ORAL ET ÉCRIT

En classes d'accueil postobligatoires, c'est le travail de l'oral qui prédomine. Ce constat est mis en évidence par l'importance des séquences orales sur les séquences écrites, notamment au début des apprentissages tous niveaux confondus. Cette prépondérance s'explique de deux manières : d'une part, l'oral répond aux besoins des apprenants en situation ordinaire, car les premières interventions qu'ils sont amenés à faire en milieu endolingue sont avant tout orales ; d'autre part, l'oral laisse plus de place à la spontanéité de l'élève que l'écrit, plus contraignant. Inviter les élèves à produire à l'oral permet de libérer la parole des primoarrivants et favorise les échanges. Néanmoins, l'analyse des séquences d'enseignement révèle que l'écrit est fortement présent même dans ces séquences d'expression orale : l'usage de l'écrit prépare l'expression orale ou sert de support dans le cas d'une production écrite oralisée.

Quant aux séquences écrites, elles sont majoritairement présentes à partir de la deuxième partie de l'année et prévalent dans les niveaux intermédiaire et avancé. Elles nourrissent la production de textes liés à des situations formelles (lettre de motivation pour une demande d'emploi, réponse à une lettre de demande) ou convoquent des genres scolaires emblématiques (résumé, texte d'opinion). Dans les deux cas, l'écrit sert à anticiper l'insertion des élèves, que ce soit dans le monde du travail ou dans celui de la formation professionnelle.

En résumé, une tension émerge dans l'articulation entre oral et écrit. La maitrise de l'oral est considérée comme propédeutique au développement de l'écrit. En revanche, à l'intérieur des séquences d'enseignement, les interactions oral-écrit sont plus complexes : l'oral est parfois un appui pour l'écrit, mais très souvent l'écrit est un auxiliaire de l'enseignement de l'oral.

ACTES DE PAROLES, PRÉTEXTES ET MOYENS POUR L'ÉTUDE DU
FONCTIONNEMENT DE LA LANGUE

Les actes de parole en tant qu'objets enseignés sont engagés lorsque les capacités langagières des élèves sont faibles en français. Ils sont privilégiés au niveau préparatoire et débutant en début d'année. Ceci renforce l'idée que les enseignants sont soucieux des besoins langagiers immédiats. Les actes de parole dotent les élèves de structures reproductibles facilement exploitables en milieu endolingue. D'ailleurs, la production d'actes de parole est parfois nourrie par la compréhension orale d'extraits de dialogue qui se présentent comme des modèles de production et deviennent dans le même mouvement une source de mots et d'expressions prêts à l'emploi. On imagine alors que les enseignants des classes d'accueil cherchent à créer des automatismes par l'entremise de situations langagières courantes.

Pourtant, notre recherche montre que les actes de parole sont surtout engagés pour appréhender l'étude du fonctionnement de la langue. La brièveté des énoncés est à la fois moyen et prétexte à l'étude attentive de la syntaxe et de la conjugaison. Nous défendons alors la thèse que les actes de parole nourrissent une grammaire de l'action, car ils permettent que les réflexions grammaticales soient directement réinvesties dans des productions ayant du sens en contexte endolingue (se présenter, exprimer ses gouts). Ils offrent les premiers rudiments permettant aux élèves de s'exprimer au cours des échanges. En effet, ceux-ci profitent simultanément d'outils langagiers (actes de paroles, lexique et expressions) et d'outils grammaticaux (conjugaison et syntaxe) pour produire des énoncés structurés et structurants. L'intérêt de ce travail est de contextualiser des points précis de grammaire dans des situations de communication potentielles.

GENRES DE TEXTE, BASES POUR L'ENSEIGNEMENT DE L'EXPRESSION
ORALE ET ÉCRITE

Nos résultats montrent que l'enseignement de la production orale et écrite en classes d'accueil postobligatoires s'insère majoritairement dans une perspective textuelle. La production de textes intervient dès que les capacités langagières des élèves deviennent plus importantes. Elle se généralise à tous les niveaux à partir du milieu de l'année scolaire. De manière générale, on assiste à une invitation à produire des textes de genres variés correspondant aux activités sociales que les apprenants pourraient mener en milieu endolingue : trouver un travail, répondre à une annonce, décrire un itinéraire, répondre à une lettre de demande, etc. Les tâches de production sont orientées vers des enjeux d'intégration.

Le choix des textes à produire se fonde également sur des genres fortement scolarisés (résumés et textes d'opinion) surtout pour les élèves des niveaux supérieurs à partir du milieu de l'année. On reste encore dans une visée pratique de l'enseignement du français, dans la mesure où ces différents genres sont sollicités dans le cadre des formations professionnelles. Globalement, les enseignants de français ont une approche pragmatique et intégrative de l'enseignement de la langue, par anticipation de ce que les élèves pourraient dire ou faire en milieu ordinaire, par préparation des exigences de leurs formations futures.

L'objet texte est toujours présenté de manière globale. Les élèves entrent dans la tâche de production par confrontation directe au texte visé, compris comme un tout indissocié. En conséquence, deux postulats se dégagent de nos observations :

- les enseignants des classes d'accueil ont une approche fonctionnelle de l'enseignement du français : les élèves apprennent à produire des textes en le faisant. Et la seule manière d'y parvenir, c'est d'encourager la production de textes par itérations successives du genre visé ;
- les enseignants font le pari d'un transfert des langues d'origine au français : l'objet texte n'est pas travaillé à partir de ces composantes parce qu'il est supposé connu des apprenants.

En conclusion, nous soutenons que l'enseignement de la production de textes en classes d'accueil postobligatoires suit deux modalités :

- les enseignants privilégient des genres de textes avec une portée intégrative dans le monde professionnel ou de la formation ;
- les situations scolaires qu'ils proposent se rapprochent fortement des situations de communication ordinaires : en classes d'accueil, les élèves sont directement confrontés à la production de textes complets comme cela pourrait avoir lieu en contexte.

Enseigner la production de textes se résume donc à multiplier les occasions de produire, à doter les apprenants d'outils minimaux pour qu'ils entrent rapidement dans une tâche de production. Cette manière de penser l'enseignement a pour intérêt de mettre les élèves en situation, de rentabiliser un temps d'enseignement restreint, d'encourager l'usage du français de manière soutenue et accompagnée, de pallier peut-être un faible usage du français en milieu endolingue, en raison de la vitalité des langues d'origine et du temps nécessaire pour entamer le processus d'intégration.

OBSTACLES DES ÉLÈVES ET RÉGULATIONS LOCALES AU CŒUR DES PRATIQUES ENSEIGNANTES

La prise en considération des obstacles des apprenants est un point central des pratiques en classes d'accueil postobligatoires. Deux séquences ont été analysées d'un point de vue micro, l'une au début, l'autre à la fin de l'année scolaire du niveau débutant. Ce sont les interactions didactiques entre l'enseignant et ses élèves au cours des activités scolaires qui ont été mises à l'étude : l'interaction comprend simultanément le repérage d'une difficulté de l'apprenant par l'enseignant qui opère aussitôt une ou plusieurs régulations locales.

TYPES D'OBSTACLES ET SOURCES DES ERREURS

Les obstacles des élèves portent majoritairement sur des questions de vocabulaire, de syntaxe et de phonologie. Trois raisons expliquent cette focalisation des erreurs sur le système de la langue.

D'abord, les deux séquences analysées considèrent l'étude du fonctionnement de la langue : dans la première, l'enseignement d'un acte de parole (exprimer son gout) est un moyen efficace pour envisager la découverte d'un nouveau lexique, pour traiter des points de syntaxe et de conjugaison ; dans la seconde, l'étude du système de la langue est propédeutique pour préparer la production des récits de vie mis en scène au moyen d'un kamishibaï. De fait, en découvrant un nouveau système, les élèves doivent jouer avec un savoir acquis dans leur langue d'origine ou une langue seconde qu'ils maitrisent déjà. Les élèves procèdent alors par homologie d'une structure qu'ils croient plausible en français, témoins de la construction de leur interlangue. Ces erreurs sont particulièrement significatives, car l'enseignant y trouve des indices d'appropriation ou non des apprentissages pour cadrer progressivement son enseignement à partir des zones proches de développement et ainsi éviter toute fossilisation des erreurs.

Ensuite, le choix des mots et la manière de les prononcer, les structures des phrases sont systématiquement reprises par l'enseignant. Ces obstacles ont des incidences fortes sur les phénomènes d'intercompréhension en milieu endolingue et peuvent créer des interférences dans les perspectives d'insertion des élèves.

Enfin, étant donné que les activités de production portent davantage sur des textes complets, mettant à l'écart les considérations sur l'étude du fonctionnement de la langue, l'enseignant trouve ici un moyen efficace pour reprendre certaines dimensions posant problème.

Certains des obstacles sont d'origine didactique, ce sont des situations qui limitent d'une manière ou d'une autre les apprentissages. Ils s'expliquent par le fait que la progression des contenus des savoirs est pensée en fonction de l'ensemble de la classe et non à partir des particularités de chaque apprenant (langue d'origine et parcours scolaire). Ceci est dû au temps d'enseignement limité et à la configuration des classes. Par conséquent, la chronogenèse des séquences ne convient pas au temps d'apprentissage de tous les élèves, surtout lorsque ceux-ci présentent des parcours scolaires éloignés des traditions scolaires romandes. Deuxièmement, les obstacles surviennent en raison des demandes de l'enseignant en vue de permettre la maitrise d'une langue normée et de ses invitations à (re)produire des énoncés ou des textes investis en milieu endolingue. Distinguant mal ces deux situations de communication, les élèves préfèrent se référer exclusivement à leurs expériences langagières vécues en situation ordinaire. Une clarification doit être apportée pour définir le rôle des registres de langue en fonction des contextes de production. Nous défendons l'idée que les expériences langagières sont un terrain fertile pour l'apprentissage de la langue, néanmoins elles nécessitent une réflexion pour identifier les différents lieux d'immersion, les types d'échanges qui s'y produisent, permettant de signifier clairement les usages de la langue selon les contextes.

En conclusion, la prise en considération des obstacles dans les interactions en classe reste un moyen efficace dans les pratiques enseignantes en classes d'accueil : les régulations permettent de revenir de manière ponctuelle sur les difficultés des apprenants à partir de leurs capacités réelles ; elles autorisent une différenciation des apprentissages ; elles laissent entrevoir les différents usages de la langue selon les contextes de production ; elles encouragent les apprenants à s'investir en milieu endolingue. Car, finalement, leurs productions peuvent être revues et corrigées en cours de français.

Des régulations locales pour l'étude du fonctionnement de la langue

Au cours des interactions didactiques, les obstacles décrits sont régulés localement. Sept modalités du geste de régulation émergent de nos analyses. Réunies, elles présentent une organisation qui se déploie selon deux perspectives. Soit l'enseignant encourage les élèves à revenir eux-mêmes sur leurs erreurs (perspective autostructurante), soit il intervient directement pour corriger ou expliciter un concept (perspective hétérostructurante).

On constate alors que les obstacles simples qui relèvent d'une structure grammaticale déjà traitée (marque de la négation) et qui font appel à une systématisation (terminaisons de verbes en -er) sont davantage pris en charge par les modalités autostructurantes. Cette dynamique a pour but d'encourager une posture réflexive des primoarrivants en indiquant que certaines régulations sont à leur portée et qu'elles peuvent s'appliquer au gré de leurs interventions spontanées en milieu endolingue. D'ailleurs, nos analyses révèlent que plusieurs modalités de régulation sont relayées par les élèves eux-mêmes. Ce fait souligne aussi qu'une communauté d'apprenants se constitue au sein du cours de français, encourageant une circulation des savoirs pour la résolution d'un problème.

En revanche, les obstacles complexes (structures syntaxiques, formes du passé composé, énonciation et texte) sont davantage repris par les modalités hétérostructurantes. Ainsi les régulations visent la construction d'une boite à outils pour les apprenants, que ce soit par l'apport, le rappel de concept ou par la construction d'aide-mémoire. On peut alors se demander si, en l'absence d'une institutionnalisation de l'ensemble des éléments traités dans les régulations, cette boite à outils devient profitable pour les élèves. On voit ici l'importance des institutionnalisations et des aide-mémoires qui peuvent apparaitre dans certaines séquences d'enseignement bien qu'ils ne concernent qu'une partie minimale des régulations traitées.

Nous constatons également que les modalités de régulation en classes d'accueil postobligatoires sont proposées de manière graduelle en fonction de l'analyse des erreurs et des capacités des apprenants. En conséquence, les modalités du geste de régulation, même si ce sont les autorégulations qui sont privilégiées, se déploient de manière évolutive. Cette dynamique montre finalement que l'étude du fonctionnement de la langue reste omniprésente dans les activités de production : d'abord en créant un ensemble de référents au moyen des actes de parole, ensuite de manière ponctuelle par l'entremise des textes. Si les séquences portant sur les genres n'offrent que peu d'activités spécifiques sur la grammaire, les enseignants ont constamment en arrière-plan une focalisation sur le code.

En conclusion, les modalités du geste de régulation montrent que l'étude du fonctionnement de la langue se travaille à partir des productions effectives de textes d'élèves pour être directement intégrées dans les activités langagières. C'est une manière de tirer parti des capacités des apprenants qui permet somme toute une plus forte contextualisation des objets enseignés et surtout une différenciation des contenus proposés.

QUATRE PRINCIPES DIRECTEURS POUR COMPRENDRE LES PRATIQUES EN CLASSES D'ACCUEIL

Au terme de notre travail, nous pouvons dégager quatre principes d'explicitation des pratiques enseignantes en classes d'accueil postobligatoires. Ils servent à nourrir une réflexion sur les orientations que pourrait suivre la didactique du français langue seconde pour des élèves migrants.

1) *Primat de l'approche pragmatique et fonctionnelle pour l'enseignement de la langue.* Toutes les séquences d'enseignement se situent dans une perspective communicative. Les enseignants des classes d'accueil postobligatoires privilégient des objets d'enseignement et des dispositifs d'après leur potentialité dans le parcours des primoarrivants, par projection de ce que l'apprenant pourrait dire ou faire en contexte. Leur intégration à tous les niveaux guide le choix et les manières d'encadrer les productions orales et écrites : investissement sur des genres se référant à des activités sociales déterminées proches de l'environnement des élèves, apport d'un vocabulaire et d'expressions correspondant aux situations de communication ordinaires, primauté de l'oral au début du processus. Par ailleurs, le pragmatisme des enseignants se mesure à un autre niveau : l'approche plurilingue n'est pas la priorité des classes d'accueil ; les langues et les cultures d'origine ne sont présentes que pour encadrer des éléments de second plan (Surian, 2014). Ce constat indique que les structures d'accueil postobligatoires s'inscrivent dans une perspective *submersive* de l'apprentissage de la langue du pays d'accueil.

2) *Un enseignement réaliste adapté à la composition du groupe cible d'élèves.* Les enseignants ont à cœur d'adapter les cours de français aux situations des nouveaux arrivants. Ils font des aspects identitaires et de la subjectivité de leurs élèves des leviers didactiques pour faire produire et permettre de construire un répertoire partagé d'expériences communes. La parole des élèves est fortement convoquée dans le cadre du travail d'actions langagières spécifiques (argumenter et relater). Ces moments de prises de parole leur permettent de prendre le pouls du groupe d'élèves et ainsi de mieux réguler les résistances générales, les blocages et les ruptures.

3) *Les actes de parole et les genres textuels comme organisateur de l'enseignement du français.* Une nouveauté apportée par notre recherche concerne la place des genres textuels dans l'enseignement des classes d'accueil. Certes, comme dans l'enseignement du FLE, les actes de parole sont les organisateurs d'une partie des séquences d'enseignement observées. Les actes de parole présentés font l'objet d'un travail à l'oral : les enseignants voulant ainsi doter leurs apprenants d'un seuil de maitrise de la langue leur permettant de mener des activités sociales en contexte endolingue. Cependant, ce sont surtout les genres textuels qui sont les organisateurs de l'enseignement. Le genre constitue l'objet déclencheur de l'enseignement ; les multiples projets de communication sur les genres mobilisent un ensemble de ressources discursives et linguistiques. Là encore, les genres oraux prédominent, en raison de leur plus haut potentiel pour l'intégration en milieu endolingue. De manière moins fréquente, le travail du genre favorise également le dialogue entre lecture de textes et production d'écrits.

4) *Une progression curriculaire annuelle qui va des actes de parole aux genres textuels.* L'entrée dans la langue des apprenants débutants (niveau préparatoire et débutant) se réalise par un travail qui porte sur des actes de parole permettant aux élèves de s'exercer en intervenant dans des échanges, tout en découvrant une structure grammaticale par la répétition. Les dimensions privilégiées dans les actes de paroles visent la création d'une base solide pour les futurs apprentissages. Aussitôt que les apprenants ont une meilleure maitrise des capacités langagières en français, les enseignants privilégient la production de genres de textes. Entre les trois étapes annuelles, les enseignants passent de l'étude d'un seul genre à une pluralité de genres au cours d'une même séquence. Ce choix permet d'étendre le champ des connaissances des

élèves, mais surtout de profiter des phénomènes d'intertextualité. C'est alors que les textes s'offrent moins comme entrainement à des situations langagières de la vie ordinaire que comme des ouvertures pour s'exprimer en classes de français. Par ailleurs, la dynamique de progression diffère entre le début et la fin de l'année : les activités du début de l'année sont courtes, variées et répétitives ; progressivement, les activités portent sur un plus grand empan temporel et font plus de place à la dévolution de la tâche aux apprenants. En fin d'année, le rôle de l'enseignant est d'orienter et de réguler ponctuellement des conduites langagières plus complexes, mobilisant une diversité de ressources de la langue française.

Les quatre principes que nous venons d'évoquer peuvent se synthétiser de la manière suivante : le travail des enseignants prend le genre textuel comme méga-outil sémiotique (Schneuwly, 1994) afin de mobiliser des pratiques langagières des apprenants. Dans ce cadre, les dimensions génériques du genre supposées connues par les apprenants dans leur(s) langue(s) d'origine sont considérées comme un soutien pour introduire des nouveautés qui concernent la textualisation. Quant aux dimensions transversales associées au système de la langue, elles sont surtout traitées par l'identification des obstacles des apprenants et envisagées dans les interactions par des gestes de régulation. Ce qui montre le caractère adaptatif des progrès des apprenants dans et en dehors de l'institution.

En conclusion, les pratiques d'enseignement de la production orale et écrite en classes d'accueil postobligatoires s'inscrivent dans une vision à la fois réaliste et pragmatique de l'acquisition de la langue du pays d'accueil. Les choix didactiques des enseignants se situent au carrefour des orientations de la DFLE et de la DFLP, en ce qu'ils se nourrissent d'emprunts faits à l'une et à l'autre de ces didactiques. Cependant, ni l'une ni l'autre de ces didactiques ne renvoient véritablement à ce qui se produit dans les classes d'accueil de l'OPTI : les enseignants sont dans une perspective qui place au centre des préoccupations didactiques les facteurs internes et externes de leur institution. En ce sens, ils s'orientent davantage vers une didactique entretenant des liens forts avec des dimensions intégratives, à savoir une sociodidactique tenant compte des spécificités des primoarrivants et de la complexité de leur parcours scolaire, langagier, social et culturel.

Prolongements

L'intérêt majeur de notre travail est de mettre en lumière les pratiques enseignantes dans les classes d'accueil. Ces pratiques ont été peu abordées par les recherches, bien que nous vivions dans des contextes sociaux où les mouvements migratoires sont de plus en plus importants. Nous avions besoin de clarifier leurs spécificités.

Les douze séquences d'enseignement observées nous ont permis de dégager des tendances globales qui caractérisent le travail des enseignants. Nous avons contribué à l'explicitation des séquences d'enseignement, des gestes de régulation des enseignants et des interactions didactiques propres au contexte particulier de la classe d'accueil. Aussi, nous avons contribué à mettre au jour un objet d'enseignement particulier : le français pour des élèves issus de la migration. Nous avons aussi porté une attention particulière à la dynamique qui organise chacune des séquences d'enseignement : une entrée par des actes de parole puis par des genres textuels, se transformant pas à pas au cours de l'action enseignante, selon les activités scolaires proposées. Il s'agit d'une construction qui suit des variations importantes en fonction des progrès dans l'usage du français des apprenants. Les enseignants sont des acteurs créatifs qui apprêtent l'objet enseigné en fonction de l'évolution des capacités des élèves et des obstacles identifiés. Notre recherche contribue à l'étude de la progression curriculaire au cours d'une année scolaire.

D'un point de vue théorique, nous pensons avoir enrichi l'approche issue de l'interactionnisme sociodiscursif par l'apport d'une perspective sociodidactique sensible au passage des langues d'origine à la langue cible. Le français qui est enseigné est redevable aux deux, notamment à la prise en considération de la situation singulière des apprenants allophones.

D'un point de vue méthodologique, nous avons adopté la démarche développée par le groupe du GRAFE (Schneuwly & Dolz, 2009), qui donne lieu à un découpage des séquences d'enseignement en activités scolaires, car elle permet de mettre en lumière les objets enseignés et les formes de déploiement de l'objet dans les séquences. Les résultats obtenus confirment l'intérêt et la pertinence de cette démarche. Nous avons contribué à définir les gestes de régulation, en fonction des obstacles identifiés dans les interactions. Ceci a été important, car ces obstacles nous renseignent sur les rapports à la langue qui se créent dans la dynamique des interactions. Enfin, la principale nouveauté méthodologique a été d'aborder la progression de l'enseignement de deux points de vue : d'une part en fonction de la temporalité de l'année et, d'autre part, selon les niveaux des élèves. Du coup, notre démarche offre une image plus complète du curriculum implémenté. Nous ne voyons pas uniquement la dynamique du français enseigné dans chaque séquence, nous constatons aussi son évolution du début à la fin de l'année scolaire et cela en fonction des filières des classes d'accueil.

Du point de vue pratique, nous pensons que les enseignants peuvent tirer parti de nos résultats. En effet, ils sont toujours à la recherche d'une grille de lecture permettant d'analyser leur propre pratique (Houssaye, 2000) et sont preneurs des interprétations et des réflexions que peut livrer un chercheur externe. En découlent de nouvelles démarches d'ingénierie didactique, comme la création et l'adaptation des interventions didactiques innovantes en fonction des capacités et des besoins des apprenants. De manière globale, notre travail permet de mettre en miroir l'agir enseignant réalisé « dans le feu de l'action » et une réflexion sur la pratique dans une perspective de développement des savoirs professionnels. Néanmoins notre investigation n'a pas une volonté de généralisation. Notre but est de mieux comprendre le français enseigné dans les classes d'accueil. Et comme pour toute recherche, des analyses complémentaires peuvent/ doivent encore être réalisées, que ce soit en classes d'accueil, que ce soit en classes régulières où l'allophonie est fortement présente. Notre travail invite donc à un prolongement.

RÉPERTOIRE DES CITATIONS

Avec l'envie de projeter le lecteur en situation d'immersion comme le sont les adolescents migrants, nous avons introduit chaque chapitre par un aphorisme dans une langue étrangère. Ces citations ont été choisies par les élèves filmés, car selon eux, elles illustrent parfaitement leur parcours de migration et leur cheminement dans l'apprentissage du français. En voici la traduction :

CHAPITRE	LANGUE D'ORIGINE DE L'ÉLÈVE	CITATION ORIGINALE	TRADUCTION
Introduction	malgache	Izay manoro lalana mahitsy, mamindra aina	Celui qui montre le chemin partage la vie.
Chapitre 1	syriaque	لاإ اهد ملعي لا عاجوأ ابرغللو المشاع نم	La migration c'est la douleur que les autres ne connaissent pas avant de l'avoir vécue.
Chapitre 2	albanais	Dituria pa arsim ështe padrejtësi e armatosur	La connaissance sans l'éducation c'est l'injustice armée.
Chapitre 3	thaï	ฟหฤ ไอฤ	Prenez une déclaration avec un grain de sel.
Chapitre 4	somali	Nimaan dhulmarin dhaayomalaha	Celui qui n'a pas parcouru la terre est borné.
Chapitre 5	portugais	O viajante é aquele que, mais importa numa viagem	Le voyageur est celui qui compte le plus dans un voyage.

Chapitre 6	farsi	استفاده از زبان هر یک از آن، بنابراین شما درک بهتر	Utilisez le langage de chacun afin de mieux vous faire comprendre.
Conclusions	tigrigna	ፍቅሪ ይርዳእ ኩሉ ቋንቋ	L'amour comprend toutes les langues.

RÉFÉRENCES BIBLIOGRAPHIQUES

Abdallah-Pretceille, M. (1991). Langue et identité culturelle. *Enfance, 44,* 305-309.

Adam, J.-M. (2001). *Les textes : types et prototypes.* Paris : Nathan.

Adami, H. (2009). *La formation linguistique des migrants : intégration, littératie, alphabétisation.* Paris : CLE International.

Aeby Daghé, S. (2009). La figure de l'autre dans les régulations locales. In B. Schneuwly & J. Dolz (Eds.), *Des objets enseignés en classe de français* (pp. 175-184). Rennes : Presses universitaires de Rennes.

André, B. (1987). La classe d'accueil : une passerelle entre FLE et FLS. *Le Français aujourd'hui, 78,* 19-28.

André, B. (1990). Approches de la langue en classe d'accueil. *Le Français aujourd'hui, 89,* 75-84.

Astolfi, J.-P. (1992). Apprendre par franchissement d'obstacles. *Repères, 5,* 103-116.

Astolfi, J.-P. & Peterfalvi, B. (1993). Obstacles et construction de situations didactiques en sciences expérimentales. *Aster, 16,* 103-141.

Auger, N. (2007). Éléments de réflexion sur les pratiques méthodologiques en français langue seconde. In M. Verdelhan-Bourgade (Ed.), *Le français langue seconde : un concept et des pratiques en évolution* (pp. 169-178). Bruxelles : De Boeck.

Austin, J. (1962). *How to do things with words.* Londres : Oxford University Press.

Bachelard, G. (1938). *La formation de l'esprit scientifique.* Paris : Vrin.

Bastide, R. (1955). *Le principe de coupure et le comportement afro-brésilien.* Communication présentée au 31° Congresso internacional de americanistas, São Paulo.

Beacco, J.-C. (1995). La méthode circulante et les méthodologies constituées. *Le Français dans le monde* [n° spécial], 42-49.

Bell, N. & Gurny, R. (1989). L'acquisition d'une seconde langue par les immigrants. In A. Gretler, R. Gurny, A.-N. Perret-Clermont & E. Poglia (Eds.), *Être migrant* (pp. 103-146). Berne : Peter Lang.

Bernié, J.-P. (2002). L'approche des pratiques langagières scolaires à travers la notion de « communauté discursive » : un apport à la didactique comparée ? *Revue française de pédagogie, 1,* 77-88.

Bertucci, M.-M. (2007). L'enseignement des langues et cultures d'origine : incertitudes de statut et ambigüité des missions. *Le Français aujourd'hui, 158,* 29-39.

Bertucci, M.-M. (2008). Une didactique croisée du français langue maternelle et du français langue seconde en milieu ordinaire pour faciliter l'insertion des nouveaux arrivants. *Glottopol, 11,* 45-53. Repéré à <http://glottopol.univ-rouen.fr/numero_11.html>.

Besse, H. (1987). Langue maternelle, seconde et étrangère. *Le Français aujourd'hui, 78,* 9-15.

Bigot, V. (2005). Quelques questions de méthodes pour une recherche sur la construction de la relation interpersonnelle en classe de langue : primauté des données et construction de savoirs. *Le Français dans le monde* [n°spécial], 42-53.

Blanchet, P., Clerc, S. & Rispail, M. (2014). Réduire l'insécurité linguistique des élèves par une transposition didactique de la pluralité sociolinguistique. *Études de linguistique appliquée, 175,* 283-302.

Brohy, C. (2008). Didactique intégrée des langues : évolution et définitions. *Babylonia, 1,* 9-11.

Brohy, C. & Gajo, L. (2008). *L'enseignement bilingue : état de la situation et propositions. Vers une didactique intégrée.* Neuchâtel : Conférence intercantonale de l'instruction publique de la Suisse romande et du Tessin (CIIP).

Bronckart, J.-P. (1997). *Activité langagière, textes et discours : pour un interactionnisme socio-discursif.* Neuchâtel : Delachaux et Niestlé.

Bronckart, J.-P. (2004). Commentaires conclusifs. Pour un développement collectif de l'interactionnisme socio-discursif. *Calidoscópio, 2,* 113-123.

Bronckart, J.-P. (2008). Genres de textes, types de discours et « degrés » de langue. *Texto, XIII,* 1-95.

Bronckart, J.-P. & Dolz, J. (2002). La notion de compétence : quelle pertinence pour l'étude de l'apprentissage des actions langagières ? In J. Dolz & E. Ollagnier (Eds.), *L'énigme de la compétence* (pp. 27-44). Bruxelles : De Boeck.

Bronckart, J.-P. & Plazaola Giger, M.I. (1998). La transposition didactique. Histoire et perspectives d'une problématique fondatrice. *Pratiques, 97-98,* 35-58.

Brousseau, G. (1998). *Théorie des situations didactiques*. Grenoble : La Pensée Sauvage.

Brousseau, G., Balacheff, N., Cooper, M. & Sutherland, R. (1998). *Théorie des situations didactiques : Didactique des mathématiques 1970-1990*. Grenoble : La Pensée Sauvage.

Bucheton, D., Brunet, L.-M. & Liria, A. (2005). *L'activité enseignante, une architecture complexe de gestes professionnels*. Communication présentée à « Former des enseignants professionnels, savoirs et compétences », Nantes.

Bucheton, D. & Dezutter, O. (2008). *Le développement des gestes professionnels dans l'enseignement du français : un défi pour la recherche et la formation*. Bruxelles : De Boeck.

Bucheton, D. & Soulé, Y. (2009). Les gestes professionnels et le jeu des postures de l'enseignant dans la classe : un multi-agenda de préoccupations enchâssées. *Éducation et didactique, 3*, 29-48.

Cadet, L. & Guérin, E. (2012). FLM, FLS, FLE… au-delà des catégories. *Le Français aujourd'hui, 176*, 3-8.

Candide, C. (2005). Apprentissage de la langue : vers l'émergence d'un droit. In V. Conti & J.-F. de Pietro (Eds.), *L'intégration des migrants en terre francophone : aspects linguistiques et sociaux* (pp. 41-46). Lausanne : Loisirs et pédagogie.

Canelas, S., Moro, C., Schneuwly, B. & Thévenaz-Christen, T. (1999). L'objet enseigné : vers une méthodologie plurielle d'analyse des pratiques d'enseignement en classe. *Repères, 20*, 143-163.

Carlier, G., Renard, J.-P. & Paquay, L. (2000). *La formation continue des enseignants : enjeux, innovation et réflexivité*. Bruxelles : De Boeck.

Castellotti, V. (2000). Alterner les langues pour construire des savoirs bilingues. *Le Français dans le monde, 79*, 118-124.

Catach, N., Gruaz, C. & Duprez, D. (1980). *L'orthographe française*. Paris : Nathan.

Cesari Lusso, V. (2001). *Quand le défi est appelé intégration. Parcours de socialisation et de personnalisation de jeunes issus de la migration*. Berne : Peter Lang.

Chartrand, S., Aubin, D., Blain, R. & Simard, C. (1999). *Grammaire pédagogique du français d'aujourd'hui*. Boucherville : Graficor Inc.

Chartrand, S. & Paret, M.-C. (2008). Langues maternelles, étrangère, seconde : une didactique unifiée ? In J.-L. Chiss, J. David & Y. Reuter

(Eds.), *Didactique du français. Fondements d'une discipline* (pp. 169-178). Bruxelles : De Boeck.

Chevallard, Y. (1985 / 1991). *La transposition didactique.* Grenoble : La Pensée Sauvage.

Chiss, J.-L. (1998). *La didactique de la production écrite en français langue seconde.* Paris : Didier-Érudition.

Chiss, J.-L. (2005). L'enseignement du français aux hétérogénéités linguistiques et culturelles. In V. Conti & J.-F. De Pietro (Eds.), *L'intégration des migrants en terre francophone : aspects linguistiques et sociaux* (pp. 127-132). Lausanne : Loisirs et pédagogie.

Chiss, J.-L. (2006). Le français langue seconde en France : aspects institutionnels et didactiques. In V. Castellotti & H. Chalabi (Eds.), *Le français langue étrangère et seconde. Des paysages didactiques en contexte* (pp. 103-110). Paris : L'Harmattan.

Chiss, J.-L., Davin-Chnane, F., Spaëth, V., Le Ferrec, L., Weber, C., Auger, N. & Castellotti, V. (2008). *Immigration, école et didactique du français.* Paris : Didier.

Chomsky, N. (1955 / 1975). *The logical structure of linguistic theory.* New York : Plenum Press.

Clot, Y. (2001). Clinique du travail et problème de la conscience. *Travailler, 6,* 31-54.

Collès, L. & Maravelaki, A. (2004). Les classes passerelles : un laboratoire didactique. *Enjeux, 60,* 113-132.

Conti, V. & De Pietro, J.-F. (2005). *L'intégration des migrants en terre francophone : aspects linguistiques et sociaux.* Lausanne : Loisirs et pédagogie.

Cortier, C. (2008). Dispositifs et classes pour les nouveaux arrivants allophones. *Diversité, 153,* 15-23.

Coste, D. (2010). Diversité des plurilinguismes et formes de l'éducation plurilingue et interculturelle. *Les Cahiers de l'Acedle, 7,* 141-165.

Coste, D., Courtillon, J., Ferenczi, V., Martins-Baltar, M., Papo, E. & Roulet, E. (1976). *Un niveau seuil.* Paris : Hatier.

Courvoisier, B. (2012). Guerres en ex-Yougoslavie et classes d'accueil. In C. Durussel, E. Raimondi, E. Corbaz & M. Schaller (Eds.), *Pages d'accueil* (pp. 107-117). Lausanne : Antipodes.

Crahay, M. (2002). La recherche en éducation : une entreprise d'intelligibilité de faits et de représentations ancrés dans l'histoire sociale. In F. Leutenegger & M. Saada-Robert (Eds.), *Expliquer et comprendre en sciences de l'éducation* (pp. 253-273). Bruxelles : De Boeck Supérieur.

Cuche, D. (1999). *La notion de culture dans les sciences sociales.* Paris : La Découverte.

Cummins, J. (1992). Langage proficiency, bilinguism and academic achievement. In P. Richard-Amato & M. A. Snow (Eds.), *The multicultural classroom : readings for content-area teachers* (pp. 16-26). New-York : Longmann.

Cuq, J.-P. (1991). *Le français langue seconde.* Paris : Hachette.

Cuq, J.-P. (2003). *Dictionnaire de didactique du français langue étrangère et seconde.* Paris : CLE International.

Cuq, J.-P. & Davin-Chnane, F. (2007). Français Langue Seconde : un concept victime de son succès ? In M. Verdelhan-Bourgade (Ed.), *Le Français langue seconde : un concept et des pratiques en évolution* (pp. 11-28). Bruxelles : De Boeck.

Dabène, M. (2009). Quelques repères, perspectives et propositions pour une didactique du français dans tous ses états. In J.-L. Chiss, J. David & Y. Reuter (Eds.), *Didactique du français. Fondements d'une discipline* (pp. 15-34). Bruxelles : De Boeck.

Dall'Aglio, L. & Gabbai, J. (1999). *Étude du dispositif pour l'accueil des réfugiés kosowars : tensions entre intégration et séparation.* Genève : [s.n.].

Davin-Chnane, F. (2008a). *Du Discours de l'enseignant aux pratiques de l'apprenant en classe de français langue étrangère, seconde et maternelle.* Paris : CLE International.

Davin-Chnane, F. (2008b). Scolarisation des nouveaux arrivants en France. Orientations officielles et dispositifs didactiques. In J.-L. Chiss (Ed.), *Immigration, école et didactique du français* (pp. 21-61). Paris : Didier.

Davin-Chnane, F. & Faïta, D. (2003). Enseigner en français et enseigner le français en ZEP. *Recherche et formation, 44,* 93-110.

De Pietro, J.-F., Matthey, M. & Py, B. (1988). *Acquisition et contrat didactique : les séquences potentiellement acquisitionnelles dans la conversation exolingue.* In D. Weil & H. Fugier (Eds.), *Actes du 3ᵉ colloque régional de linguistique (Strasbourg, 28-29 avril 1988)* (pp. 99-124). Strasbourg : Université Louis Pasteur.

Decandio, F. & Dolz, J. (2015). La correspondencia escolar electrónica : un enfoque didáctico para el desarollo de la intercomprensión entre lenguas románicas. In I. Garcia-Azkoaga & I. Idiazabal (Eds.), *Para una ingeniería didáctica de la enseñanza plurilingüe* (pp. 265-289). Bilbao : Servicio de Publicaciones de la UPV/EHU.

Defays, J.-M. & Deltour, S. (2003). *Le français langue étrangère et seconde : enseignement et apprentissage.* Bruxelles : Mardaga.

Dolz, J. & Gagnon, R. (2008). Didactique des langues. In A. van Zanten (Ed.), *Dictionnaire de l'éducation* (pp. 141-145). Paris : PUF.

Dolz, J., Gagnon, R. & Toulou, S. (2009). *Production écrite et difficultés d'apprentissage* (2ᵉ éd. revue et corrigée, Carnets de sciences de l'éducation). Genève : Université de Genève.

Dolz, J., Noverraz, M. & Schneuwly, B. (2001). *Séquences didactiques pour l'oral et pour l'écrit. Notes méthodologiques* (vol. II, 3ᵉ/4ᵉ). Bruxelles : De Boeck.

Dolz, J. & Schneuwly, B. (1996). Genres et progression en expression orale et écrite. Éléments de réflexions à propos d'une expérience romande. *Enjeux, 37/38,* 49-75.

Dolz, J. & Schneuwly, B. (1998). *Pour un enseignement de l'oral : initiation aux genres formels à l'école.* Issy-les-Moulineaux : ESF.

Dolz, J., Schneuwly, B., Thévenaz, T. & Wirthner, M. (2001). *Les tâches et leurs entours en classes de français.* Communication présentée au 8ᵉ colloque international de la DFLM, Neuchâtel.

Dolz, J. & Tupin, F. (2011). La notion de situation dans l'étude des phénomènes d'enseignement et d'apprentissage des langues : vers une perspective socio-didactique. *Recherches en éducation, 12,* 82-98.

Durussel, C., Raimondi, E., Corbaz, E. & Schaller, M. (2012). *Pages d'accueil.* Lausanne : Antipodes.

Eugène (2007). *La vallée de la jeunesse.* Lausanne : La Joie de Lire.

Forges, G. & Gengler, V. (1999). *Dis-moi encore, Citronnelle… Ensemble pédagogique destiné à l'enseignement du français langue seconde, aux enfants de 5 à 8 ans.* Bruxelles : Ministère de la Communauté française.

Forlot, G. (2009). *L'anglais et le plurilinguisme. Pour une didactique des contacts et des passerelles linguistiques.* Paris : L'Harmattan.

Forster, S. (2005). Comment l'école suisse intègre les enfants étrangers. In V. Conti & J.-F. De Pietro (Eds.), *L'intégration des migrants en terre francophone : aspects linguistiques et sociaux* (pp. 83-93). Lausanne : Loisirs et pédagogie.

Friot, B. (2002). *Pressé, pressée.* Toulouse : Milan Poche Junior.

Friot, B. (2007). *Nouvelles histoires pressées.* Toulouse : Milan Poche Junior.

Gajo, L. (2001). *Immersion, bilinguisme et interaction en classe.* Paris : Didier.

Gaonac'h, D. (2006). *L'apprentissage précoce d'une langue étrangère : Le point de vue de la psycholinguistique.* Paris : Hachette éducation.

Goï, C. & Huver, E. (2012). FLE, FLS, FLM : continuum ou interrelations ? *Le Français aujourd'hui, 176,* 25-35.

Goigoux, R. (2007). Un modèle d'analyse de l'activité des enseignants. *Éducation et didactique, 1,* 47-69.

Gordon, M.M. (1964). *Assimilation in American life : The role of race, religion and national origins.* Oxford : Oxford University Press.

Grinberg, L. & Grinberg, R. (1986). *Psychanalyse du migrant et de l'exilé.* Lyon : Césura.

Houssaye, J. (2000). *Théorie et pratiques de l'éducation scolaire : le triangle pédagogique* (3ᵉ éd.). Berne : Peter Lang.

Hutmacher, W. (1989). Migration, production et reproduction de la société. In A. Gretler, R. Gurny, A.-N. Perret-Clermont & E. Poglia (Eds.), *Être migrant* (pp. 39-100). Berne : Peter Lang.

Hymes, D. (1991). *Vers la compétence de communication.* Paris : Hatier/Didier.

Jorro, A. (2002). *Professionnaliser le métier d'enseignant.* Issy-les-Moulinaux : ESF.

Kaufmann, J.-C. (2001). *L'entretien compréhensif.* Paris : Nathan.

Labov, W. & Kihm, A. (1993). *Le parler ordinaire : la langue dans les ghettos noirs des États-Unis.* Paris : Minuit.

Laurens, V. (2013). *Formation à la méthodologie de l'enseignement du français langue étrangère et développement de l'agir enseignant.* Thèse de doctorat, Université Sorbonne nouvelle – Paris 3.

Lazaridis, M. (2001). La scolarisation des enfants de migrants : entre intégration républicaine et mesures spécifiques. *Enjeux, 125,* 198-208.

Lazaridis, M. (2005). Apprentissage de la langue française et scolarisation des enfants de migrants. In V. Conti & J.-F. de Pietro (Eds.), *L'intégration des migrants en terre francophone : aspects linguistiques et sociaux* (pp. 95-100). Lausanne : Loisirs et pédagogie.

Le Ferrec, L. (2009). Les immigrants dans la vie socioéconomique. Réflexions sur l'articulation enre langue, travail et intégration. In J. Archibald & S. Galligani (Eds.), *Langue(s) et immigration(s) : société, école, travail* (pp. 219-233). Paris : L'Harmattan.

Leconte, F. & Mortamet, C. (2008). Cultures d'apprentissage et modes d'appropriation des langues chez les adolescents alloglottes. *Glottopol, revue de sociolinguistique en ligne, 11,* 54-69. Repéré à <http://glottopol.univ-rouen.fr/numero_11.html>.

Marquilló, M. (2003). *L'interprétation de l'erreur.* Paris : CLE International.

Martinand, J.-L. (1986). *Connaître et transformer la matière.* Berne : Peter Lang.

Martinand, J.-L. (2006). *Relations entre recherche et expertise dans un labora-toire de didactique curriculaire de sciences et technique.* Communication présentée au Symposium international « Formation, Apprentissage et Évaluation en Sciences et Technique », Université de Fès, Maroc.

Miled, M. (1997). *Didactique de la production écrite en français langue seconde.* Paris : Didier-Érudition.

Milroy, J. & Milroy, L. (1985). *Authority in language : Investigating language prescription and standardisation.* Londres : Routledge.

Moirand, S. (1982). *Enseigner à communiquer en langue étrangère.* Paris : Hachette.

Moirand, S. (1992). *Situations d'écrit.* Paris : Hachette.

Moirand, S. (2003). *Quelles catégories descriptives pour la mise au jour des genres du discours ?* Communication présentée à la journée organisée par C. Kerbrat-Orecchioni et V. Traverso, Université Lumière Lyon.

Mourlhon-Dallies, F. (2008). *Enseigner une langue à des fins professionnelles.* Paris : Didier.

Noiriel, G. (2001). *État, nation et immigration.* Paris : Gallimard.

Nonnon, E. (2012). La didactique du français et l'enseignement du vocabu-laire dans 20 ans de revues de didactique du français langue première. *Repères, 46,* 33-76.

Office fédéral des migrations (ODM) (2010). *Rapport sur la migration 2010.* Berne : Office fédéral des migrations.

Paquay, L., Altet, M., Charlier, E. & Perrenoud, P. (2001). *Former des ensei-gnants professionnels : quelles stratégies ? quelles compétences ?* Bruxelles : De Boeck.

Park, R. (2013). The marginal man. *Sociétés, 119,* 57-58. Repéré à <www.cairn.info/revue-societes-2013-1-page-57.htm>.

Paveau, M.-A. (2000). La « richesse lexicale », entre apprentissage et accul-turation. *Le Français aujourd'hui, 131* 19-30.

Peterfalvi, B. (1997). L'identification d'obstacles par les élèves. *Aster, Obs-tacles : travail didactique, 24,* 171-201.

Piguet, E. (2013). *L'immigration en Suisse. Soixante ans d'entreouverture.* Lau-sanne : Presses polytechniques et universitaires romandes.

Poglia, E. (1989). Être enfant de migrants en Suisse. In A. Gretler, R. Gurny, A.-N. Perret-Clermont & E. Poglia (Eds.), *Être migrant* (pp. 5-36). Berne : Peter Lang.

Portine, H. (2001). Des actes de langage à l'activité langagière et cognitive. *Le Français dans le monde* [n° spécial], 91-105.

Rea, A. & Tripier, M. (2008). *Sociologie de l'immigration*. Paris : La Découverte.

Reuter, Y. (2013). *Panser l'erreur à l'école : de l'erreur au dysfonctionnement*. Lille : Presses universitaires du Septentrion.

Riley, P. (2002). Epistemic communities : the social knowledge system, discourse and identity. In G. Cortese & P. Ripley (Eds.), *Domain specific-english : textual practice across communities and classrooms* (pp. 41-64). Berne : Peter Lang.

Rispail, M. (2003). *Pour une sociodidactique de la langue en situation multiculturelle*. Lille : ANRT.

Rispail, M. (2005). *Langues maternelles : contacts, variations et enseignement : le cas de la langue amazighe*. Paris : L'Harmattan.

Rispail, M. & Plane, S. (2006). La didactique du français et les contextes d'enseignement du français (Introduction au dossier « L'enseignement du français dans les différents contextes linguistiques et sociolinguistiques »). *La Lettre de l'AIRDF, 1*, 4-5.

Rolland, Y. (2013). Apprentissage phonologique pluriel dans une perspective didactique plurilingue. *Recherches en didactique des langues et des cultures : les cahiers de l'Acedle, 10*, 29-47.

Rosen, E. & Porquier, R. (2003). L'actualité des notions d'interlangue et d'interaction exolingue. *Linx, 49*, 7-17. Repéré à <http://linx.revues.org/524>.

Roulet, E. (1991). Vers une approche modulaire de l'analyse du discours. *Cahiers de linguistique française, 12*, 53-81.

Sales Cordeiro, G. & Ronveaux, C. (2009). Recueil et traitement des données. In J. Dolz & B. Schneuwly (Eds.), *Des objets enseignés en classe de français* (pp. 83-100). Rennes : Presses universitaires de Rennes.

Sanchez-Mazas, M., Iglesias, R.F. & Mechi, A. (2012). *Enseigner en contexte hétérogène* (Carnets des Sciences de l'éducation). Genève : Université de Genève.

Schneuwly, B. (1994). Genres et types de discours : considérations psychologiques et ontogénétiques. In Y. Reuter (Ed.), *Les interactions lecture-écriture* (pp. 155-173). Berne : Peter Lang.

Schneuwly, B. (2008). De l'utilité de la « transposition didactique. In J.-L. Chiss, J. David & Y. Reuter (Eds.), *Didactique du français, fondement d'une discipline. Savoirs en pratique* (p. 47-59). Bruxelles : De Boeck.

Schneuwly, B. (2009). Le travail enseignant. In J. Dolz & B. Schneuwly (Eds.), *Des objets enseignés en classe de français : le travail de l'enseignant sur la rédaction de textes argumentatifs et sur la surbordonnée relative* (pp. 29-43). Rennes : Presses universitaires de Rennes.

Schneuwly, B. & Bain, D. (1993). Mécanismes de régulation des activités textuelles : stratégies d'intervention dans les séquences didactiques. In L. Allal, D. Bain & P. Perrenoud (Eds.), *Évaluation formative et didactique du français* (pp. 219-238). Neuchâtel : Delachaux et Niestlé.

Schneuwly, B. & Dolz, J. (2009). *Des objets enseignés en classe de français*. Rennes : Presses universitaires de Rennes.

Schön, D. (1983). *The reflective practitioner : How professionals think in action*. New-York : Basic books.

Schurmans, M.-N. (2011). *Expliquer, interpréter, comprendre : le paysage épistémologique des sciences sociales* (Carnets des Sciences de l'éducation). Genève : Université de Genève.

Sensevy, G. (2001). Théories de l'action et action du professeur. In J.-M. Baudoin & J. Friedrich (Eds.), *Théories de l'action et éducation* (pp. 203-224). Bruxelles : De Boeck.

Sensevy, G. (2007). Des catégories pour décrire et comprendre l'action didactique. In G. Sensevy & A. Mercier (Eds.), *Agir ensemble. L'action didactique conjointe du professeur et des élèves* (pp. 13-49). Rennes : Presses universitaires de Rennes.

Simard, C. (1992). L'écriture et ses difficultés d'apprentissage. In R. Ouellette & L. Savard (Eds.), *Pour favoriser la réussite scolaire. Réflexions et pratiques* (pp. 276-294). Montréal : Éditions Saint-Martin.

Simard, C., Dufays, J.-L., Dolz, J. & Garcia-Debanc, C. (2010). *Didactique du français langue première*. Bruxelles : De Boeck.

St-Exupéry, A. (1946). *Le petit Prince*. Paris : Gallimard jeunesse.

Surian, M. (2014). Traitement des langues et cultures d'origine dans les classes d'accueil, entre prise en considération, opportunisme didactique et contraintes institutionnelles. In A. Di Meglio & P. Ottavi (Eds.), *Faire société dans un cadre pluriculturel. L'école peut-elle didactiser la pluralité culturelle et linguistique des sociétés modernes ?* (pp. 155-167). Limoges : Éditions Lambert-Lucas.

Surian, M. & Gagnon, R. (2014). Dimensions contextuelles et enseignement du français en classes d'accueil : enquête sur les pratiques au postobligatoire. In J.-F. de Pietro & M. Rispail (Eds.), *L'enseignement du français à l'heure du plurilinguisme : Vers une didactique contextualisée* (pp. 219-238). Namur : Presses universitaires de Namur.

Van der Maren, J.-M. (1996). *Méthodes de recherche pour l'éducation* (2ᵉ éd.). Bruxelles : De Boeck.

Verdelhan-Bourgade, M. (2002). *Le français langue de scolarisation : une didactique réaliste.* Paris : PUF.

Véronique, D. & Collès, L. (2007). La recherche en didactique du français langue seconde en France et en Belgique : parcours de lecture. In M. Verdelhan-Bourgade (Ed.), *Le français langue seconde : un concept et des pratiques en évolution* (pp. 45-61). Bruxelles : De Boeck.

Vuillet, Y. & Gabathuler, C. (2015, octobre). *L'apprentissage de lectures de textes littéraires compris entre obstacles épistémologiques et noeuds idéologiques.* Communication présentée aux 14ᵉ rencontres de Réseau de recherche en éducation et formation, Montréal.

Vygotsky, L. (1934/1985). *Pensée et langage.* Paris : Éditions sociales.

Wirthner, M. (2006). *La transformation des pratiques d'enseignement par l'outil de travail : observation de séquences d'enseignement du résumé écrit de texte informatif à l'école secondaire.* Thèse de doctorat en Sciences de l'éducation, Université de Genève.

Wokusch, S. (2005). Didactique intégrée : vers une définition. *Babylonia, 4,* 4-16.